한국 사회를 위한
기독교 정치윤리

한국 사회를 위한 기독교 정치윤리

2025년 10월 25일 초판 인쇄
2025년 10월 30일 초판 발행

지은이 백광훈 · 이봉석 · 최경석 · 김석 · 김혜령 · 이상훈
펴낸이 이찬규 | **펴낸곳** 선학사 | **등록번호** 제10-1519호
전화 02-704-7840 | **팩스** 02-704-7848
이메일 ibookorea@naver.com | **홈페이지** www.북코리아.kr
주소 13209 경기도 성남시 중원구 사기막골로45번길 14 우림2차 A동 1007호
ISBN 978-89-8072-275-4 (93200)

값 20,000원

* 본서의 무단복제를 금하며, 잘못된 책은 구입처에서 바꾸어 드립니다.

한국기독교사회윤리학회 학술총서 2

한국 사회를 위한 기독교 정치윤리

백광훈 · 이봉석 · 최경석 ·
김석 · 김혜령 · 이상훈

 선학사

서문
한국 사회, 기독교, 그리고 윤리를 위한 모색

　기독교 사회윤리학은 학제 간 연구로 사회의 현실에 대한 회고와 전망을 통해 나아가야 할 방향성을 제시하는 일에 방점을 찍을 필요가 있습니다. 기독교적이고 사회적이며 윤리학적인 논의를 아우르는 통전적 시각에서 정의와 환대를 비롯한 논의를 심층적으로 펼쳐낼 책무를 지니고 있기 때문입니다. 『한국 사회를 위한 기독교 정치윤리』는 이러한 취지를 구현하기 위한 통찰의 집대성이라고 하겠습니다.
　백광훈은 한국 사회의 변화와 교회의 응답에서 나타난 위기를 극복하기 위한 신앙공동체의 고민을 다루었습니다. 특히 건강한 제도 형성을 위한 공동체로서의 교회, 공적 자원으로서 '초월성의 감각'을 제공하는 교회가 되어야 함을 강조한 점이 돋보입니다.
　이봉석은 '가치지향적 개인주의'의 특성을 지닌 MZ세대가 암묵적으로 수용하는 한반도의 '두 국가론'이 혐오와 우월의식의 확장으로 이어질 수 있음을 우려하면서 교회가 북한과 만남을 상설화하는 '말

걷기'에 나서야 한다는 의미 있는 제안을 던져주고 있습니다.

최경석은 한국의 대표적인 기독교 사회윤리학자 강원돈의 기독교 경제윤리 방법론을 중심으로 '관계성의 회복'이라는 하나님의 정의를 실현해야 한다는 사실을 제언하면서 한국 사회를 위한 기독교의 관심을 의미 있게 촉구했습니다.

김석은 '호모 사케르(Homo Sacer)' 개념을 강조한 아감벤(Giorgio Agamben)의 관점을 통찰력 있게 읽어내면서, '생태계'를 향한 '생명'과 '주권' 개념의 재인식을 촉구하고 이를 위한 법적·제도적 권리 강화가 요청된다는 중요한 통찰을 주고 있습니다.

김혜령은 국경과 공항, 가고 싶어 하지 않는 공장에 넘쳐나는 외국인 노동자와 난민에 대한 환대의 필요성을 설득력 있게 풀어냈습니다. 기독교에는 진정한 정의를 세우신 그분의 뜻을 따라야 할 책무가 있음을 일깨워준 점 또한 중요해 보입니다.

이상훈은 코로나19 이후 비대면-온라인 확산이 사회자본의 저하를 초래했다고 진단하면서, 교회가 온·오프라인에서 자아실현이 동반되는 공동체의 번영에 참여함으로써 사회자본의 확충과 공공성 제고에 기여해야 한다는 방향성을 제시해주었습니다.

한국기독교사회윤리학회의 두 번째 학술총서를 발간하게 되어 참으로 기쁘고 감격스럽습니다. 초라하게 시작했던 학회가 어느새 등재학술지를 발간하고 별도의 학술총서를 출판할 만큼 역량을 갖추게 된 것은 학회원 모두의 노력이 만들어낸 결실이라고 하겠습니다. 무엇보다 여기까지 이끌어주신 하나님의 은혜에 감사드립니다. 한국 사회의 정치에 관한 기독교적 회고와 전망을 담고 있다는 점에서, 무엇보다 한국 기독교가 관심해야 할 가치들을 재조명하고 그 방향성을 다루고 있다는 점에서 6편의 글이 담긴 우리 학회의 두 번째 학술총서가 존재감을 드러낼 수 있기를 기대해봅니다.

2025년 10월
한국기독교사회윤리학회
편집위원장 문시영

목차

서문   5

01   후기 세속화 시대, 종교 재소환의 조건에 관하여: 11
공동선을 추구하는 교회의 관점에서 _ 백광훈

1. 들어가는 말   11
2. 21세기 전·후반 사회문화적 변화 맥락과 한국교회   14
3. 후기 세속사회(post-secular society) 속 종교 재소환의 맥락들   19
4. 문화변동과 교회   26
5. 문화를 형성하는 제도적 교회   32
6. 후기 세속화 시대 교회 됨의 양상들   35
7. 나가는 말   44

02   MZ세대의 통일의식과 한반도 '두 국가론'의   49
암묵적 지지에 대한 기독교 윤리적 비판 _ 이봉석

1. 들어가는 말   49
2. MZ세대의 지향성 기반인 초개인주의와 보수적 경향성과 통일의식   51
3. 베풂과 포용으로 점검해야 할 젊은 세대의 의식과 한반도 '두 국가론'   63
4. 나가는 말   77

03 경제민주화 구상에 대한 윤리적 유형과 방법론 _최경석   81

1. 들어가는 말   81
2. 기독교 경제윤리의 유형 연구   84
3. 강원돈의 경제윤리 방법론   90
4. 강원돈의 기독교 경제윤리의 특징   97
5. 나가는 말   108

04 아감벤의 '생명정치론'의 현대 생태신학적 함의 연구   113
_김석

1. 들어가는 말: 현대 생태위기와 신학   113
2. 현대 생태신학 이해   117
3. 아감벤의 '생명정치론'의 현대 생태신학적 이해   122
4. 나가는 말: '생태주권'적 기독교 생태윤리로의 방향성 모색   142

05 주권 국가의 '이주민 환대'의 어려운 가능성에 대한 기독교 정치윤리학적 연구   149
한국 보수개신교의 '적대'와 '무관심'을 중심으로 _김혜령

1. 서론   149
2. 철학적 관점에서 본 이주민 환대의 불가능성과 어려운 가능성   153
3. 히브리 성서에 나타난 이주민 환대의 어려운 가능성   170
4. 한국 보수개신교의 국가관과 이주민   180
5. 결론   202

| 06 | 비대면 시대 교회의 공공성 제고에 관한 연구 | 209 |

_이상훈

1. 들어가는 말 209
2. 비대면 시대 온라인 사회적 자본과 공공성 213
3. 비대면 시대 탈공간성과 교회의 공공성을 위한 '선교적 교회' 220
4. 교회의 공공성 제고를 위한 온라인 공동체 프로그램 229
5. 나가는 말 239

01

후기 세속화 시대, 종교 재소환의 조건에 관하여
공동선을 추구하는 교회의 관점에서[1]

백광훈(을지대학교 교목)

1. 들어가는 말

    오늘날 한국교회의 위기 상황은 지속적으로 나타나고 있다. 우리는 그 양상들을 여러 차원에서 기술할 수 있을 것이다. 교인 수의 지속적 하락, 젊은 층의 교회 이탈, 목회자 지원자 수 급감이라는 현상으로 나타나지만 무엇보다 교회의 신뢰도 약화와 대사회적 영향력 상실, 더 나아가 심지어 그리스도인과 교회에 대해 대중이 보이는 혐오나 적대적 반응들은 교회가 처한 위기를 더욱 심각하게 보여주는 것이라 할 것이다. 특히 코로나19 팬데믹 상황 가운데 드러난 일부 교회와 그리

---

[1] 이 장은 『기독교사회윤리』 57집에 수록된 논문을 편집한 글이다.

스도인의 미숙한 대응,[2] 그리고 정치적 의제에 대해 일부 극우 기독교인이 보여주는 정파성과 극우화 현상[3]은 이러한 한국교회의 위기 양상을 심화시키고 가속화한 중요한 원인이라 할 것이다. 이러한 모습들은 결과적으로 세상 속에서 기독교인과 교회가 보여주어야 할 본연의 모습에 충실하지 못하고 있는 것들로서 교회공동체의 성장동력 상실과 영향력 약화로 이어지고 있는 셈이다.

예수 그리스도께서 "너희는 세상의 소금과 빛"(마 5:13-14)이라 말씀하신 것은 그리스도를 따르는 이들의 신앙과 그를 따르는 공동체인 교회 됨의 맥락이 본질적으로 이 세상 속에 있음을 말씀해주고 있다. 성도와 교회가 세상으로부터 유리된 채 천국만을 소망하는 사적 결사체로 머무는 것이 아니라 하나님 나라 실현을 위해 사회 속에서 기능하는 공동체가 되어야 함을 말한다. 신앙의 본질과 교회 됨의 정체성에 대한 이러한 비전은 한국교회의 초기부터 적극적으로 작동했고, 1980년대까지 한국교회가 사회문화 전반의 발전에서 의미 있는 요인으로 기능했음은 여러 실증적 연구들을 통해 유추할 수 있다.

하지만 이러한 교회공동체의 역사들은 포스트모더니즘의 도래, 물질주의의 심화, 민주화된 사회와 탈동조화된 교회 거버넌스의 양상들, 그에 따른 교회문화의 게토화 및 교회 공공성의 위기로 급속히 그 영향력을 잃어가고 있다. 교회 위기를 둘러싼 위기 현상들을 하나의 현상으로 수렴한다면 일종의 세속화(secularization) 맥락이라고 할 수 있

---

2 이창호·임성빈·박정관·백광훈·장민식, 『코로나19와 한국교회에 대한 연구』(서울: 장로회신학대학교 출판부, 2021), 19-30.

3 백광훈, 「2024.12.3. 비상계엄사태 이후 한국교회의 과제: 〈개신교인의 정치문화 형성과 지형조사〉 보고서를 중심으로」, 『한국기독교사회윤리학회』 62(2025), 159-196.

을 것이다. 세속화란 교회가 세상의 영향을 받아 그 본연의 비전을 상실해가는 현상이기도 하면서 동시에 세상이 더 이상 교회의 가르침에 대해 귀 기울이지 않는다는 것을 의미한다.

이러한 진단 아래 한국교회의 시급한 과제는 오늘의 세속화 상황에 대한 적절한 응답에 있다고 할 것이다. 더 나아가 세속화의 징후들을 먼저 경험한 서구의 경우를 보면서 세속화는 반드시 종교의 쇠퇴로 귀결되는 것이 아니며, 특히 기독교회의 부흥이 실증적으로 가능함에 주목할 필요가 있다. 피터 버거(P. Berger)가 말한 매개 구조(mediating structure)를 비롯하여 기독교 본연의 영적 차원의 기능을 회복하면서, 근대화가 만들어낸 공론장이라는 공공의 광장에 머물며 공동선(common good)을 증진시키는 교회공동체는 여전히 세상 속에서 재소환될 수 있다는 후기 세속화론(post-secularization theory)의 통찰에 귀 기울일 필요가 있다.

이러한 통찰을 통해 오늘날 교회는 위기 극복을 위해 교회론의 전환이 요청됨에 주목할 필요가 있다. 특히 공공신학적(public theology) 관점에서 공적 감각과 소명을 지닌 신앙인을 길러내고, 공적 교회로서의 교회 조직을 구축하며, 사회문화 발전의 촉진자 역할을 하는 교회가 되어야 함을 인식해야 할 것이다. 이러한 공적 교회 됨은 제임스 헌터(J. D. Hunter)가 말한 일종의 사회문화적 제도(institution)로서 교회가 존재해야 함을 시사한다. 사회문화적 제도로서의 교회는 사회문화적 제도가 지닌 문법을 공유하는 것이며, 사회문화 발전을 위한 촉진자가 되는 것을 의미한다. 동시에 교회공동체가 사회문화적 제도의 모더레이터로 존재한다는 것은 하나님 나라의 가치에 근거한 힘을 추구하는 것이며, 그 힘의 행사는 그리스도인뿐만 아니라 모든 사람을 위한 힘의 실천이고, 겸손하고 신실하게 하나님 나라에 참여하는 태도이자 결과로 드러나야 한다. 이를 통해 교회의 대사회적 신뢰를 회복하고 후기 세속화 시대 속에서 교회가 여전히 부흥을 모색할 수 있음을 제안하고자 한다.

결과적으로 이 논문은 후기 세속화 시대에 교회가 갖추어야 할 조건, 특히 공공성 차원에서 교회의 과제를 제안하는 데 그 목적이 있다고 하겠다. 이를 위해 본 논문은 21세기 전·후반 한국교회를 둘러싼 사회문화적 맥락을 분석할 것이다. 이후 후기 세속사회 속에서 교회의 당위적 존재 방식에 대한 이해를 바탕으로 1. 공동선을 추구하는 교회론의 확립, 2. 하나님의 주권 영역과 하나님 나라에 대한 이해, 3. 교회됨의 실천으로서 제도를 형성하려는 교회, 4. 공적 자원으로서 '초월성'의 감각을 제공하는 교회 됨을 향후 과제로 제안할 것이다.

2. 21세기 전·후반 사회문화적 변화 맥락과 한국교회

오늘 한국교회는 어떻게 평가받고 있는가? 질문을 달리하여 '한국교회는 사회발전을 위한 긍정적 요소로 인식되고 있는가?'라고 묻는다면, 이 물음에 긍정적으로 답하기 어려운 상황이다. '사회발전'이라는 개념의 모호성을 감안한다 할지라도 분명한 것은 한국교회의 약화가 한국사회 발전에 부정적인 요소가 될 가능성이 크다. 교인 수 감소에 따라 사회의 물적·인적 자원으로서의 기능이 약화되고, 교회에 대한 신뢰도 하락에 따른 공적 담론장에서 종교적 담론의 원천적인 소외 현상, 이에 따른 공론장의 다양성 및 건강성 약화를 가져올 가능성이 크다고 할 것이다. 이는 사회발전 담론 형성에 있어 부정적인 영향을 미칠 가능성이 크다. 무엇보다 초월적 세계에 대한 안내자요 개인과 집단의 통합과 정체성 형성에 영향을 미치는 종교로서 기독교의 영향력 감소는 한국사회 공동체의 발전을 위해 절대 바람직하지 않다고 할 것이다.

우리는 이런 한국교회 위기 맥락을 보다 구체적으로 살펴볼 수 있을 것이다. 포스트모더니즘의 대두와 교회 신앙 구조 간 갈등, 물질주의적 내재성 강화와 기독교 본연의 초월성 상실, 사회정치적 차원의 변화에 발맞추지 못한 교회문화의 게토화 현상, 마지막으로 이에 따른 공적 교회 됨의 부재 현상이 그것이다.

1) 포스트모더니즘과 교회 신앙 구조 간 갈등

오늘 한국교회가 자리한 변화 맥락의 중추에는 포스트모더니즘(postmodernism)이 자리하고 있다. 1960년대 이후 서구에서 시작된 탈근대적 운동으로서의 포스트모더니즘은 전통 규범의 해체를 의미한다. 포스트모더니즘은 거대 담론에 대한 불신이며, 데카르트(R. Descartes)식의 '명확하고 의심할 수 없는 이성'에 기초한 보편적·근대적 진리관에 대해 도전한다. 이는 근대성이 기초하고 있는 이성, 남성, 서구, 종교, 전통에 대한 저항으로 나타나고 있다. 동시에 다원성에 대한 관심과 선호, 상대주의적 가치관의 확산으로 이어지기에 절대적 가치를 고수하고자 하는 기독교와 교회에 대한 거부로 나타나기도 한다. 구체제의 해체와 다원성, 상대주의를 강조하는 포스트모더니즘은 기독교적 가치관에 대한 큰 저항으로 이어진다. 서구에서 시작된 포스트모더니즘을 한국적 맥락에서 그대로 적용하는 것은 제한적일 수밖에 없지만 현실 문화의 장에서 1990년대 이후 문학, 사상, 영화, 대중문화 등의 영역을 통해 젊은 세대에게 '포스트모던'이라는 탈근대적 사조는 현실성 있는 사상 틀을 제공해오고 있다고 할 수 있다. 이에 반해 기독교가 말하는 진리의 유일성과 절대주의는 더 이상 매력적인 해석 틀로 기능하지 못하고, 때로 배타적이거나 독선적인 신념으로 간주됨으로써 그 사상적 소구력을 상실하고 있다.

김은혜는 현대인이 차이와 다양성을 존중하는 포스트모던적 문화의 세례를 받으면서 제도적 혹은 교리적 기독교를 떠나고 있다고 보면서, 현대 기독교가 새롭게 부상하는 영적이고 종교적이며 포스트모던적인 문화변화를 반영하는 이른바 기독교적 인간주의 담론을 제시하지 못하고 있다고 지적한다. 그리고 이로 인해 기독교에 한계를 느끼는 젊은 세대의 탈기독교화 현상을 가중시키고 있다고 진단한다.[4] 그리고 이것은 한국교회가 직면한 다음 세대 신앙 잇기라는 난제의 사상적 기저로 작동하고 있다.

2) 시장적 상황과 교회의 세속화

포스트모더니즘과 다원주의 상황에서 '절대성'이라는 근대적 개념은 그 지위를 급속하게 잃어버린다. 경쟁하는 모든 세계관이 상대화되면서 독점적이던 종교적 전통 역시 탈독점화된다. 이는 종교영역의 시장화를 함의한다. 한국 사회가 내재하고 있는 다종교사회적 맥락(유

---

[4] 김은혜, 「기독교 인간주의에 대한 성찰: 새로운 문화현상에 대한 신학적 응답」, 『선교와 신학』 33(2014), 217-219.

교, 불교, 신흥종교, 심지어 이단 사교 등이 활발하게 공존하는 상황)은 이러한 시장적 구조를 강화한다. 이는 종교적 내용이 경쟁시장에 내몰리면서 대중에게 선택받기 위해 세속화(secularization)되는 방향으로 전환되는 것을 말한다. 여기서 세속화란 종교가 일종의 종속변수로서 사회적 변화에 영향을 받는 것이다. 이 과정에서 소비문화의 상품화(commodification)라는 메커니즘이 종교 안에 들어오는 것이다.[5] 상품화 현상은 종교를 물건을 고르는 것처럼 개인적 선택이나 선호의 문제로 축소할 위험을 내포한다. 종교가 사적 영역으로 축소되거나 퇴거하는 현상은 개인과 사회가 연결되지 못하는 단절 현상으로 드러난다. 기독교적 맥락에서 이는 교회공동체가 증언하는 복음이 개인적인 심리나 사적인 욕망 해결의 문제로 전이되는 것을 의미한다. 또한 하나님 사랑과 이웃사랑이라는 복음의 온전성을 실천하고, 복음적 가치를 담보한 하나님 나라 형성에 참여하는 그리스도인과 교회공동체의 사회적 비전이 해체될 가능성을 증가시킨다. 그리고 이는 결국 교회의 세속화 현상을 더욱 강화한다.

3) 민주주의의 보편질서화: 소통구조의 변화와 교회의 문화지체 현상

21세기 한국 사회에 있어 민주화는 보편적 사회질서로 기능한다. 개인과 집단의 현재와 미래에 영향을 주는 결정에 있어서 그 누구도 자신이 소외되지 않기를 원한다. 민주화란 절차적 정당성으로서의 민

---

[5] Peter Berger, *The Sacred Canopy: Elements of a Sociological Theory of Religion*, 이양구 역, 『종교와 사회』(서울: 종로서적, 1981), 158.

주화를 의미하기도 하며, 동시에 시민의식의 주체성 발현 현상이라고도 할 수 있다. SNS, 유튜브 같은 개인 미디어 발달, 상호·다중 소통의 성격을 지닌 디지털미디어 환경으로의 전환은 대중, 개인, 시민의 주도성을 강화한다. 시민의 높은 교육 수준은 능동적 참여자로서의 주체성을 강화한다. 이는 오늘날 공동체와 사회의 의사결정 구조에서 상당 부분 배제되었던 이들, 예를 들면 여성의 목소리 찾기로 이어지고 있다. 하지만 남성 위주의 리더십 구조를 지닌 한국교회에 있어 이는 개혁의 과제로 여전히 머물고 있다. 보편화된 민주적 질서는 교역자와 소수의 리더를 중심으로 이루어지던 교회공동체의 의사결정 구조에 변화를 요청한다. 일부 리더십의 영향력이 강하게 반영되는 위계적 의사결정 구조는 평신도를 비롯한 여성, 청년, 교회공동체의 다양한 구성원의 구조적 참여 보장이라는 거버넌스 개혁의 문제로 확대되고 있다.[6] 문제는 여전히 교회 거버넌스 변화가 더디다는 것이다. 이는 결국 교회의 문화지체 현상으로 나타나면서 시대정신과 유격된 집단으로 인식되고 있다. 결과적으로 교회에 대한 대중의 부정적 인식은 더욱 강화되고 있다.

4) 공공성에 대한 요구와 교회의 감각 부재

오늘날 다원화되고 민주화된 사회에서 교회는 광장 가운데 있다. '광장'이라는 비유는 교회가 자리한 위치가 공적(public) 장소임을 함의한다. 공적 광장은 하나의 이념이 아니며, 한 묶음의 연관된 가치들과

---

[6] 임성빈, 『21세기 한국사회와 공공신학』(서울: 장로회신학대학교 출판부, 2017), 130-132.

진리 주장들의 각축장이다. 이곳은 전통, 시장, 문화, 자연과학, 종교로부터 이끌어내어진 다양한 원칙과 자원들로 구성된다. 동시에 종교는 '광장'이라는 다원사회 속에 위치함으로써 광장의 작동원리로서의 언어와 문법, 원칙, 윤리를 요구받는다. 그러한 요구에 적절하게 응답하지 못할 때 종교로서의 교회는 광장에서 퇴출될 위기에 직면한다. 그것이 바로 '교회 공공성'의 위기이기도 하다. 오늘날 교회가 보여주는 공공성의 위기와 갈등은 다양한 영역에서 일어난다. 코로나19 사태 속에서 정부·시민사회와 교회 간 갈등에서 보았지만, 주일성수라는 교회 내적인 당위논리와 공공의 안전성이라는 어젠다가 불필요하게 충돌하고, 관련하여 교회 지도자와 신앙인들이 보여준 공적 언행의 부적절함, 일부 대형교회에서 발생한 목회자 세습처럼 교회 안에서 관행적으로 용인되던 것들에 대한 사회적 불인정 등은 교회 게토화를 촉진시키고 교회에 대한 사회적 신뢰와 영향력 약화를 가속화한다고 할 수 있다. 특히 2024년 12.3계엄 이후 윤석열 대통령 탄핵사태와 관련하여 한국교회 일부가 보여준 극우적 행태들(계엄 및 서부지원 폭력사태 등을 옹호하는 등)은 한국교회의 공적 감각의 부재와 함께 대사회적 선교 역량에 심각한 손상을 입히고 있다고 할 것이다.

3. 후기 세속사회(post-secular society) 속 종교 재소환의 맥락들

교회를 둘러싼 맥락들의 변화와 한국교회가 직면한 위기를 종합적으로 볼 때, 한국교회는 일종의 세속화(secularization) 상황에 직면하고 있다고 할 수 있다. 세속화란 교회공동체의 양적 성장이 멈추었거나 교회에 대한 사회적 영향력이 상실된 상태, 사회적 차원과 개인적 의식 차원 모두에서 종교적 영향력의 쇠퇴를 의미한다.[7] 세속화론의 효시이기도 한 막스 베버(M. Weber) 이후, 주류 사회학자들에 의해 계몽화된 근대화 이후 종교의 역할이 사라질 것이라는 세속화 이론이 광범위하게 지지되었고, 기독교를 비롯한 종교는 쇠락과 소멸의 길을 갈 것이 분명해 보이기도 했다.

그런데 세속화론은 부분적으로 적용되지만, 이론에 적합하지 않은 현상들이 보고되고 있다. 근대화된 세계에서도 여전히 기독교를 비롯한 종교들이 건재하고 있으며, 양적 성장을 이어가고 있다. 더욱이 종교는 사회·문화·경제 전반에 영향력을 행사하고 있으며, 여전히 많은 종교가 사회발전의 자원으로 기능하고 있다는 것이다.[8] 이러한 현상으로 인해 세속화론의 예언을 폐기하고자 하는 이른바 탈세속화론 혹은 후기 세속화론이 등장하고 있는데, 이 논의에 따르면 종교는 여전히 개인의 정체성 영역에 있어 '확실성'을 담보하는 자원으로 소환되고 있으며, 공동선을 추구하는 종교, 특히 기독공동체의 재소환 현상이 나타나고 있다는 것이다.

---

[7] Peter Berger, *The Desecularization of the World: Resurgent Religion and World Politics*, 김덕영·송재룡 역, 『세속화냐 탈세속화냐』(서울: 대한기독교서회, 2002), 15.

[8] 세속화론을 비판하는 입장에서 세속화론의 한계가 단지 종교의 재발흥이 아니라 마틴(D. Martin)의 주장처럼 세속화가 시간과 장소에 따라 다른 속도와 양상으로 전개된다고 보는 세속화 비판론도 존재한다. David Martin, *A general theory of secularization*, Harper & Row; 1st Harper Colophon Edition, 1978.

1) 확실성의 자원으로서의 종교

한때 세속화론의 전도사이기도 했던 피터 버거(P. Berger)는 세속화론을 전폭적으로 수정한다. 그는 이전에 주장했던 세속화 테제, 즉 종교의 영향력 감소를 주장했던 예측과 달리 장기적으로 볼 때 세계 속에서 종교적 삶은 지속되거나 오히려 부흥하고 있다고 말한다. 오늘날 세계를 이해함에 있어 종교를 인정하지 않고는 불가능하며, 여전히 종교는 그 존재 기반을 사회 속에 뿌리내리고 있다는 것이다.[9] 그는 오늘날 전 세계에서 광범위하게 일어나는 종교 부흥 현상들(이슬람의 증가, 동아시아·남미·사하라사막 이남 지역 중심으로 복음주의의 급속한 증대 현상)을 보면서 종교적 헌신은 지속적으로 이루어지고 있다고 분석한다. 그는 세계 각국에서 벌어지는 종교 재소환 현상의 이유로 종교가 제공하는 '확실성'을 꼽는다. 포스트모더니티가 제공해준 거대한 사상적 토대가 붕괴되고, 그로 인한 사회적·실존적 불안 속에서 현대인은 정체성의 위기에 직면하고 있는바 확실성을 제공한다고 여겨지는 종교운동들은 여전히 큰 호소력을 갖는다는 것이다.[10] 특히 초월적 지평을 상실한 근대 이후 포스트모더니티 사회에서 개인들에게 삶의 의미와 방향을 제공해주는 종교는 여전히 영향력을 발휘한다는 것이다.

설사 세속화론적 관점에서조차 종교는 사회발전에 긍정적 역할을 한다. 세속화에 대한 반응은 모더니티에 대한 거부로 나타나기도 하지만(이슬람), 동시에 근대화를 긍정적으로 수용(라틴아메리카의 복음주의 기독

---

[9] 위의 책, 36.
[10] 위의 책, 27.

교가 남성 우월의식과 위계서열을 비판하고 개선)하는 모습을 보여주기도 한다. 종교와 직접 관련이 없는 국제정치, 전쟁과 평화, 경제발전, 인권 및 사회정의 영역에서 여전히 종교는 영향력을 미치고 있다.[11]

2) 합리적 선택이론

지난 50년간 종교적 다원주의와 과학적 세계관의 지배로부터 종교적 정당성이 의심받고 설득구조가 약화되었다는 주장들은 사회적 변화들을 설명하는 기초로 의심 없이 받아들여졌다.[12] 그러나 또 다른 사회적 현실들은 종교적 현실들이 매우 복잡한 것임을 보여주고 있다. 북미 개신교나 아시아 이슬람권에서 근본주의적 교단들의 성장, 남미에서 오순절 운동의 영향을 받은 가톨릭 종파들(charismatic Catholicism)과 복음주의적 개신교 교단들의 성장, 아프리카, 중국 및 구소련 국가들 내에서 기독교의 성장 등은 세속화 이론의 경험적 한계를 방증하는 사례들이 되고 있다.[13]

사회적 합리화 과정과 부정적 상관성을 거의 맹신적으로 연결 짓는 계몽주의의 적자로서의 세속화 이론이 근대화 모델을 기초로 사회의 종교적 진화를 설명하고자 한다면, 합리적 선택이론은 도시화, 산업화, 개인주의 그리고 다원주의를 포괄하는 현대사회의 특수성과 종

---

[11] 위의 책, 72.
[12] 유광석, 「합리적 선택이론에서 종교적 수요의 안정성 논쟁」, 『담론 201』 16(2), 2003, 49-73.
[13] 유광석, 「합리적 선택이론」, 『21세기 종교사회학』(서울: 다산출판사, 2014), 131.

교 간의 '선택적 친화력'이 존재하고 있음을 보여준다.[14] 확실성의 자원으로서 종교가 소환되고 있다는 주장의 연장선상에서 종교는 다양한 사회문화적 맥락에서 개인들에게 여전히 소구되고 있다는 것이다. 물론 한국의 경우 가장 최근 국가 통계인 2015년도 통계청 조사에 따르면, 무종교인 비율이 이전 조사에 비해 높아졌음이 확인되었다. 이 점에서 세속화론의 탈종교화 현상이 유효하다고 해석되는 부분도 엿보이지만, 이러한 현상이 제도종교에 대한 관심의 저하 현상인지 아니면 탈제도화된 종교, 이른바 영성에 대한 관심 증가와 맞물려 나타난 현상인지는 보다 구체적인 확인이 필요하다고 할 것이다.[15]

3) 공동선(common good) 추구와 종교의 귀환

세속화론에 근본적인 물음을 가진 호세 카사노바(J. Casanova)는 그의 책 『근대 세계에서의 공적 종교(Public Religion in the Modern World)』에서 세속화에 대한 매우 의미 있는 사회학적 결과들을 도출했다. 세속화는 하나의 도그마나 이데올로기로 작동하고 있을 뿐이라는 것이다. 그는 다섯 나라 사례(스페인, 폴란드, 브라질, 미국 복음주의 개신교와 미국 가톨릭에

---

[14] 유광석, 위의 책, 131.
[15] 실제로 한국기독교목회자협의회(한목협)가 펴낸 『한국기독교 분석 리포트: 2018 한국인의 종교생활과 의식조사 1998-2018』에 따르면, 한국사회의 종교인구는 종교인 대 무종교인의 비율이 2004년 57.0:43.0, 2012년 55.1:44.9, 2017년에는 46.6:53.4 등으로 제도종교 인구의 감소추세로 확연히 나타나기도 한다. 동시에 우혜란은 한국적 영성의 독특성을 영성적 형태를 띠고 있는 신종교의 활성화 맥락에서 해석하기도 하는데, 비영리단체나 법인의 형태로 '명상', '심신훈련', '요가', '단월드', 이단 종파 등의 증가를 그러한 예로 해석하고 있다. 이는 제도종교가 아닌 영성적 영역에 대한 관심으로 해석되어야 한다는 것이다. 우혜란, 「동시대 종교현상으로서의 '유동적 종교(Fluid Religion)'에 대한 논의」, 『종교와 문화』 30(2016), 45-46.

서 보이는 기독교인의 참여 증대와 공공생활로의 회귀)를 통해 근대화의 대표적 현상인 사회적 분화(social differentiation) 과정에서 종교가 어떻게 응답하는가에 따라 종교의 세속화 양상은 들어맞기도 하고 그렇지 않다는 것을 제안했다. 종교의 쇠락은 필연적이지 않다는 것이다. 개인적 자유라는 근대적 가치에 반대하지 않으면서, 근대사회가 만들어내는 여러 문제에 대해 공적인 목소리를 낸 종교는 살아남는다고 주장한다. 특히, 경제 문제에 대해 미국 가톨릭 주교회가 '경제 서한'(U. S. Catholic bishops letter, 1986)을 통해 보여준 것처럼 세속화를 지지하지 않으면서도 공동선(common good)의 가치를 제안하는 교회는 사회 공론장에서 유의미하게 존재할 수 있다고 말한다.[16] 종교는 근대세계의 가치와 원리들의 정당성, 즉 개인적 자유와 제도적 분화라는 근대의 시금석을 응용하고 지지하면서, 동시에 특히 시민사회와 연합하여 자유와 평화를 증진하고, 목소리 없는 자들의 목소리를 내어줌으로써 위기에 처한 현대사회의 구원자가 될 수 있다는 것이다.[17]

프랑크푸르트학파의 좌장으로서 현대 서구 계몽주의적 전통의 한 축을 이끌어가고 있는 하버마스(J. Habermas) 역시 세속화론에 대해 이의를 제기한다. 하버마스의 역시 피터 버거와 마찬가지로 그의 사상 초기엔 종교에 대해 부정적인 견해를 가지고 있었으나 서구 근대사회의 위기를 절감하며 종교의 역할에 주목하기 시작한다. 그는 이미 2004년 라칭어(Joseph Ratzinger) 추기경과 함께 뮌헨 가톨릭 아카데미에서 종

---

[16] José Casanova, *Public Religion in the Modern World*, Univ. of Chicago Press, 1994.

[17] 폴란드 자유노조(Solidarity)와의 관계에서 나타난 가톨릭교회, 독일에서 시민사회의 문제를 제기하는 사회적 공간을 마련해준 독일 교회의 예도 이러한 경우다. David Martin, *On Secularization: Toward a Revised General Theory*, 김승호 외 역, 『현대 세속화 이론』(서울: 한울, 2008), 55.

교의 역할에 대해 공개적으로 교류했다.[18] 하버마스는 현대 자유주의 국가가 정치적 결정을 신앙이 아닌 순전히 이성에 근거해야 한다는 세속화 이론에 대해 이의를 제기한다. 그는 희소하지만 여전히 매우 중요한 자원, 즉 삶의 의미에 대한 '감각'(기독교적 용어로 '죄')을 잃을 위험에 처한 '후기 세속사회(post secular society)'에 대해 말하면서, 시민 대중은 인간의 잠재력에 대한 새로운 감수성을 개발해야 한다고 주장했다. 특히 경험으로서의 삶이라는 제한된 공간을 초월하게 해주는 '의미'를 추구하려는 종교적 본능이야말로 인간이 소유하고 있는 특징이며, 이 점에서 인간이 삶의 의미에 대한 감각의 자원을 확보하기 위해 종교적 전통에 관심을 기울이되, 시민사회와 종교는 서로가 개방되어야 하며 서로의 언어를 이해하는 데 힘써야 한다고 말한다. 무엇보다 종교 공동체가 도그마티즘에 빠지지 않는다면 현대인의 삶에 새로운 감각을 불어넣을 수 있다고 주장했다.[19]

이러한 주장들에서 보듯 근대사회 이후 종교의 쇠락을 예견한 세속화론의 예언에서 벗어나는 길은 여전히 종교는 자아정체성을 구성하는 유의미한 자원임에 주목하는 것이다. 동시에 종교에 기대하는 역할, 예컨대 그리스도인과 교회가 신앙의 사사화(privatization)를 지양하고 공동선 증진을 위한 신앙공동체의 역할을 보여줄 때, 종교 재소환의 가능성을 모색할 수 있다는 것이다.

---

[18] Joseph Ratzinger & Jürgen Habermas, *The Dialectics of Secularization: On Reason and Religion*, 윤종석 역,『대화: 하버마스 대 라칭거 추기경』(서울: 새물결, 2009).

[19] 위의 책, 30.

4. 문화변동과 교회

후기 세속사회의 맥락 속에서 종교의 재발견, 특히 기독교 재부흥을 위한 조건들에 대한 통찰들은 기독교의 정체성, 특히 교회론에 대한 변화된 이해를 요청한다. 후기 세속화론의 통찰은 기독교가 여전히 세상에 영향력을 미치고 있다는 점이며, 현대인의 정신과 정체성에 있어서 이른바 확실성의 토대로서 유의미한 역할을 할 수 있다는 것이다. 동시에 사회 속에서 교회가 공적 기능을 수행하지 못할 때 교회의 영향력은 급속히 유실될 수 있음을 말해주고 있다. 교회의 공적 역할은 교회가 세상에서 유리된 게토화된 종파가 아니라 산 위의 등경(마 5:15)처럼 세상 한가운데에 존재하여 세상의 번영을 위해 역할을 해야 함을 말한다. 이는 교회가 세계의 공적인 자원이며, 사회의 건강한 변화와 발전을 견인해야 할 과제를 부여받았음을 의미한다. 이 점에서 미국의 사회문화 변동과 교회와의 역사적 관계성을 추적한 제임스 헌터(James D. Hunter)의 주장[20]에 주목할 필요가 있다.

1) 문화변동과 교회

1990년대 '문화전쟁'이라는 개념을 통해 미국교회가 시도했던 문화변동에 대해 연구해온 제임스 헌터는 미국교회가 역사 속에서 보여온 사회변화에 대한 전략들을 연구하면서, 교회가 세상(적어도 미국 사회)

---

[20] James, D. Hunter, *To Change the World: the Irony, Tragedy and Possibility of Christianity in the Modern World*, 배덕만 역, 『기독교는 세상을 어떻게 변화시키는가』(서울: 새물결플러스, 2014).

을 변화시킬 수 있는 조건에 대해 말한다. 그는 이를 위해 문화에 대한 이해가 선행적으로 필요하다고 주장한다. 그에 따르면 문화는 그 자체로 권력이자 제도적·조직적 관점에서 하나의 상징적 자원으로 간주될 수 있다. 상징은 사상, 상상력, 뉴스, 선언, 연설, 소책자, 에세이, 책, 영화, 미술, 법 등으로 대표될 수 있을 것이다.[21]

동시에 문화는 네트워크 내에서 형성된다는 것이다. 역사의 변화, 문화의 변동은 얼핏 개인의 힘과 위대성에 의존하는 것 같이 보이지만, 네트워크로부터 만들어진 제도를 통해 이루어진다. 문화는 아래에서 위로도 변하지만, 많은 경우 위에서 아래로 변한다. 또한 세계 변혁의 집중력은 엘리트들의 네트워크와 그들이 주도하는 제도들이 중첩될 때 극대화된다. 요약하자면 문화의 중첩된 분야와 사회생활의 중첩되는 영역에서 엘리트들의 네트워크가 다양한 자원과 하나 되어 공통된 목적을 위해 행동할 때 문화는 변동한다.[22] 문화변화는 가장 개념적이며 비가시적 작품을 생산하는 사람들로 시작해서 가장 구체적이고 가시적 작품을 생산하는 사람들을 통해 이루어진다.[23] 문화의 가장 심오한 변화는 여러 세대에 걸쳐 발생하는데, 그것은 사회질서의 언어적·신화적 구조 속으로 침투할 때 최초로 감지된다.[24]

이는 문화변화를 지향하는 운동이 문화 형성 및 전달, 제도들(교회는 말할 것도 없이 시장과 정부가 후원하는 문화 조직, 교육, 광고, 오락, 출판, 뉴스미디어)을 재구성하지 않는다면 문화 재구성에 별다른 영향을 미칠 수 없

21　위의 책, 65.
22　위의 책, 76.
23　위의 책, 74.
24　위의 책, 79.

음을 의미한다.[25] 즉, 모든 문화운동은 문화의 구조적 변화와 연결되지 않는다면 문화 전체의 과정에 영향을 미치지 못한다. 이것은 어떤 특정한 교회와 집단의 부흥운동이 현재의 문화질서를 근본적으로 변화시킬 수 없음을 의미한다. 역사적으로 보면, 초기 기독교의 성장, 6~7세기의 수도원 운동. 종교개혁, 대각성 운동, 노예해방 운동은 교회가 상층부 네트워크들을 통해 교회 자체와 문화의 변화를 가져왔음을 보여준다. 각각의 예들은 문맥, 행태, 상관관계가 다르지만 교회공동체가 농도 짙은 대안적 네트워크로 대안문화를 상상하고 이론화하고 전파하는 지성인들과 교육가들을 위해 자원을 제공했음을 볼 수 있다.[26] 헌터에 따르면 기독교는 제도적 변화를 도모하고 문화의 저변을 변화시킴으로써 세상의 발전과 변화를 가져오는 역할을 할 수 있었다는 것이다.

2) 미국교회와 문화변동

문화와 문화변동에 대한 이러한 전반적인 이해 속에서 헌터는 미국교회가 미국의 문화변동을 위한 지형에서 차지하는 위치를 분석한다. 결론적으로 미국교회는 세속화 사회 속에서 사회문화 발전을 주도하는 위치에 있기보다는 여전히 주변화되어 있다. 진(지식)·선(도덕)·미(예술)의 영역에서 변화를 주도하는 상층부가 아닌 약한 문화로 머물러 있다. 헌터는 그 이유로 미국교회의 비전이 공적이지 않으며, 그만큼

---

25   위의 책, 79-80.
26   위의 책, 124.

포괄적이지 않기 때문이라고 진단한다.[27]

문제는 미국교회가 문화 주변부에 위치할수록 그것을 만회하려는 정치적 시도를 감행하고 있다는 것이다. 특히 보수적 입장을 대변한다고 알려진 미국의 우파 기독교는 미국적 상황에서 기독교가 오늘날(특히 1960년대 이후 세속화된 상황에서) 영향력을 상실하게 된 것이 이른바 문화전쟁에서 실패했기 때문이라고 인식한다. 그리하여 그들은 미국의 기독교문화가 다시 회복되어야 하며 개인의 신앙회복과 도덕운동, 그리고 정치적 입법 활동에 희망을 두고 있다. 미국을 역사상 가장 위대한 나라로 만들고 유대-기독교적 가치를 보존하고 방어해야 한다는 것이다.[28] 하지만 이러한 전략은 신앙의 비전을 개인의 도덕 문제에 제한하는 결과를 낳았다고 헌터는 비판한다. 보수우파는 예컨대 낙태, 포르노의 성장과 합법화를 저지하려고 했지만 이런 시도는 번번이 실패했으며, 결과적으로 미국 사회를 긍정적으로 변화시키지 못했다고 볼 수 있다.

미국의 기독교 좌파 진영도 마찬가지이다. 헌터에 따르면 이들은 미국의 우파 운동이 젊은 세대에게 반감을 일으켰다고 생각하고, 복음을 왜곡시켰다고 인식한다. 이러한 잘못을 바로잡는 것은 우파의 손에서 권력을 빼앗아오는 것이다. 이들은 평등, 약자에 대한 배려, 소수자의 권리 등을 주장하며 사회변화의 방향을 제시한다. 그리고 그들이 성경의 본류라고 생각하는 이와 같은 것들을 실천하는 가장 중요한 길은 역시 정치이며, 보수파가 공화당과 밀월관계를 맺어온 것처럼 민주

---

27 위의 책, 142.
28 위의 책, 194.

당과 협력관계를 맺는 방식을 통해서이다. 결과적으로 정치에 대한 개입과 영향력에 대한 열망은 기독 우파와 마찬가지로 열렬할 수밖에 없다.

헌터는 기독 우파와 좌파 모두가 감행하는 이러한 시도들, 정치권력, 즉 힘을 통해 세상을 바꿀 수 있다는 '콘스탄티누스적 기획'은 오류를 낳을 수밖에 없으며 결과적으로 하나님의 백성이 세속적 권세를 지녀야 한다는 잘못을 범하게 된다고 말한다. 또한 그리스도인과 교회 공동체가 평화를 선포하는 대신 강제력과 힘, 폭력의 윤리를 수용하게 된다고 비판한다.[29] 헌터는 이러한 정치적 힘에 대한 과몰입이 미국 기독교를 병들게 했으며, 설사 그런 정치적 영향력을 획득했다 할지라도 여전히 미국 기독교는 문화를 바꾸는 제도적 상층부 영역에 들어가지 못한 채 주변부에 머물러 있다고 분석한다.

헌터의 논의를 한국교회와 사회에 적용하게 될 때, 이러한 콘스탄티누스적 기획은 오늘날 한국교회에서도 재현되곤 한다. 교회의 영향력이 급속히 상실되는 후기 세속화 시대의 맥락에서 한국교회는 1990년대 이전에 지녔던 영광을 회복해야 한다는 목표 아래 그것을 이루기 위한 정치적 영향력을 획득하는 데 관심을 기울이고 있다. 기독교적 가치관을 가진 이들이 국회에 들어가거나 기독교를 표방한 당을 만들고 입법화하는 일이 교회의 중요한 과제가 되었다. 보수나 진보와 상관없이 상당수의 그리스도인과 교회가 자신들의 미래를 특정한 정치 신화, 이념, 어젠다의 성공에 연결하려고 한다.

한마디로 정치적 영향력에 대한 과도한 의제 설정과 영향력 확대

---

29 위의 책, 233-234.

가 사회문화 발전을 위한 교회 됨의 실천이라고 인식하고 있다는 것이다. 이는 하나님 나라의 도구로서 교회가 지향해야 할 어젠다 설정의 편중을 낳는다. 예를 들면 한국교회는 정치변화를 우선순위에 두고 기도하지만, 하나님 나라의 가치 실현의 장으로서 사회, 문화, 경제, 교육, 환경, 대중문화, 예술 영역 전반의 변화를 위한 노력에는 소극적인 자세를 취한다. 결과적으로 하나님 나라 의제 확장에 실패하고 있는 셈이다. 설사 가장 중요하다고 여기는 정치 영역을 바꾸고자 정치에 참여한 그리스도인이 적지 않지만, 그들의 모습 속에서 세상의 권력 추구와 실천 방식을 발견하게 된다. 정치인 그룹에서 신앙인의 비중은 크지만, 오늘날 정치인들에 대한 일반인들의 불신은 매우 크다. 정치적 영향력을 행사하거나 광화문 같은 광장에서 정치적·정파적 구호를 외치는 기독교인에 대해 대중이 부정적 인식을 갖는 것도 이와 같은 맥락이다.

동시에 한국사회 문화변화를 위한 문화지형의 매트릭스 속에서 미국교회와 같이 여전히 상층부가 아닌 하층부 혹은 주변부에 머물러 있는 한국교회의 모습을 확인하게 된다. 공적 교회로서 진·선·미 영역에서 제도와 문화의 변화를 가져올 수 있는 어젠다 설정 능력과 네트워크가 구축되어 있다고 말하기 어렵다는 것이다. 이는 결국 후기 세속화의 맥락 속에서 종교, 특히 기독교 재소환을 위한 의제 설정에 실패하고 있는 한국교회의 현실을 보여준다고 할 것이다.

5. 문화를 형성하는 제도적 교회

교회는 후기 세속화 논의에서 밝힌 대로 종교의 부흥 혹은 재발견의 조건으로서 공동선의 실천 과제에 주목할 필요가 있다. 그리고 공동선의 실천은 한마디로 제도의 변화와 문화를 형성하는 교회로서 기능할 때 가능하다는 것이다. 특히 변화를 가능하게 하는 힘을 일종의 권력(power)이라 할 때, 교회공동체가 지니고 추구해야 할 권력에 대한 적절한 이해가 요청된다.

기독교는 재세례파가 주장하는 것처럼 힘과 권력 자체를 부정하지는 않는다. 권력은 푸코(M. Foucault)가 이야기했듯이 어느 곳에나 존재한다. 권력은 인간 본성에 내재해 있고, 인간 경험의 한 부분이기 때문이다.[30] 인류학에서는 세상으로부터 완전히 격리되거나 독립되어 살지 않는 한, 교회와 신자들은 거의 모든 방법으로 권력의 행사, 교환, 경쟁에 연루된다고 말한다. 권력은 무엇인가? 그것은 실체나 자산(property)이 아니라 자연세계 및 타자와의 관계 속에서 발휘되는 재능(facility)이다. 이 재능은 개인, 사회집단, 사회구조를 통해 드러난다. 또한 정부나 시장 제도뿐 아니라 모든 제도 속에 존재한다.[31]

문제는 어떤 권력이며, 누구의 권력이냐는 것이다. 하나님이 창세기에서 인간에게 내린 문화명령, 즉 "생육하고 번성하여 땅에 충만하라. 땅을 정복하라. 바다의 물고기와 하늘의 새와 땅에 움직이는 모든

---

30 Michel Foucault, *The History of Sexuality Vol.I*, 이규역 역, 『성의 역사 1: 지식의 의지』, 서울: 나남, 2010.
31 James D. Hunter, 『기독교는 세상을 어떻게 변화시키는가』, 269.

생물을 다스리라"[32]는 명령은 하나님의 형상을 지닌 존재로서 세상을 가꾸고 번영케 하는 권력 행사의 명령이다. 이러한 문화명령에 비추어 볼 때 권력은 청지기적 다스림으로 나타난다.

문화명령을 실천한 온전한 예는 예수 그리스도이다. 예수 그리스도는 자신에게 주어진 권력을 섬기는 데 사용했다. "이방의 집권자들이 그들을 임의로 주관하고 그 고관들이 그들에게 권세를 부리는 줄을 알거니와 너희는 그렇지 않아야 하나니 너희 중에 누구든지 으뜸이 되고자 하는 자는 너희의 종이 되어야 하리라"[33]고 예수는 주장한 바, 이는 권력이라는 힘의 외투를 추구하는 방식을 주장하지 않았음을 의미한다. 예수는 십자가를 통해 세상권력을 무장해제시켰고, 그 권력에 대해 승리했다. 이 점에서 교회는 예수의 권력 사용방식을 실천하는 공동체여야 한다. 그 권력은 하나님과의 친밀관계 속에서 형성되는 것이며 지위와 명성, 그것에 수반된 특권을 거절하는 것이다.[34] 예수의 권력은 신앙공동체 밖의 사람들을 다루는 비강제적 방식에서 드러난다. 그의 나라는 편견 없이 모든 남자, 여자, 청년, 노인, 주인, 노예, 자유민, 유대인, 사마리아인, 이방인에게 주어진다. 또한 예수 그리스도의 권력은 단지 신앙공동체의 선이 아니라 만인의 선을 추구한다. 이것은 예수 그리스도의 권력을 따르는 교회공동체가 궁극적으로 이 땅에서 언약적 관계와 제도, 문화를 형성하는 데까지 나아가야 하는 것을 함의한다.[35]

---

32 창 1:28.
33 마 20:25-28.
34 James D. Hunter, 『기독교는 세상을 어떻게 변화시키는가』, 283.
35 위의 책, 390.

이는 먼저 교회 스스로 언약적 관계를 실천하고 하나의 제도(institution)가 된다는 것을 의미한다. 교회는 하나의 공동체, 교제, 모임이지만 동시에 제도이기도 하다. 제도 안에는 본질적으로 권력이 내장되어 있다. 교회는 자신의 조직 내에서 상징적이고 실재적이며, 관념적이고 물질적인 방식으로 권력을 행사한다. 교회 안 구성원들에 대한 조직적 훈련과 교육을 통해 교회가 가진 자원을 교회 안팎에 분배함으로써 그렇게 한다. 이 점에서 교회공동체 안에 어떤 거버넌스(Governance, 지배구조)를 구축하는가는 중요하다. 예컨대, 최근 몇 년 동안 주목받고 있는 ESG 논의에서 언급되는 거버넌스 변화에 대한 요구는 조직을 기업 소유자 중심이 아닌 소비자를 포함한 이해관계자 모두를 포함하는 건강하고도 지속가능한 조직으로 만들어가는 것이 필요함을 주장한다. 이는 제도로서의 교회 역시 건강한 거버넌스를 지니게 될 때, 제도적 교회로서 기능할 수 있음을 함의한다고 할 것이다.

또한 제도가 지닌 권력 행사의 속성은 교회를 둘러싼 더 큰 문화와의 관계 속에서도 나타난다. 소극적으로는 교회들이 보여준 시민 불복종을 통해 제도를 변화시키는 쪽으로 나타나기도 한다. 그러나 적극적으로는 제도로서의 교회는 문화 형성(formation)을 통해 나타난다. 그리고 그 목적은 단지 기독교인만을 위한 것이 아니라 모든 사람을 위한 목적, 진리, 미, 소속, 공평을 육성하는 것이다.[36] 교회 됨의 목적은 비신자들이 천국에 가도록 전도하고 회심시키는 노력 이상의 것을 지향한다. 진·선·미라는 각각의 영역 속에서 변화를 이끄는 위치를 확보하고 좋은 제도를 만들어갈 수 있도록 힘쓰는 것이야말로 공동선을

---

36 위의 책, 390.

추구하는 후기 세속화 시대 교회의 모습이어야 할 것이다.

6. 후기 세속화 시대 교회 됨의 양상들

문화형성의 촉진자로서 교회에 대한 이해는 한국교회로 하여금 교회론의 전환을 요청한다. 오늘날 대외적으로 인식되는 한국교회의 공적 발언은 매우 정치적이고 특정 정파에 함몰된 측면이 있다고 할 수 있다. 사회와 문화, 특정 정치집단에 대해 갖는 니체식 표현에 따르면, 일종의 '르상티망(ressentiment, 유감 혹은 분노)'[37]에 기반한 교회의 공적 참여는 그런 의미에서 매우 퇴행적으로 보인다.

앞에서 살펴본 미국교회와 유사하게, 한국교회 역시 오늘날 사회문화적 영향력을 박탈당한 채 주변부에 머물러 있는 교회의 현실에 직면하고 있다. 동시에, 과거 폭발적인 교회 성장을 이룬 시대의 영향력을 회복하고 다시 행사해야 한다는 회귀적 열망에 머물러 있다. 이러한 상황에서 교회공동체는 오늘날 다원성의 광장 안에 머물러 있음에도 선과 정의에 대한 하나의 특정한 이해로 간주되는 세계관을 사회

---

[37] Friedrich Nietzsche, *On the Genealogy of Morality: a polemic*, ed. Keith Ansell-Pearson, trans. Carol Diethe (Cambridge: Cambridge University Press, 1994[1887](1994[1887]), §I.10, I.13-15, III.19, III.26-27. 니체가 말한 르상티망은 일종의 삶의 비애감으로 원한, 증오, 질투 따위의 감정이 되풀이되어 마음속에 쌓인 상태로 볼 수 있는데, 때론 정치적 행동의 동기로 분노, 혐오, 보복의 감정이 결합한 정치심리학의 한 현상으로 해석되기도 한다. 특히 한 개인이나 집단이 갖는 피해의식 혹은 권리의식으로서 자신들이 받은 상처에 책임이 있다고 생각되는 사람들에게 갖는 부정적 담론 일체를 일컫는다. 교회공동체의 경우, 현재 교회가 직면한 위기 상황의 이유를 특정 집단 혹은 사상에 있다고 보고 그 개인이나 집단에 갖는 부정적 감정 일체를 지칭한다고 할 수 있다. James D. Hunter, 위의 책, 165-167 참조.

전체에 강요한다고 인식된다. 이는 권력이라는 외투를 입고 정치를 통해 기독교와 국가권력을 결합시킴으로써 하나님 나라를 완성해야 한다는 제국적 종교로의 유혹에 직면하게 될 가능성이 크다.

한국교회의 경우 서구 유럽교회와 달리 기독교와 세속권력이 밀착하여 일치되었던 크리스텐덤의 위치를 구현하진 않았지만, 기독교가 이른바 준국교적 지위에 근접했던 역사적 경험이 있다. 민주화를 위한 과정에서 진보적 교회의 산파 역할이 컸으나 동시에 근본주의 혹은 보수적 성격을 지닌 교단과 보수우파 정권과의 우호적 관계가 교세 확장이라는 결과로 이어졌고, 사회문화 중심부와 상층부에 일시적이나마 빠르게 진입할 수 있었다.[38]

이러한 경험 속에서 1990년대 이후 벌어진 다양한 위기현상, 예를 들면 사학법 개정과 관련된 정부와 교회의 갈등, 대형교회를 중심으로 발생한 각종 스캔들, '가나안 성도'로 대변되는 청년층의 교회 이탈 현상과 교세 감소 현상은 기독교계의 위기를 증폭시켰다. 특히 보수기독교를 중심으로 상당한 지지를 받았던 이명박·박근혜 정부의 낮은 지지도와 탄핵사태, 교회에 비우호적이라고 인식되는 진보 정부의 연이은 등장으로 인해 상실된 교회의 영향력에 대한 교회의 위기의식을 더욱 증대시켰다고 할 수 있다. 그리고 이러한 난국을 타개하기 위한 방안으로 새롭게 등장했던 윤석열 정부에 대한 기대 속에서 교회의 정치적 영향력 증대를 과제로 일부 기독교계의 광장 집결이 지속적으로 이루어졌다[39]고 볼 수 있다.

---

38   배덕만, 「신학적 근본주의에서 정치적 근본주의로」, 정재영 외, 『태극기를 흔드는 그리스도인』(서울: IVP, 2021), 217.
39   2024년 12.3 계엄에 대한 책임으로 탄핵당한 윤석열 대통령과 이후 이재명 정부가 들어설

이 점에서 한국교회는 위기의 맥락에 대한 적확한 해석이 필요하다. 교회공동체는 정치적·사회적 어젠다에 독점적 영향력을 끼칠 수 없으며 그리해서도 안 되는 세속화된 다원사회의 지형을 직시하고, 현대사회의 광장에서 교회의 공적 개입을 새로운 방식으로 모색해야 한다. 이것은 교회로 하여금 진정한 교회 됨의 실천 방식을 성찰하게 하며, 보다 겸손하고 자기성찰적인 응답을 요청한다. 더 나아가 교회공동체가 지닌 정체성을 나누는 공적 참여를 통해 사회공동체의 발전과 진보를 가능케 하는 종교로서의 교회공동체가 되어야 함을 요청한다.

이는 교회로 하여금 후기 콘스탄틴적 교회(Post-Constantinian Church)로의 전환을 요청하며, 하나님 나라에 참여하는 신앙인과 교회의 신실한 현존(faithful presence)으로 이어져야 함을 의미한다. 신실한 현존을 구현하는 교회는 세상을 바꾸어놓고야 말겠다는 인본주의적이고 비성경적인 태도에서 벗어나 하나님만이 이루실 궁극적인 하나님 나라의 도래를 소망하며, 예수 그리스도가 보인 권력의 방식을 일상의 제도와 문화 속에 형성시키는 교회가 되어야 함을 의미한다.[40] 그것은 교회가 구원을 위한 복음을 증언하는 선교공동체인 동시에 공공을 위해 소리를 내는 교회가 되어야 함을 함의한다. 오늘날 다원화된 맥락 속에서 다양한 사회적 주체와 함께 공동선을 추구하는 교회가 됨으로써 21세기 세속화된 맥락 안에서도 여전히 기능할 수 있는 하나의 제도로서 자리매김해야 한다.

때까지, 이에 관련된 일련의 사태 속에서 기존의 광장 태극기 그룹뿐만 아니라, 극우와 일부 보수 개신교 그룹역시 윤석열 대통령 탄핵에 대한 반대뿐만 아니라 기독교에 대한 위협을 우려하며 광장에서 적극적으로 정치적 의사 표현을 하였다.

40 James D. Hunter, 『기독교는 세상을 어떻게 변화시키는가』, 334.

이러한 일이 이루어지기 위해 교회공동체가 실천해야 할 과제는 무엇인가? 이에 공공신학적 관점에서 네 가지를 고려해볼 수 있다.

1. 교회론의 확립: 공동선을 추구하는 교회

예수 그리스도의 복음은 말씀 위에 신앙과 삶을 세우는 것이다. 신앙은 하나님을 향한 신뢰와 충성을 의미하며, 삶의 전 영역에서 하나님 나라를 지향한다. 동시에 오늘날 교회공동체가 사회 속에서 자신이 지닌 권력을 행사한다는 것은 어떤 형태일 수 있을까. 그것은 공동선을 추구하는 교회가 됨을 의미한다. 그런 의미에서 교회는 신앙인이 하나님을 향한 신앙을 사적인 영역을 넘어 하나님 나라를 이루어가야 할 공적인 영역까지 끌고 갈 수 있도록 복음적 신앙과 신앙의 공공성을 담보해야 한다.[41]

볼프(M. Volf)는 오늘날 교회는 광장에 있는 공동체임을 인식해야 한다고 말한다. 성도와 교회는 세계화된 맥락 가운데 살아가고 있으며, 각자의 경전과 전통 가운데 살아가는 다원적 상황에서 어떻게 타자들과 더불어 살아야 하는가를 고민해야 한다. 이러한 다원화된 사회 속에서 교회는 많은 행위자 중 하나이다. 이러한 다중적 현실에서 교회는 복음 전파라는 정체성을 실천하면서도 기독교의 예언자적 역할을 감당함으로써 세상을 고쳐나가야 한다. 그것은 공동선을 위해 세상에 참여하는 것이며, 말과 행동을 통해 기독교적 정체성을 세상 속으로 투사하는 것이다. 이것은 교회가 전 존재를 통해 세상에 참여하는

---

41 임성빈, 『21세기 한국사회와 공공신학』, 137.

것이다. 교회 됨은 성만찬을 경축하기 위해 모여서 세상과 다른 공동체의 모습을 제시하는 것뿐만 아니라 인간의 번영을 위해 노력하고 공익을 위해 섬기는 것과 관련되어 있다. 그것은 문화와 사회의 모든 차원과 연결되어 있으며,[42] 교회는 그 위치가 중심부든 주변부든 그곳에서 인간의 번영과 공동선을 추구하는 일을 해야 한다.[43]

2. 일반은총의 영역까지 확대되어야 하는 하나님의 주권

교회가 공동선을 추구한다는 것은 사회, 경제, 정치, 문화. 경제, 교육, 생태 등 모든 영역에 신앙적 가치가 구현될 수 있어야 함을 의미한다. 이 모든 영역은 하나님의 주권 아래 속한 일반은총의 영역이다.[44] 우리는 특별은총과 일반은총의 영향을 논할 때 자연과 은총을 대립 구조로 파악할 필요가 없다. 카이퍼(A. Kuyper)의 경우 자연과 은총의 관계를 창조와 재창조 사이의 형태로 구별하려고 했다. 자연이라는 피조세계가 타락 후 저주받았지만, 여전히 존재할 수 있는 것은 일반은총에 기인한다. 반면에 '재창조'는 특별은총의 영역에 해당하는 것으로 사물들을 제어하기도 하고 재창조하기도 한다. 인간의 역사가 지속적으로 유지되는 것은 일반은총의 지속적인 작용의 결과이다. 이러한 일반은총에 대한 이해는 교회의 사회적 참여를 가능케 하는 이유와 근거가 된다. 카이퍼에 따르면 특별은총을 받은 이들은 사회의 전 영역

---

[42] Miroslav Volf, *A Public Faith*, 김명윤 역, 『광장에 선 기독교』(서울: IVP, 2014), 142.
[43] 위의 책, 120.
[44] Vincent E. Bacote, *The Spirit in the Public Theology: Appropriating the Legacy of Abraham Kuyper* (Grand Rapids: Baker Academics, 2005), 108-110.

에서 일반은총의 영역을 개발함으로써 사회발전을 이루어가야 할 의무를 부여받는다.[45]

한국교회가 지닌 이원론적인 경향성은 성과 속, 혹은 교회와 세상을 구분함으로써 한국교회의 게토화를 강화하는 측면이 있다. 이는 교회로 하여금 세상의 문제에 대해 무관심하게 하거나, 하나님의 주권이 임하는 영역을 교회 안으로 한정시키는 경향성을 가지게 했다. 이 점에서 한국교회는 하나님의 주권과 통치가 임해야 하는 세상의 모든 영역을 인식하고 책임의 지평을 확장해야 할 것이다. 그러나 교회와 그리스도인이 견지해야 할 책임의 비전은 기독교 국가 같은 크리스텐덤 형태여서는 안 될 것이다. 일상의 영역을 포함하여 진·선·미의 모든 영역에서 변화를 이끌어내는 것이어야 한다.

3. 교회 됨의 실천으로서 제도(institution)를 형성하려는 교회

일반은총 영역에 대해 교회가 공적으로 참여하는 것은 제도적 교회로서의 교회 됨을 실천하는 필수적인 모습이다. 제도라 함은 철저하고 지속적으로 유지되는 조직화된 문화적 체계를 의미한다.[46] 제도는 힘이 유의미하게 표현될 수 있는 강력하고 공식적인 방법이다. 좋은 제도는 공동체 번영의 불가피한 요소이다. 이 점에서 교회의 과제는 문화적 악을 제어하는 공적 권력을 가진 제도들을 강화하는 것임과 함께 모든 이들의 삶에 하나님 형상을 회복시킬 수 있는 제도들을 강화

---

45 위의 책, 110.

46 Andy Crouch, *Playing God*, 김명윤 역, 『사람의 권력, 하나님의 권력』(서울: IVP, 2022), 243.

하는 것이다.[47] 이는 전통적으로 교회가 지향하는 사회적 교회 됨의 모습으로 이어진다. 기독교 전통은 예술을 후원하고 학교와 대학, 병원 등을 설립하며, 가난하고 불쌍한 사람들을 돌보기 위한 제도를 만들면서 오랫동안 이 일을 해왔다. 일반은총의 모든 영역에서 교회와 기독교인은 적합한 방식으로 이러한 일을 더욱 적극적으로 해야 한다. 삶의 모든 영역(예를 들면 사회복지, 환경, 교육, 예술, 학계, 사업, 공동체 형성, 도시생활 등), 인간의 삶에 중요한 역할을 하는 모든 질서 체제들(지방·지역·국가·국제관계)에서 유의미한 차이를 만들어낼 수 있는 지적·경제적 자원들이 교회 안에 있다. 이러한 자원들을 활용함으로써 네트워크 형성을 통한 제도 형성을 모색해야 한다. 그리고 이러한 모든 일의 목적은 만인의 복지향상을 통한 인간 번영에 있다.[48] 좋은 제도는 성도 개인 혹은 교회공동체의 노력을 통해 형성되어야 한다. 건강한 공동체를 만들어갈 수 있는 유·무형의 제도, 문화, 거버넌스 형성, 법 제정 등을 위해 힘써야 할 것이다.

제도를 형성하는 공적 교회가 됨에 있어 정치의 비신화화는 필수이다. 일부 한국교회의 보수적 그룹들이 보여주는 정치적 과몰입 현상은 정치 참여와 공적 참여를 등치시키고, 더 나아가 정치를 신화화하고 교회를 특정 정파와 동일시하게 만듦으로써 하나님 나라의 복음이 지닌 초월적 비판 지점을 상실하게 한다. 한국교회가 실행해야 할 제도적 실천이란 기독교적 국가나 법, 혹은 정당을 요구하지 않는 방식으로 세상에 관여하고 세상 문제를 다룰 수 있는 대안적 방식을 제공

---

47 위의 책, 296-297.
48 James D. Hunter, 『기독교는 세상을 어떻게 변화시키는가』, 400.

하는 데 있다. 이것은 교회와 그리스도인이 후기 현대의 지배적 제도와 매체, 현대자본주의, 자유주의, 교육, 경제, 예술, 도덕적 가치에 대해 비판적 저항의 자리에 있으면서(이것은 반드시 대립의 자리일 필요는 없다) 건설적인 대안과 제도를 제공하도록 힘을 사용하는 것을 의미한다.

물론, 국가나 법, 정당의 영역에 큰 영향을 미치는 정치적 참여 없이 제도와 문화에 영향을 미칠 수 있는가는 논쟁의 여지가 있다. 여전히 현실세계에서 정치는 제도변화의 중요한 촉진자가 되기 때문이다. 오도노반(Oliver O'Donovan)은 오늘날 세속화된 자유민주주의가 지닌 제도적 양상에 기독교와 교회의 역할이 있어왔음을 말하면서 이른바 교회의 '정치적' 참여에 대한 근거를 제시하고 있다.[49] 성석환은 「후기세속사회의 종교성과 탈종교성에 대한 공공신학적 연구」에서, 한국 사회에서 기독교가 지향할 종교성에 정치적 참여를 배제하기 어렵다고 주장하고 있는데, 제국주의와 독재를 거치며 형성된 시민사회와 이에 관련한 한국 기독교의 공적 역할의 상관관계를 살펴볼 때 더욱 그러하다고 말한다. 이에 더하여 도리어 탈정치적 성장주의나 '식민지 공공성'을 재현하려는 교회들로 인해 탈종교화 현상이나 가나안 교인의 이탈 현상 등이 가속화되는 측면이 있다고 비판한다.[50] 결국 한국교회의 정치 참여가 불가피할 뿐만 아니라, 이른바 '정치적 사명'으로서 교회의 정치적 참여가 어떤 방식으로 이루어져야 할지가 관건이라 할 것이다. 이는 전술한 바와 같이 현대의 지배적 제도에 대해 하나님 나라의 가

---

[49] Oliver O'Donovan, *The Desire of the Nations Rediscovering the Roots of Political Theology* (Cambridge: Cambridge University Press, 1996), 226.

[50] 성석환, 「후기세속사회의 종교성과 탈종교성에 대한 공공신학적 연구」, 『선교와 신학』 49(2019), 270.

치를 담지하는 비판적·초월적 대안을 구현할 수 있는 정치적 틀과 제도를 모색하고 건강한 시민사회와 공동체 형성을 위한 보다 건설적인 역할이 교회공동체에 필요하다고 할 것이다.

4. 공적 자원으로서의 '초월성' 감각 제공

마지막으로 현대에 들어와서도 여전히 종교가 등장하고 있는 것은 종교가 현대인에게 일종의 '자아정체성' 형성을 위한 확실성의 토대를 제공해주기 때문이라는 주장에 주목할 필요가 있다. 이것은 종교가 오늘날에도 유효하다는 것을 의미한다. 영성의 영역에 대한 지속적 관심은 이를 증언해준다. 물론 이것이 제도적 종교에 대한 관심이 아닐 수 있다는 점에서 또 다른 논의가 필요하지만, 오늘날 교회공동체가 요구받는 중요한 역할 중 하나는 삶의 방향성에 대한 초월적 지향점을 제공할 수 있어야 한다는 사실이다. 종교가 초월적 감각을 제공한다는 것은 인식론적인 관점에서 다원성과 모호성으로 인해 강화된 현세성, 물질주의, 불안, 위험에 처한 이들에게 삶의 의미를 제시하는 것이며, 이것은 찰스 테일러(C. Taylor)의 주장대로 정체성 혼란을 겪고 있는 이들에게 종교는 공동체에 근거한 삶의 방향을 제시하는 것을 의미한다.[51] 그런 점에서 종교가 제공하는 초월적 감각은 궁극적으로 사회를 안정·발전시키는 공적 자원의 역할을 하게 된다. 그러한 초월적 지평은 포스트모던 사회가 가져온 '의미의 해체'라는 현실 속에서 상실해버린 '좋은 삶'에 대한 비전을 회복하는 기획이기도 하다. 동시에

---

[51] Charles Taylor, *Sources of Self: The Making of the Modern Identity*, 『자아의 원천들』, 권기돈·하영주 역(서울: 새물결, 2015).

이것은 종교가 제공하는 영성이 개인적 차원의 영혼 구원에만 매몰되지 않는 일종의 참여적 초월성으로서의 공적 영성을 제공하는 교회공동체의 기획이어야 함을 의미한다.[52] 이 점에서 한국교회가 보다 실천적으로 추구해야 할 영성은 전인적 영성을 가능하게 하는 초월성의 감각을 제공하는 방식이어야 할 것이다.

7. 나가는 말

지금까지 한국사회의 변화와 교회의 응답 과정 속에서 21세기에 등장한 위기의 맥락을 극복하기 위한 신앙공동체의 현실 해석 과제와 교회론적 전환 과제를 살펴보았다. 변화된 맥락의 핵심은 근대화, 민주화, 다원화 등으로 대표되는 세속화 현상에 있으며, 이러한 세속화는 이전에 가지고 있던 교회의 영향력이 급속이 쇠퇴할 수도 있는 부정적 조건이 될 수 있음을 확인했다. 동시에 이러한 세속화론이 한계가 있음을 보여주는 하버마스나 카사노바, 찰스 테일러 등 후기 세속화론자들의 주장들을 살펴보면서 확실성의 자원으로서의 종교, 공동선의 추구 같은 종교 재소환을 위한 조건들을 확인할 수 있었다. 논자는 이 과정에서 미국의 문화지형에서 교회공동체가 지니는 위상을 분석한 제임스 헌터의 통찰에 주목하면서 공적 역할에 있어 교회가 지닌 힘과 권력을 어떻게 사용해야 하는지를 보았다. 그리고 무엇보다 제도적 교회로서의 공적 교회 됨이 새로운 시대의 교회 됨의 조건임을 확

---

[52] 송재룡, 「'영성사회학', 테제의 가능성」, 『사회 이론』 44(한국사회이론학회, 2013), 257-291.

인했다. 이때 교회는 권력(power)에 대한 성경적 이해를 실천해야 하며, 교회론의 전환과 개혁을 통해 건강한 제도 형성을 위한 공동체로서의 교회, 공적 자원으로서 '초월성의 감각'을 제공하는 교회를 만들어가는 것이야말로 오늘의 후기 세속적 위기 속에서 교회가 충족해야 할 선행조건임을 제안하고자 했다. 물론 교회공동체의 재소환과 사회적 영향력 확대는 공동선의 추구만으로 환원될 수 없는 다양한 이유와 조건들을 가진다. 이러한 문제의식 속에서 교회공동체의 건강한 부흥과 존재 방식을 위한 다양한 필요충분조건들을 탐구하는 연구가 지속되어야 할 것이다.

다만 본 연구는 한국 사회에서 교회공동체의 회복과 재소환을 위한 조건으로 공적 교회 됨이 유의미한 역할을 할 수 있음을 제안하는 데 있다. 종교의 재소환 혹은 회복이라는 언어가 지닌 모호성이 존재할 뿐만 아니라 이에 대한 구체적 지표들(예컨대, 제도적 차원에서의 양적 현황, 지적 차원에서 성도들이 공유하는 믿음의 구조나 특정한 종교적 세계관의 대한 동의 여부, 기능적 차원으로서 시민사회와 정부, 교육과 복지 분야에서의 종교의 역할, 선교적 차원에서 전도 같은 시도들의 성공 정도 등)을 통해 교회공동체가 지닌 위상의 정도와 변화의 양상들을 추적해야 할 것이다.[53] 이를 통해 후기 세속화 시대 속 교회공동체 재소환을 위한 다면적이면서 심층적 맥락과 조건들을 확인해야 할 것이며, 향후 보다 구체적 연구과제로 논의되어야 할 것이다.

---

[53] Brown Callum G., *The death of christian britain*, London and New York: Routledge, 2009, xv-14.

참고문헌

김은혜. 「기독교 인간주의에 대한 성찰: 새로운 문화현상에 대한 신학적 응답」. 『선교와 신학』 33(2014), 212-240.

배덕만. 「신학적 근본주의에서 정치적 근본주의로」. 정재영 외. 『태극기를 흔드는 그리스도인』. 서울: IVP, 2021.

백광훈. 「2024.12.3. 비상계엄사태 이후 한국교회의 과제: 〈개신교인의 정치문화 형성과 지형조사〉 보고서를 중심으로」. 『한국기독교사회윤리학회』 62(2025), 159-196.

송재룡. 「"영성사회학" 테제의 가능성: 쟁점과 전망」. 『사회 이론』 44(2013), 257-291.

성석환. 「후기세속사회의 종교성과 탈종교성에 대한 공공신학적 연구」. 『선교와 신학』 49(2019), 249-279.

우혜란. 「동시대 종교현상으로서의 '유동적 종교(Fluid Religion)'에 대한 논의」. 『종교와 문화』 30(2016), 33-65.

유광석. 「합리적 선택이론에서 종교적 수요의 안정성 논쟁」. 『담론 201』 16(2). 2013, 49-73.

_____. 「합리적 선택이론」. 『21세기 종교사회학』. 서울: 다산출판사, 2014.

임성빈. 『21세기 한국사회와 공공신학』. 서울: 장로회신학대학교 출판부, 2017.

이창호·임성빈·박정관·백광훈·장민식. 『코로나19와 한국교회에 대한 연구』. 서울: 장로회신학대학교 출판부, 2021.

Berger, Peter. *Desecularization of the world: resurgent religion and world politics*. 김덕영·송재룡 역. 『세속화냐 탈세속화냐』. 서울: 대한기독교서회, 2002.

_____. *The Sacred Canopy: Elements of a Sociological Theory of Religion*. 이양구 역. 『종교와 사회』. 서울: 종로서적, 1981.

Crouch, Andy. *Playing God*. 『사람의 권력, 하나님의 권력』. 김명윤 역. 서울: IVP, 2022.

Foucault, Michel. *The History of Sexuality Vol.I*. 『성의 역사 1: 지식의 의지』. 이규현 역. 서울: 나남, 2010.

Hunter, James David. *To Change the World: the Irony, Tragedy and Possibility of Christianity in the Modern World*. 배덕만 역.『기독교는 세상을 어떻게 변화시키는가』. 서울: 새물결플러스, 2014.

Martin, David. *On Secularization: Toward a Revised General Theory*. 김승호 외 역.『현대 세속화 이론』. 서울: 한울, 2008.

Nietzsche, Friedrich. *On the Genealogy of Morality: a polemic*, ed. Keith Ansell-Pearson. trans. Carol Diethe. Cambridge: Cambridge University Press. 1994[1887].

Ratzinger, Joseph & Habermas Jürgen. *The Dialectics of Secularization: On Reason and Religion*. 윤종석 역.『대화: 하버마스 대 라칭거 추기경』. 서울: 새물결, 2009.

Taylor, Charles, *Sources of Self: The Making of the Modern Identity*. 권기돈·하영주 역.『자아의 원천들』, 서울: 새물결, 2015.

Volf, Miroslav. *A Public Faith*. 김명윤 역.『광장에 선 기독교』. 서울: IVP, 2014.

Bacote, Vincent E.. *The Spirit in the Public Theology: Appropriating the Legacy of Abraham Kuyper*. Grand Rapids: Baker Academics. 2005.

Brown, Callum. *The Death of Christian Britain*. London and New York: Routledge. 2009.

Casanova, José. *Public Religion in the Modern World*. Univ. of Chicago Press. 1994.

Martin, David. *A general theory of secularization*. Harper & Row; 1st Harper Colophon Edition. 1978.

O'Donovan, Oliver. *The Desire of the Nations Rediscovering the Roots of Political Theology*. Cambridge: Cambridge University Press. 1996.

02

MZ세대의 통일의식과
한반도 '두 국가론'의 암묵적 지지에 대한
기독교 윤리적 비판[1]

이봉석(감리교신학대학교 겸임교수)

1. 들어가는 말

MZ세대의 통일의식은 한반도 '두 국가론'을 암묵적으로 지지하는 것으로 보인다. 어쩌면 한국 사회가 너무도 자연스럽게 핵개인화 사회로 이행한 결과 '두 한국'으로 공존하는 것이 합리적이고 현실적이라 생각한 듯하다. 작가 송길영은 "새로운 세대의 개인들은 국가가 아니라 자기만의 세계관을 선택해서 살기를 원한다"고 말한다. 지금까지 굳게 믿었던 국가의 토대가 흔들리는 경험이 세계관에 균열을 내면서 국가가 개인을 보호하지 않는다는 것을 인지한 것이다. 게다가 글

---

[1] 이 장은 『기독교사회윤리』 59집에 수록된 논문을 편집한 글이다.

로벌 환경에서 자란 젊은 세대는 국경의 문화적 경계가 희미하다. 국가주의보다 개인주의적 속성이 강하기 때문에 자기 세계 구축에 온 힘을 기울인다.[2] 사실 젊은 세대에게 각자도생 차원의 직업을 구하는 일과 돈을 많이 버는 것이 가장 중요한 가치가 되면서 통일, 민족, 국가 같은 사회적 담론은 관심을 끌지 못할 뿐 아니라 북한 사회에 대한 인식마저 부정적인 양상을 띠고 있다. 결과적으로 현재 젊은 세대의 의식 속에 '두 한국'의 공존이 고정화되는 경향을 띠고 있다.

현재의 한국 사회에서 젊은이들의 관점에서 보면 '나' 밖의 '타자'(국가, 민족, 사회, 교회 등)로서 공동체를 신뢰할 수 없다. 어쩌면 한국 사회라는 공동체는 이들에게 안정된 구조라기보다 내재화된 불안정이다. 젊은 세대가 처한 상황을 이해하는 바이지만, '최소 국가'를 지향하는 신자유주의 속의 개인이 사회구조적 문제 앞에서 얼마나 불안정하고, 언제든지 위기 속에 빠질 수 있다는 것을 인식할 필요가 있다. 사회학자 조형근에 의하면 "프레카리아트 같은 불안정 노동자는 유럽만이 아니라 신자유주의화가 진전된 자본주의 사회에서는 어디서나 찾아볼 수 있다."[3] 따라서 안전한 공동체를 만드는 것이 개인의 안녕에도 크게 도움이 된다. 그런 의미에서 기독교 윤리의 사명은 '청년 세대'에게 연대와 협력을 통해 자본주의의 계급모순과 국제관계가 낳은 민족모순

---

2 송길영, 『시대예보: 핵개인의 시대』(파주: 교보문고, 2023), 51. 송길영은 파키스탄 남편, 베트남 신부 등 실질적 국제결혼을 소개하며 '한민족' 개념이 100년 전 신조어였고, 만약 '민족 단위'의 자립만 주장하면 타국에서 온 이민자를 배려하기 어렵다. 따라서 마음속의 경계를 깨고 우리의 품을 넓혀야 한다고 생각한다. 다문화 유입은 민족 개념이 삶의 자리에서 그 의미를 많이 잃어가고 있음을 드러낸다.

3 조형근, 『키워드로 읽은 불평등 사회』(파주: 소동, 2023), 27. 프레카리아트는 프리케어리어스(precarious)에서 앞부분 preca-를 그리고 프롤레타리아트(proletariat)에서 뒷부분 -riat를 가져와 합친 단어이다. 그 뜻은 '불안정한 노동자'로 번역할 수 있고, 주로 직업적 안정성이 전혀 없는 삶이 불안정한 사람들의 계급으로 풀이할 수 있다.

을 넘어서는 일을 알리는 것이라 본다. 이를 위해 본 연구는 현재의 한국 사회에서 청년들의 통일의식을 진단하고 통일이 주는 가능성에 대해 살펴볼 것이다. 다음으로 '남북의 두 한국'으로 남는 것이 불러온 위기와 대처에 대해 살펴보도록 하겠다.

2. MZ세대의 지향성 기반인 초개인주의와 보수적 경향성과 통일의식

1) MZ세대의 정체성과 공통의 사회적 경험

MZ세대라 불리는 젊은이들이 한국 사회의 정치지형에 많은 영향을 미치고 있다. 통일과 관련해서도 2030세대의 일반적 의식은 선명한 정체성을 지향하는 개인주의적 특성을 보인다. '지향성 기반 개인주의'란 "통일을 이루어야 한다"는 전통적이며 역사적인 의무와 책임으로부터 자유로움을 말한다. 가치 지향의 개인주의 환경에 익숙한 젊은 세대는 다른 세대에 비해 집단성이 전제된 통일을 이루어야 한다는 강한 이념적 정체성을 불편해한다. 이른바 MZ세대라 불리는 젊은이들은 자기 일과 자유를 이념적이며 국가적인 사건보다 더 중요시한다. 이러한 MZ세대의 특성으로 '무소속 공동체'라는 젊은 층의 지향성이 미래 한국 사회와 교회 그리고 통일 논의에도 그대로 영향을 줄 것으로 예측된다.

MZ세대의 가치 지향적 초개인주의 정체성에 대해 젊은 층 모두가 가치 지향적 판단을 하는지 파악할 필요가 있다. 이를 위해 연령집단(age group)으로 세대를 구분한 코호트 법에 따라 MZ세대를 특정하겠다. 코호트 세대 구분법은 연령을 집단으로 묶는다. "세대를 동일한 역사·문화권에서 비슷한 시기에 출생한 사람들'로 구분하는 것이 공통의 경험과 공감에 기반한 사회적 행위를 반영하기 때문에 본 연구에 적당한 세대 구분법이 될 것이다."[4] 사실 2030 젊은이들은 각종 인터넷 커뮤니티를 통해 또래 젊은이들과 경험을 공유하며, 이러한 경험을 서로 확인하며 유사한 사고방식과 행위 양식으로 모방하며 자신들만의 사회적 부족(tribe)을 형성한다. 코호트 법에 따라 MZ세대를 구분하면 〈표 1〉과 같다.

표 1. 코호트 법에 따른 세대 구분[5]

분류	기성세대		MZ세대	
	베이비붐세대	X세대	M(밀레니엄)세대	Z세대
출생연도	1955~1964년	1965~1979년	1980~1995년	1996년 이후

윤리교육 교수 오기성은 「MZ세대 통일의식 제고 방안 연구」에서 MZ세대의 특성을 파악한 후 이들의 특성이 통일 교육에 반영되어야 한다고 주장한 바 있다. MZ세대가 남북한의 통일, 평화 그리고 공존공영을 위한 노력의 주체가 될 것이고, 미래에 중요한 의미와 영향을 미칠 것이기 때문이다. 본 연구와 관련하여 오기성은 대부분 국민

---

[4] 박재흥, 「세대연구의 이론적·방법론적 쟁점」, 『한국 인구학』 24(2001), 47-48. 사회학자 박재흥에 의하면 세대의 개념은 독특한 역사적 경험과 생애주기와 연관 있는 연령 그리고 특정한 관찰 시점을 고려해야 한다. 박재흥의 세대 결정 방법론을 따라 본 연구는 'MZ세대'를 구분했다.

[5] 오기성, 「MZ세대 통일의식 제고 방안 연구」, 『평화학연구』 23(2022), 81, 78-101.

의 북한과 통일에 대한 인식이 지속적으로 감소하고 있음에 주목했다. 그것은 한국 사회 구성원들이 통일보다 '두 한국'을 유지하는 평화공존에 우선성을 두고 있음을 의미한다.[6]

최근 서울대학교 통일평화연구원에서 한국갤럽에 의뢰한 '2023 통일의식조사' 결과를 발표했다. '2023 통일의식조사' 역시 MZ세대 가치 지향의 초개인주의적 특성이 나타났다. 서울대학교 통일평화연구원의 2023년 조사에서 통일에 대한 견해와 관련하여 전 세대에 걸쳐 "현재대로가 좋다"는 응답과 "통일에 대한 관심이 별로 없다"는 응답의 비중이 2007년 조사를 시작한 이래 가장 높은 수준으로 상승하고 있다. MZ세대(1985~2004년생)와 관련하여 30.6%가 "통일이 매우 필요하다"고 응답했다. 특히 M세대(30대, 1985~1996년생)의 통일의 필요성 응답률은 최근 3년과 비교하면(2020년 35.4%, 2021년 31.9%, 2022년 32.3%) 2023년 현재 30.9%로 가장 낮다. 통일의 필요성에 대한 인식과 관심이 하락하는 추세를 보인다. 북한에 대한 부정적 인식은 높은 수준으로 드러났다. 북한이 한국의 협력 대상이라는 인식은 역대 최저이며, 반대로 경계 대상이고 적대 대상이라는 인식은 역대 최고치를 기록했다.[7] 남한이 북한보다 우월하다는 인식이 통일의 필요성에 무관심으로 응대한 것으로 보인다.

서울대학교 통일평화연구원의 '2030 통일의식조사'에서 드러난 MZ세대의 반응을 세 가지 윤리적 특성으로 규정할 수 있을 것이다. 첫째 규범적이고, 둘째 전략적이며, 셋째 비참함이다.

---

6 위의 글, 99.
7 https://www.snu.ac.kr/snunow/press?md=v&bbsidx=143110(접속일: 2023.12.14)

규범적 태도와 관련하여, 의식조사에서 드러난 바와 같이 어떤 한 종족적 혹은 종교적 집단이나 어떤 하나의 정치제도에 대해 우월적 지위를 보장해주는 권리는 어디에도 없다. 그럼에도 한국 사회의 젊은 세대가 북쪽의 사람들에 대해 보이는 태도는 체제나 경제적 측면에서 지극히 우월주의적인 모습이다. "현재대로가 좋다"거나 "통일에 대한 관심이 없다" 그리고 "북한은 협력의 대상일 수 없으며 경계 대상이고 적대 대상이다"라는 인식이 높게 드러난 것은 타자의 존재를 인정하지 않는 도덕적 우월의식이다. 여기에 더하여 북한 사회에 대한 인상이 더럽고, 가난하며, 비합리적인 것으로 굳어졌을 때 부정적으로 강화된 의식은 차별의 정당함으로 흐른다. 결과적으로 도덕적 우월성이 강한 상태에서 통일을 위한 대화와 협력은 젊은 세대에게 너무 약한 소리이다.

전략적인 태도와 관련해서, 한국 사회가 북한 사회를 대응하는 반응은 전략적 의도를 내포하고 있다. 북한 사회를 남한 사회와 동등한 지위에서 보기보다 열등하게 평가함으로써 더 많은 권리와 이익을 보장받을 수 있다는 직관이 내재해 있다. 역사적이며 이념에 바탕을 둔 통일교육과 체제우월적 선전을 하는 것도 권리와 이익의 보장을 위해 유리한 지점을 선점하기 위함이다. 사실 헌법 제3조 "대한민국의 영토는 한반도와 그 부속 도서로 한다"는 조선민주주의인민공화국(북한)을 대한민국의 영토에 포함함으로써 북한을 국가로 인정하지 않는다. 북한은 반국가단체이다. 그리고 헌법 제4조 "대한민국은 통일을 지향하며, 자유민주주의의 기본 질서에 입각한 평화적 통일정책을 수립하고 이를 추진한다"는 통일한국이 미래에 어떤 제도로 질서를 삼을 것인지를 밝혔다.

헌법 제4조에 의하면 남한 사회가 북한 사회를 흡수하는 것이 자연스럽다. 통일한국을 구상함에 있어 문제는 두 개의 한국이 1991년 9월 18일 유엔에 가입한 것일 것이다. 알려진 바와 같이 유엔 가입은 국가만이 할 수 있다. 따라서 유엔 동시 가입은 국제관계 속에서 두 개의 한국이 존재함을 의미한다.[8] 그럼에도 국내에서는 헌법, 국가보안법, 남북관계발전법 등을 통해 북한 사회를 반국가단체로 규정하고 있다. 마찬가지로 조선민주주의인민공화국은 노동당 규약, 연방제 통일방안 그리고 '남조선 괴뢰론'으로 대한민국의 주권을 부정한다. 남한과 북한 모두 상호 불신의 헌법 구조를 짜놓은 것은 더 많은 권리를 보장받기 위한 전략이라 할 수 있다.

비참함과 관련해서, 한국 사회의 젊은이들이 북한 사회에 대해 알고 있는 것은 비참함과 비인도주의적 현실이다. 특정 지역의 길거리 혹은 미디어를 통해 만나는 탈북 이주민은 낯선 타자이다. 탈북 이주민이 남한 사회에서 정착하지 못하고 주변인이 되는 것이 비참함과 인도주의적 자비심을 갖게 하는데, 한국 사회 젊은이들은 이러한 북한 사회가 구조적으로 낳은 비참함을 혐오와 배제 감정으로 수용한다. 한국 사회 젊은이들이 애통한 마음이나 긍휼히 여기는 마음을 먹기도 전에 북한 사회와 연루되기를 거부한 것으로 감정이 유도된 것이다.[9]

동일한 조건이라 할 수는 없으나 1948년 건국부터 현재까지 국지전이 지속되고 있는 이스라엘 사람과 팔레스타인 사람 사이의 갈등

---

[8] 배기찬, 「코리아 두 국가론과 통일문제」, 『기독교사상』 784(2024), 15. 배기찬(평화문명원 원장)은 '두 국가론'을 통일 및 평화를 위한 기회로 보고 있다. 사실 이전에 두 개의 한국은 남이 북을, 혹은 북이 남을 국가로서 인정하지 않았다. 그러나 지금은 남북 모두에게 '두 국가론'이 대세가 되고 있다. 남과 북이 서로를 국가로 인정하고, 자유롭게 어울릴 수 있는 공동의 규칙을 마련하면 평화와 통일의 기회가 더 많아질 것으로 기대한다.

[9] Judith Butler, *PARTING WAYS: Jewishness and the Critique of Zionism*, 양효실 역, 『지상에서 함께 산다는 것』(서울: 시대의창, 2016), 390.

과 국가폭력의 연속적 문제는 한반도 상황에 시사하는 바 크다. 주디스 버틀러(Judith Butler)는 두 민족 사이의 갈등과 원수 맺기를 풀기 위해 박탈과 축출의 메커니즘에 주목했다. 축출의 시작과 영원한 전쟁, 그것은 1948년 이스라엘 국가가 팔레스타인 지역에 세워질 때 팔레스타인 사람을 추방하면서 빚어진 문제이다. 다시 말해 졸지에 난민이 된 팔레스타인 사람에게 '귀환권'과 '난민권'을 주어야 했다. 우파 이스라엘인은 이러한 주장에 반대했다. 그 이유로 이스라엘이 인구통계학적 우위의 지위를 상실할 것이고, 이민족주의가 그 뒤를 이을 것이라는 두려움 때문이다. 우파 이스라엘인의 반대 논리는 자기모순적이다. 이스라엘 민족 자신이 '난민권'과 '귀환법'에 의해 1948년 이스라엘 국가의 정초를 세웠다. 이스라엘 사람 자신들이 유럽에서 추방되어 성소를 찾으려는, 이른바 '난민권'을 원칙으로 국가를 세웠음에도 동일한 원칙을 팔레스타인 사람에게는 제공하지 않고 배제했다.[10] 자신들의 땅으로 돌아가려는 팔레스타인 난민에게 권리를 인정하지 않고 축출과 분산으로 대응하고 있다.

어떻게 차별 없고 평등해야 할 '난민의 권리'가 배타적이고 독점적으로 적용된 것일까? 주디스 버틀러는 이스라엘 국가의 존재론적 모순이 종교 담론에서 세속적 담론으로의 파생(derivation)에 있다고 설명한다. 다시 말해 버틀러가 윤리적 측면에서 비판하는 우파 이스라엘 사람들의 타자와 관계성에 문제가 있다는 것이다. 한마디로 '나 자신'은 첫째 도덕적 우위를 점한 규범적이고, 둘째 전략적이며, 셋째 비참한 이민족주의에 속해서는 안 된다. 타자와의 관계가 식민지적 관계로

10　위의 책, 388.

설정되면서 팔레스타인 사람들은 혐오와 증오의 대상으로 만들어졌다. 함께 사는 것이 허락되지도, 가능하지도 않다. 버틀러는 팔레스타인을 괴물로 만드는 이스라엘 당국에 대해 그들과 대화할 것을 요구한다. 대화하는 것이 영원한 갈등의 해결책이 될 수 있음을 주장했다.

결과적으로 MZ세대의 통일의식은 단순하고 순진한 가치 지향의 초개인주의 정체성의 발로로만 볼 수 없다. MZ세대의 통일의식 속에 이미 희생이나 손해가 없는 개인적 안위에 근거한 통일관이 내재해 있다. MZ세대의 통일관에 요청되는 것은 다르게 존재할 수 있는 타자에 대한 수용적 태도이다.

2) 경제적 이익으로 접근하는 MZ세대의 통일관

통일은 한국 사회 구성원 모두가 추구해야 할 당위적 측면이 있었다. 보수이든 진보이든 통일 대박론, 한반도 평화 프로세스, 남북 신경제 이론 등 국가적 목표로서 각각의 통일론들의 저변에는 민족 공동체의 회복이 내포되어 있다. 이러한 정치경제학의 이념 위에 세워진 통일론이 젊은 세대의 일상에서 지지를 잃은 상황이다. 한 민족임을 강조하는 당위적 통일론에 대한 의식 또한 많이 약해지고 있다.

그 단적인 예가 2018년 평창동계올림픽의 여자아이스하키 남북 단일팀 구성에서 드러난 국가주의와 젊은 세대 개인주의의 충돌 현상이다. MZ세대는 자신들에게 주어진 기회를 정치적 이유나 대의명분 때문에 포기하는 것을 부당하며 공정하지 않은 것으로 여겼다. 국가주의적 관점에서 남북 화해 분위기 조성과 북핵 문제 해결을 위한 조치였다. 그러나 젊은 세대는 기회에 대한 박탈로서 공정한 경쟁에서 배제되는 것에 대한 피해의식을 서로 공감하고 있다. 젊은 세대에게 '배제'는 그 어떤 이념보다 우선하는 정의의 판단 기준이다. 다음은 2018년 평창동계올림픽 여자아이스하키팀 논란의 사회적 담론을 연구한 보고이다.

> "… 국민과의 공감대 형성, 그리고 국민 한 사람 한 사람을 소중하게 생각하고 공정한 국가를 만들겠다는 신념, 이것이 젊은이들의 촛불에 불을 켰고 문재인 정부를 탄생시켰다. 그러나 젊은이들의 눈엔 지금 올림픽을 꿈꾸며 3년을 기다린 선수들이 기득권층에 의해 좌절을 할 수밖에 없는 상황이 자신의 모습처럼 보였을 것이다. 그래서 문재인 정부에 대한 기대감은 실망감으로 변했다. … 이민지 선수가 선수촌에서 쫓겨나듯 나오고, 세라 머리 감독의 정부의 통보가 '충격적이다'는 표현까지 언론에 공개되며 정부의 단일팀 구성 노력은 순식간에 국가의 국민에 대한 '갑질'로 변색되었고 문재인 정부의 주요 지지층 2030세대는 결국 등을 돌리고 말았다."[11]

2018년 평창동계올림픽 여자아이스하키 단일팀 구성이 사회에 던진 담론은 젊은 세대의 국가와 민족 그리고 개인에 대한 우선순위의 변화이다. 다시 말해 MZ세대에게 통일이 줄 수 있는 편익을 이해시키지 못하면 통일 논의는 관심과 지지를 받을 수 없다.

2021년 작가 김지수는 『나는 통일을 원하지 않는다』라는 다소

---

[11] 임승엽·최영진·임영삼, 「2018년 평창동계올림픽 여자아이스하키 남북 단일팀 구성 논란에 대한 사회학적 담론」, 『한국스포츠사회학회지』 31(2018), 74.

도발적인 내용의 글을 발표했다. 김지수는 통일부 기획실에서 근무한 경험을 바탕으로 동북아 경제공동체를 목표로 러시아, 중국, 몽골, 한국이 함께하는 GTI(Great Tuman Initiative) 광역두만강개발사업에 참여했다. 이 과정에서 김지수는 "한반도를 기회의 땅으로 만들 수 있다는 것을 꿈꾸게 했다"고 말한다. 또한 기회의 땅 한반도를 만들기 위해 현재의 통일관에 대한 전격적인 수정이 필요하다고 주장한다. 다시 말해 헌법 제3조와 제4조에 한반도의 통일이 명시되어 있지만, 개인의 행복이라는 출발점에서 보면 너무도 두루뭉술한 통일이다. 국가가 주도하는 이념적 통일 논의는 우리의 삶에는 잘 다가오지도 않거니와 먼 나라 이야기라는 것이다. 따라서 국가와 이데올로기가 아닌 개인의 행복이라는 출발점에서 통일을 다시 구상할 것을 말한다.[12] 김지수의 주장이 MZ세대가 통일에 대해 그나마 동의할 수 있는 문제의식이라 할 수 있다. 한마디로 젊은 세대에게 이념적 통일보다 현실적이며 실제적인 기회로서의 통일이 중요하다.

김지수에 따르면 통일이 가져올 유익이 넘쳐난다. 첫째로 남북 통합의 강력한 시너지 효과로 소득이 상승하여 세계 경제 2위를 할 것으로 전망했다.[13] 둘째로 8천만 인구는 내수시장의 건전성을 유지해줄 것이다. 셋째로 영토의 확장을 통해 새로운 도전을 할 수 있다. 또한 동북삼성, 유라시아 황동해, 환서해로 나아갈 수 있는 물류의 교두보를 확보할 수 있어 하늘과 육지, 그리고 바다의 길이 열릴 것이다. 북한-

---

[12] 김지수, 『나는 통일을 원하지 않는다』(파주: 교보문고, 2021), 16-17.
[13] 위의 책, 73. "2014년에 외교부 산하기관 국립외교원이 발표한 〈2040 통일한국 비전 보고서〉에 따르면 세계 최고의 투자은행 골드만삭스가 바라본 통일한국의 GDP가 프랑스, 독일, 일본, 영국 등을 앞질러 세계 8위까지 부상 가능한 것으로 분석되었다. … 다만 유념해야 할 부분은 한반도에 지금 당장 필요한 것은 통일이 아니라 시장의 통합이라는 것이다."

한국-러시아-중국을 연결하는 철도와 도로가 건설되면 북한경제뿐 아니라 동아시아 시장의 성장과 번영에 동력이 될 수 있을 것이다.[14] 넷째로 약 7천 조로 추정되는 북한의 지하자원을 남과 북이 함께 발굴하고 개발하는 것만으로도 자원 강국, 자원 부국이 될 수 있다.[15] 다섯째로 2015년 통일부 발표 보고서에 따르면 통합된 한반도 경제에서 약 3천만 개의 일자리가 생겨날 것이다.[16]

종합적으로 김지수에 의하면 언론들은 비용 구조에서만 바라본 한반도 통일에 부정적 이미지를 씌워왔다. 그러나 구체적으로 따져보면 남과 북이 서로 우호 협력하는 두 국가 관계 속에서 편익과 기회를 제공할 가능성이 더 크다.

김지수의 말과 같이 19만 3,960명을 수용하는 평양의 능라도 5·1경기장에서 방탄소년단(BTS)이 공연을 한다면, 철도를 타고 평양에 가서 대동강변 맥줏집에서 대동강맥주를 마시고 싶다는 2030 한 젊은이의 바람이 이루어질 뿐 아니라 자신의 펍을 만들어 운영할 수 있다면, 혹은 북한 해산 출신의 제시 대표와 부산 출신의 예지 대표가 합쳐 만든 푸드 스타트업으로 한반도를 잇고 또 융합된 한반도의 맛으로 세계 시장에 진출할 수 있다면 이 모든 것들은 MZ세대에게 기회가 될 것이다. 이런 의미에서 김지수는 이념적 통일이 아니라 남과 북이 공존공생하며 서로가 도움을 주고받는 번영의 통일을 말하고 있다. 김지수의 주장에서 분명한 것은 '두 국가'이론으로서 지금 한반도에 필요한 것은 통일이 먼저가 아니라 평화공존의 시장통합이 우선이다.

---

14 위의 책, 81.
15 위의 책, 110.
16 위의 책, 115.

이러한 주장은 분계선을 국경선으로 바꾼 '두 국가'를 전제로 한 것으로, 첫째 '두 국가'가 적대적 관계가 아닌 상호협력적 관계여야 가능하다. 현실은 남북이 서로 적대적 관계라는 것이 문제이다. 둘째로, 헌법 제3조를 바꾸어야 하는 개헌 사항이다. 한국 사회가 통일문제와 관련하여 마주한 근본 문제의 설정이 역사적이며 국제정치적인 것이어서 모든 문제를 경제문제로 변환시킬 수 없음을 알아야 한다. 다시 말해, 첫째로 통일은 해방과 6·25 한국전쟁의 역사 속에서 일본과 미국 제국주의 그리고 국제 공산주의에 의해 강제로 분단된 민족모순의 기표이다. 따라서 통일이 지시하는 뜻은 남한과 북한이 공동으로 다시 하나가 되는 민족적이며 역사적 과제를 담은 기의였다. 남한과 북한이 한 민족을 이루는 통일이 냉전체제의 대립을 완화함으로써 인류사적 회복과 치유에 기여하는 측면이 있다. 셋째로, 한국 사회에서 노동운동이 전개될 때면 반체제 운동, 즉 공산주의로 치환되어 노동계급에 대한 탄압과 억압이 일어났다. 분단이라는 민족모순 때문에 자본과 노동 사이의 계급모순을 해결하기 위한 모든 사회적 행동은 반사회적인 것으로 낙인찍혔다. 통일이 더 이상 남한 사회의 중심문제가 아닐 때, 자본과 노동 사이의 계급모순을 순수하게 다룰 수 있게 될 것이다. 넷째로, 민족모순 내에 얽혀 있는 여성의 문제는 단순히 여성의 자유와 권리만의 문제가 아니라 불평등과 억압 구조의 해체라는 인류 보편의 문제이다.[17] 결과적으로 통일보다 공생공존을 향한 젊은이들의 의식이 경제적 풍요로 모두 환원될 때 민족모순, 계급모순, 여성해방 같은 사회구조적 문제는 외면받게 될 것이다. 그렇다면 과연 평화와 번영이

---

17 이봉석, 「박순경의 민족통일신학에 기초한 한반도 중립국 이론」, 『기독교사회윤리』 51(2021), 325-327.

보장되는 '두 국가'가 지속가능할지 의문이다. 더욱이 분단과 열전이라는 국제관계로 인한 피해로 '한민족'이라는 당위성은 중국이나 일본보다 대한민국이 한반도 상황에 우선권을 제공했다. 그것은 커다란 국제적 명분임이 분명하다. 이와 같은 이유로 민족 공동체성 회복으로서의 통일은 인류 보편 구원의 역사와 분리될 수 없다는 것과 '코리아 국가연합(Korean Union)'을 현재 젊은 세대의 의식에서 배제해서는 안 된다.

서울대학교 통일평화연구원의 '2023 통일의식조사'는 통일을 해야 하는 근본적 이유가 전쟁의 역사적 상처로부터의 회복과 강제된 분단의 민족적 해결에 있지 않고 '각 개인이 잘사는 것'으로 변화되었음을 드러낸다. 이미 북한은 '두 국가'로 영구적 분단을 구상한 듯하다. 2024년 1월 15일 최고인민회의에서 '민족'이나 '동족'이라는 개념을 삭제했고, 통일 관련 상징물을 모두 철거하는 등 남한과 헤어질 결심을 하고 있다. 2023년 12월 30일 노동당 중앙위 8기 9차 회의에서 한국 정부의 통일 정책을 비판하며 "적대적이고 교전 중인 두 국가"로 규정한 것이다. 이것은 위기에 놓인 김정은 정권이 자신들의 북한 체제를 유지하는 데 '두 국가'로 존속하는 것이 유리하다는 판단에서 내린 북한 내 엘리트들의 결정일 것이다. 이것은 MZ세대가 생각하는 것처럼 우호협력적 '두 국가'가 이루어질 수 없음을 단적으로 보여주고 있다. 근원적 문제는 '두 국가' 사이의 적대성이다. 정성적(定性的) 측면에서 혐오와 증오 그리고 지정학적 측면에서 분쟁과 폭력의 위협은 더 증가할 것으로 예측된다. 정욱식 평화네트워크 대표 역시 "두 국가 모델이 남북 간의 적대성 해소에 기여할 수 있는지는 불분명하다"고 지적한다.[18] '두 국가'로 존재하면 서로 평화로울 것이라는 MZ세대의 낙관주의 전망이 우려스러운 이유이다. 젊은 세대가 굳이 생각하고 싶지 않은 '민족'이라는 공동체성을 붙들고 대화로 나아가는 것은 현실적 평화를 위해서이다.[19] 이를 위해 절대적 타자를 향한 관용과 포용, 베풂과 용서의 담론들이 지속적으로 한국 사회 안에 활성화하여 '코리아 국가연합'에 대해 더 세심한 논의가 진행되어야 할 것이다.

3. 베풂과 포용으로 점검해야 할 젊은 세대의 의식과 한반도 '두 국가론'

1) MZ세대에게는 불공정으로서 통일

성공에 따른 물질적 풍요를 향유하는 문화가 MZ세대의 특징이다. 대학교와 전공을 타이포그래피와 로고로 새긴 '과잠'이 대표적 예이다. 젊은 세대에게 '과잠'은 계급이고 자신의 성공을 드러내는 노력

---

[18] 정욱식,「한반도 두 국가론과 평화운동」,『기독교 사상』 784(2024), 24-25.

[19] 김동완『북한에서의 한류 현상: 그 의미와 영향』(서울: 통일교육원 2015). 71-72. 북한 주민들의 남한에 대한 기대가 커지고 있다. 이른바 '장마당 세대'가 남한 사회의 풍요와 자유로움을 비공식적으로 접하며 형성된 한류의 긍정적 결과라 할 수 있다. 한류가 남북한 주민들의 문화적 공감대가 될 수 있음을 확인한 김동완의 말이다. "그동안 북한 당국으로부터 사상학습 교양을 통해 주입받은 '헐벗고 굶주린 남한, 미 제국주의로부터 해방시켜야 할 남한'이 아닌 '경제적으로 풍요롭고 자유가 있는 남한'이라는 사실을 알게 되면 상대적 빈곤감을 느끼게 된다. 이러한 생각은 '우리가 이렇게 못 사는 이유가 무엇인지?'라는 반문과, '나는 왜 일한 만큼 얻을 수 없는가' 등에 대한 반감으로 이어질 수 있다. 국가와 정권에 귀속된 부속물로서의 인간이 아닌, 사적 욕망과 감정을 가진 하나의 주체로서 자신을 발견하게 되는 것이다. 이러한 주민들의 의식변화는 정권에 대한 불만으로 이어지고 일상의 저항 문화 형태로 나타날 수 있다."

의 공로이다. 서울대학교 통일평화연구원의 조사가 보여주듯이 MZ세대의 경험과 공감이란 일정 수준의 경제적 풍요를 전제로 한 생각과 판단 그리고 결정이다. 또한 젊은 세대의 의식 단위도 부족(tribe) 형태로 전파되고 있다.

"소사이어티의 근간이 계약이나 약속인 것과 달리 트라이브(tribe)에는 개인적 지향성에 기초한 '공감'이라는 정서적 유대감이 깔려 있다. 즉 초개인화 시대의 개인은 자신이 주도적으로 만들어 가는 개인적 지향성을 기반으로 공감이라는 정서적 연대를 맺는 트라이브를 형성한다. 또 이들은 하나의 트라이브에만 소속되지 않고 자신의 아이덴티티를 구성하는 요소만큼이나 다양한 수십 개의 트라이브에 걸쳐 있다."[20]

지향성으로 관계 맺는 MZ세대에게 통일은 하나의 불공정 요인이다. 통일 때문에 자신이 손해 볼 수 없다는 것이 이들 정의의 핵심이다. 어쩌면 존 롤스(John Rawls)의 무지의 베일에 정초한 공정을 정의로 본 것이다. 존 롤스의 정의론에 입각하면 자기만 잘하면 된다. 그러나 사회는 공동체이다. 각 개인은 공동체에 속할 수밖에 없는데, 자기만 잘하는 상호 무관심한 합리적 태도로는 온전한 정의를 이룰 수 없다. MZ세대가 고려해야 할 것이 공동체적 입장에서 타자, 곧 '이웃을 내 몸과 같이 사랑'하는 '공의로운 은혜'의 필요성이다.

줄리아 크로세테바(Julia Kristeva)는 자기 사랑에 빠진 단자화된 주체에 대한 비판으로 나르시시즘의 이야기를 가져와 말한다.

---

[20] 대학내일20대연구소, 『Z세대 트렌드 2024』(서울: 위즈덤하우스, 2023), 26.

"… 나르시스가 한 것처럼, 하나의 반영에 지나지 않은 것을 단단한 현실로 간주하는 것은 중대한 잘못이다. 그래서 나르시시즘이 규탄을 받는다. 그러나 그러한 규탄은 반영들이 겪는 과정의 기원에 대한 것은 아니다. 플로티노스를 읽어보면, 잘못은 개인이 자신의 내면성 위로 몸을 굽히는 것 대신에 단순히 그 영상들에게 현실성을 부여하는 순간에 시작된다."[21]

'무지의 베일'이라는 전제는 현실에 존재하지 않는다. 베일로 가리면 공정하고 객관적인 판단을 할 것이라는 MZ세대의 믿음은 나르시스가 물 위에 비친 허위의 자신을 실재하는 대상으로 믿는 것과 같다. 그것은 중대한 잘못이다. 달리 말해 능력주의를 수용하는 태도가 이들의 성공과 물질적 향유라는 환상 위에 쌓인 공정의식이다. 능력주의는 연대보다는 개별화 내지 분파적일 때 사회에서 더 잘 수월하게 통용되는 생각이다. 당연히 국가는 시스템을 공정하게 만들고 개인은 열심히 노력하여 자부심을 갖고 그 대가를 향유하게 해야 한다. 능력에 따른 분배적 정의는 세대와 세대를 넘어 보편적 가치임이 분명하다.

공정한 시스템(예를 들어 공무원시험)과 개인의 노력이 모든 것보다 우선하게 되면 능력주의 사회가 된다. 문제는 능력주의 사회에서 연대와 화합보다 분열과 혐오가 더 급속도로 확산되는 데 있다. 누군가를 배제해야 자신에게 기회가 더 많이 생기고, 경쟁에서 승자가 되어야 성공을 보장받는 시스템이기 때문이다. 능력주의 사회에서는 결과

---

[21] Julia Kristeva, *Histoires d'amour*, 김인환 역, 『사랑의 역사』(서울: 민음사, 2008), 146.

에 대한 승복과 협조보다 대결과 적대의 태도가 격렬하다. '과잠'으로 상징되는 학력주의도 혐오와 분열 그리고 대학의 서열화를 부추긴다는 점에서 능력주의의 연장선에 있다. 학력주의가 편견과 업신여김을 정상적인 태도로 인정하기 때문이다. 학벌의 연결고리에 묶인 이들이 편견과 업신여김의 태도를 정당화한 것이다. 비록 대학 학위증이 인종주의나 성차별에 대해 반대하는 모습을 보일지 모르나 교육받지 못한 이들에 대한 하대와 업신여김 그리고 편견은 여전히 강하다. 연구자는 "능력주의"에서 중요한 공정성은 허상적 측면이 있음을 지적한 바 있다. 사회 구성원들이 연대할 때 오히려 기회가 더 많아질 뿐만 아니라 더 건강한 사회를 구성할 수 있다고 분석한 바 있다.[22]

종합적으로 성공의 가치를 높이는 사회는 모두를 분열하게 한다. 사회학자 엄기호에 의하면 애초부터 노동시장에서 스펙을 요구하는 것은 자기계발 능력을 인정하기 위해서가 아니라, 잉여 인간의 시대에 탈락시킬 사람을 찾기 위해서이다. 더욱 놀라운 일은 한국 사회의 대학생들이 청년실업의 문제를 시장의 무능에서 찾기보다 자신의 실패 때문으로 본다는 점이다. 자신의 무능과 무기력, 줏대 없음과 나태함, 그리고 방탕함 같은 도덕의 문제로 고민하고 혼란스러워하는 경우가 많다.[23] 이처럼 개인의 문제에 충실한 많은 젊은 대학생들은 사회구조

---

22 이봉석, 「한국 사회의 능력주의 현상에 대한 이해와 기독교윤리적 제안」, 『기독교사회윤리』 53(2023), 87-88, 79-110. "결과적으로 능력주의에 따른 차별은 공정하지도 정의롭지도 못하며, 배제와 특권의 강화라는 측면에서 불공정하고 부정의하다. 박일원은 능력주의를 따른 정의를 임마누엘 월러스틴의 말을 빌려 '자본주의 사회의 작동 장치' 혹은 '끝없는 축적의 불합리성을 감추는 가면'이라고 표현했다. 경제학자 주병기는 부모의 사회적·경제적 배경에 따른 기회 불평등에 대한 인식을 조사했다. 조사에 의하면 지난 20년간 기회 불평등은 급속히 악화해왔다. 계층 간 교육 격차가 크다는 인식 역시 최근 매우 높게 나타났다."

23 엄기호, 『이것은 왜 청춘이 아니란 말인가』(파주: 푸른숲, 2014), 60-61.

적 문제를 지극히 개인적으로 접근한다.

자기중심적 개인주의는 교회의 청년 사역에서도 그대로 적용된다. 한국의 교회 청년들도 스펙 쌓기에 열정적이어서 자신의 기독교가 말하는 공동체성에 자긍심을 갖지 못한다. 경쟁과 밀어내기 시스템 속에서 교인이라 하여 특혜가 있는 것이 아니니 자기 밖의 문제에 연루되는 것을 바라지 않는다. 김은혜는 한국교회에서 청년들이 떠나는 위기를 교회의 안팎에 차이가 없음에서 설명한다. 예를 들어 한국 사회 부모들은 자녀들의 양육에 있어 재정적·물질적 지원 방식을 취했다. 교회의 청년 사역 책임자는 물질적 지원을 하는 것으로 할 일을 다 했다고 생각한다. 그러나 정작 청년들은 이러한 재정적이며 물질적인 지원이나 프로그램 개발에 관심을 보이지 않는다. 이것은 세대 간의 공감과 소통이 부재한 결과이다. 한마디로 대화 없음이 문제이다.[24]

김은혜가 지적하듯이 화해를 이루어야 할 교회의 신학은 교회 밖의 생활세계에 대한 유의미성을 교회와 제대로 연결하지 못하고 있다. 같은 맥락에서 박우영은 "한국 내 기성세대가 대표하는 위치와 그들의 윤리적 가치는 근대 산업 발전의 역사를 경험으로부터 형성되었고, 더 이전에는 일본 제국주의에 의해 국가 발전의 이념에 복종할 것을 강요받았다"고 말한다. 기성세대가 인간다운 삶의 다양성과 개체성에 대한 존중보다 집단적이고 전체주의적인 가치를 용인하는 태도에 대한 지적이다.[25] 박우영에 의하면 젊은 세대는 기성세대와 완전히 다른 삶을 산다. 이들은 다양성과 개체성, 개인적 가치에 관해 배웠고 향유하고

24　김은혜, 「한국교회 청년문제를 통해 본 한국교회의 위기와 기독교윤리적 대안」, 『기독교사회윤리』 30(2014), 19.
25　박우영, 「다음 세대 청소년을 새롭게 이해하기」, 『기독교사회윤리』 24(2012), 160.

있다.[26] 결과적으로 교회 안팎의 젊은 세대의 생각과 판단은 개인주의라는 시대정신 아래 공유하고 있다.

요약하자면 한국 사회의 젊은 세대가 의식하는 '정의롭다'는 것은 개인의 능력주의와 성공주의에 연관된다. 자신과 관계를 맺어야 하는 타자의 존재에 대한 인식과 타자의 아픔을 공감(empathy)할 여유가 없다. 생존투쟁의 조건 아래 '두 국가론'이 이들에게 적합한 통일관일 것이다. 그러나 젊은 세대는 한반도의 국제관계의 지정학적 위상에서 '민족'이 하나가 되어야 개인의 평안과 안녕이 보장되는 특수성의 문제를 고려할 필요가 있다. 마치 동네 전체가 불타면 자기 집도 위험한 것과 같다. 북쪽의 또 하나의 '민족'을 전적인 타자로 대하기에 여전히 이웃으로서 '내 몸과 같이' 사랑과 증오할 사회적 감정이 남한의 민중에게 남아 있음을 알아야 한다.

2) 베풂과 포용으로 점검하는 한반도 '두 국가론'

능력주의와 성공주의 가치체계에서 보면, 베풂과 포용은 효율성 면에서 현실적이지 못하다. 결국 현재 북한은 선도적으로 '두 국가'를 공식화하며 통일에 대한 전략을 수정했다. '통일'이라는 말을 삭제하고, 남한을 '적대적 국가'로 지정하며, 한반도 두 국가로 존속하는 것이 북한 체제 유지에 유리하다는 판단일 것이다. 과연 그러한가? 북한은 핵무기 개발로 인해 정상적인 교역이 불가능한 비정상 국가이다. 이러한 상태에서 통일 논의를 더 이상 진행하지 않는 것은 너무 이른 결정

---

26 위의 글, 162.

으로 보인다. 이에 대해 남한 당국과 비정부기구로서의 교회들은 북한과 지속적인 대화를 시도하여 북한 당국과 인민의 변화를 유도해야 할 것이다. 지속적·포용적 대화가 배제와 증오의 관계를 베풂과 포용 그리고 용서의 관계로 나아가게 할 것이다.

베풂과 포용에 대해 크로아티아 출신의 신학자 미로슬라브 볼프(Miroslav Volf)는 『배제와 포용』을 저술하는 것이 무척 어려웠다고 말한다. 그 이유는 약한 이들을 구원하시는 하나님과 십자가에 달리신 이를 저버리시는 하나님 사이에서, 그리고 희생자들을 위해 정의를 성취하라는 명령과 가해자를 끌어안으라는 부르심 사이에서 볼프 자신의 신앙이 분열되고 모순에 처했기 때문이다. 결국 『배제와 포용』은 내전의 피해를 본 볼프 자신의 민족적 정체성의 핵심을 건드리는 문제를 스스로 다루는 영적인 여정에 관한 기록이 되었다. 볼프 자신이 크로아티아인으로 당한 피해를 복수해야 한다는 정의와 십자가의 메시지를 실천해야 하는 용서의 사랑 사이에서 지적 투쟁을 하고 있다.

통일에 대한 본 연구와 관련하여 볼프는 자신의 정체성 문제가 단순히 자기 본연의 모습을 찾는 데 있지 않고 타자성과 분리될 수 없음을 포착한다. 볼프는 거부할 수 없는 크로아티아인으로서의 민족적 정체성을 가지고 구유고슬라비아(지금의 크로아티아는 유고로부터 독립했다)와 르완다 같은 곳에서 벌어진 잔인한 '인종 청소'에 대해 그것은 배제 체제에 뿌리를 둔 악이라고 분명히 말한다. 동시에 볼프는 '경계를 모두 없애는 것의 혼동'과 '경계의 존재가 주는 억압' 사이에서 불가능한 선택을 해야 하는 현실성 또한 고려해야 함을 말한다.

"모든 경계를 비난하고, 모든 정체성을 억압적이라고 말하고,

모든 안정된 차이에 '배제'라는 꼬리표를 달아보라. 그러면 명료하게 보는 행위 주체 대신 목적 없이 표류하는 사람들을, 도덕적인 의무와 책임감 대신 두서없는 행위를, 그리고 결국에는 자유의 춤 대신 죽음의 무감각 상태를 얻게 될 것이다."[27]

현재의 분쟁 가운데 상당수가 정체성에 대한 강력한 요구들이라는 점은 무시할 수 없을 것이다. 여기서 볼프는 곳곳에서 자행되는 다양한 문화적 '인종 청소'는 정체성과 타자성의 문제로서 신학적 성찰의 핵심 주제라고 말한다. 이제 볼프는 다시 묻는다. 우리는 어떤 종류의 사회를 만들어야 하는가? 타자와 조화롭게 살기 위해 우리는 어떤 종류의 주체가 되어야 하는가? 이 문제들에 대해 볼프의 대답이 가치 지향적 개인주의 영향 아래 있는 젊은 세대에게 유의미할 것이다.

배제와 포용의 신학적 근거로서 볼프는 바울이 평등을 위해 혈통을 폐기했다는 점에 주목한다. 갈라디아서 3장 1절에서 4장 11절에 제시된 것처럼 바울은 한 분 하나님의 이름으로 토라를 상대화한다. 다시 말해 토라로써 하나 된 인류의 가족을 만들어낼 수 없다. 토라가 한 분 하나님의 뜻을 영원하고 최종적인 형태로 담보할 수 없다고 본 것이다. 자연스럽게 바울은 인류 보편적 평등을 위해 민족적 특성을 규정하는 혈통을 폐기한다. 토라를 대신하여 십자가에 죽으신 그리스도를 받아들임으로써 모두가 아브라함의 "자손"이 될 수 있다. 여기에 인종, 종이나 자유인, 남자와 여자의 구분이 있을 수 없다.[28]

---

[27] Miroslav Volf, *Exclusion and Embrace*, 박세혁 역, 『배제와 포용』(서울: 한국기독학생회 출판부, 2018), 97.

[28] 위의 책, 67.

바울의 믿음을 따른 새로운 '민족' 개념은 독창적이지만 비판점이 없는 것은 아니다. 초월적 하나님에서 민족의 보편성을 찾는 것은 분명하다. 그러나 문제는 바울이 평등과 보편성을 확보하기 위해 차이와 특수성을 포기했을 때 일어난다. 육에 속한 민족 개념을 해체하면 평등은 공허해지고, 보편성은 추상으로 빠질 위험이 생긴다.[29] 볼프는 끊임없이 떠남이 주는 위험에 대해 경계하고 소속됨의 필요성을 고수한다. 그래서 이스라엘이 '민족 됨'과 민족을 떠나 거리를 두는 '그리스도인 됨' 사이의 갈등과 긴장 사이에서 거리두기와 소속 두기 모두 필수임을 강조한다. "거리두기 없는 소속은 파괴적이고, 소속 없는 거리두기는 고립적이다"라고 규정한다. 한 몸에 붙어 있는 지체로서의 몸 개념이 중요한 이유이다. 특별히 거리두기가 주는 긍정적 효과는 우리 안에 타자를 받아들일 공간을 만들어낸다. "성령에 의한 거듭남의 결과로 나 자신의 문화로부터 거리를 둘 때, 그 거리는 내 안에 타자들이 들어올 수 있는 틈을 만들어낸다."[30]

볼프가 타자와의 관계에 집중하는 이유는 구유고슬라비아에서 일어난 전쟁(1991~1995) 때문이다. 유고 내전에서 '인종 청소'라는 말은 인종적 타자성이 인종을 집단에서 씻어버려야 할 더러움이며, 오염원이라 퍼뜨렸다. 그래서 유고 내전에서 타자는 강제수용소에 격리하고 살해한 다음, 집단적으로 매장하거나 추방한다. 그들의 문화적·종교적 정체성을 상징하는 기념물을 파괴해버리고, 그들의 집단적 기억을 담고 있는 비문은 지워버린다. 당연히 추방당한 사람들이 돌아올 방법

---

29 위의 책, 74.
30 위의 책, 77.

은 없다. 이제 타자를 추방한 이후 모든 점령군이 그랬듯이 사람들이 땅을 독점적으로 소유한다. 타자를 쫓아낸 이들이 말하는 순수한 '혈통'과 순수한 '문화'에 속한 이들만 사는 것이 허락되었다. '위험한 순수'는 타자 없는 세상의 대가로 학살을 용인했고, 군사 지도자들과 전쟁으로 폭리를 취하는 업자들을 부자로 만들었을 뿐이다.[31]

타자를 혐오의 대상으로 삼으면서 자행된 배제의 결과가 참혹할 뿐이다. 근대 자유민주주의 사회가 '배제하기보다는 받아들이고 수용하는' 쪽으로 발전을 거듭해온 것도 참혹한 결과를 알기 때문이다. 성차별, 종교적 차별 없이 교육을 받을 권리, 직업과 정치적 의사결정의 권리 등 모두에게 주어진 평등한 권리는 근대 자유민주주의가 이끈 포용의 긍정적 혹은 진보적 결과이다.[32] 이런 의미에서 '인종 청소'라는 말은 배제와 혐오에 근거를 둔 논리이다. 볼프에 의하면, "배제는 선한 사람들에 의해 저질러진 악이자 문명에 의해 만들어진 야만성인 경우가 많다."[33]

각 개인은 어떻게 배제에 맞서 싸울 수 있을까? 볼프는 타자를 기꺼이 포용하고자 하는 사람들의 '배제하지 않는 판단'이 필요하다고 본다. 특별히 창세기 1장의 '분리하기'와 '결합하기'를 중요히 다루면서, 분리와 결합은 창조적 행위로서 '정체성'의 연결, 차이, 이질성을 포함한다. 볼프가 보기에 인간의 자아는 단순히 타자를 거부함으로써가 아니라 '들어오게' 하고 또 '들어오지 못하게' 하는 복합적인 과정을 통해 형성된다. 인간은 분리되는 동시에 연결되며, 구별되는 동시

---

[31] 위의 책, 85.
[32] 위의 책, 88.
[33] 위의 책, 91.

에 관계를 맺기 때문이다. 결과적으로 '나'라는 정체성은 타인에 대해 장벽인 동시에 연결되는 다리이다.

반대로 배제란 하나님이 결합하신 것을 나누고, 나누신 것을 결합하는 것이다. 결국 배제는 상호 의존적 형식을 벗어나 그나마 연결된 것도 잘라내어 극단적 독립의 상태를 유지하려는 태도이다. 상호 의존적 형식에서 벗어나면 타자는 무시해도 되고, 내버릴 수 있는 잉여적 존재가 된다. 그래서 배제는 타자와 같은 자기를 인정하지 않고, 나와 그의 다름을 말한다.

볼프는 바울에게서 배제하지 않을 수 있음을 배운다.[34] 바울이 율법으로 형성된 잘못된 자신의 자아에서 벗어나야 했고, 동시에 십자가에 못 박히고 다시 살아남으로써 자신의 중심을 재설정했다. 한마디로 자아의 중심에 자기를 내주는 사랑이 있다.

> "그것은 자아를 폐쇄하고 자신의 정체성을 보호하기 위해 그 순수성을 위협하는 모든 것을 몰아내는 '패권적 중심성'이 아니다. 반대로 새로운 중심은 자아를 개방하고, 자아로 하여금 타자를 위해 기꺼이 내어주고 자신 안에 타자를 받아들일 수 있게 해준다."[35]

---

[34] "내가 율법으로 말미암아 율법에 대하여 죽었나니 이는 하나님에 대하여 살려 함이라. 내가 그리스도와 함께 십자가에 못 박혔나니, 그런즉 이제는 내가 사는 것이 아니요 오직 내 안에 그리스도께서 사시는 것이라. 이제 내가 육체 가운데 사는 것은 나를 사랑하사 나를 위하여 자기 자신을 버리신 하나님의 아들을 믿는 믿음 안에서 사는 것이라"(개혁성경, 갈라디아서 2장 19-20절)

[35] 볼프, 107-108.

인간의 정의로서 배제로부터 자기를 내주는 은혜와 사랑으로 자기중심성을 바꾼 것이다. 이제 볼프는 청결한 마음의 정치를 말한다. 자신이 세르비아 태생으로서 구유고슬라비아에서 일어났던 전쟁의 경험을 가지고 조심스럽게 기독교인으로서 말하는 것이다.

"'보스니아에서 얼마나 많은 어머니가 자녀들에게 미워하고 복수하라고 가르치겠다고 맹세했던가! 얼마나 많은 무슬림, 세르비아인, 크로아티아인이 그런 이야기를 들으며 그런 교훈을 배우며 자라겠는가!' … 화해를 이루기 위해서는 삶에 새겨진 증오를 주의 깊게 지워내고 폭력의 올을 부드럽게 제거해야 한다. 이것이 바로 예수님이 선포하신 하나님의 통치의 중요한 교훈이다."[36]

볼프의 고뇌에 찬 지적인 여정을 통해 얻은 것은 배제보다 포용이 남북 관계에 적용되어야 한다는 것이다. '두 국가론'은 '배제'의 공식화이다. 그것은 죄를 피하고자 죄 있는 사람을 찾아내어 그들과 교제를 나누려 하지 않는 '위험한 순수'이다. 남한이 되었든 북한이 되었든 우리 안에서 타자를 쫓아내고 밀어내고 싶어 한다. 서로 연루되기도 꺼린다. 서로에 대한 무관심 역시 배제의 한 행위이다. 서로 교통하는 포용과 대화의 정신이 남과 북의 상황에 절실히 필요하다.

구약성서를 연구하는 학자 월터 브루그만(Walter Brueggemann)은 『하나님, 이웃, 제국』에서 삶이라는 상호 관계성에 둘러싼 주제들을 밝힘으로써 사회적 관계들이 상품으로 환원되는 것에 비판적 분석을 내놓

---

36 위의 책, 175.

았다. 월터 브루그만은 제국을 건설하려는 현실 질서를 대신하여 은혜와 회복 그리고 용서라는 새로운 신법을 말한다. 월터 브루그만에 따르면 "율법은 대화이다". 정죄하고 처벌하고 징계하는 것이 법이 아니라 생동하고 번성하는 사회를 만드는 데 너무도 절실히 필요한 하나님과의 대화, 이웃과의 대화가 법이다. 대화를 위해 율법이 있고, 대화로 수렴되는 은혜와 회복 그리고 용서가 오히려 좋은 삶이라는 것을 확인시켜주는 것이 율법이다.

월터 브루그만은 예언서의 사례를 들어 구체제를 대신할 혁명적 법 이해의 전환을 제시한다. 첫째로, 신명기 법전의 "만일 ~이면 그리하면 ~하리라"라는 하나님의 징계의 법률적 문장을 '징계'에서 '회복을 위한 순종'으로 해석했다. 한마디로 말해 회복하려면 순종해야 한다. 순종하지 않아 제국에 나라를 잃어버리는 징계로 이해했던 '공통신학'의 해석 방향을 바꾼 것이다. 이와 같은 새로운 텍스트 해석은 포로기의 여닫음에 대한 결정권이 하나님에게 있는데, 그 하나님이 마음을 바꾸셨다는 새로운 은혜의 메시지이다.[37] 둘째로, 월터 브루그만은 예레미야의 시적 언어에 주목한다. "나를 배반했던 이스라엘아, 돌아오너라 … 너희를 시온으로 데려오고 … 배반한 자식들아, 돌아오너라. 너희의 마음을 바로잡아 나를 배반하지 않게 하여주리라"(렘 3:12, 14, 22) 예레미야의 시적 언어의 핵심은 징계가 아니라 은혜와 회복이다. 당연히 신명기 계승자로서 예레미야는 토라 전통에 충실한 선지자이다. 따라서 배반한 이스라엘 민중이 포로 되는 것은 징계이고 정의라고 말해야 한다. 그러나 예레미야는 새로운 시대임을 직감했고, 이

---

[37] Walter Brueggemann, *God Neighbor Empire*, 윤상필 역, 『하나님, 이웃, 제국』(서울: 한국성서유니온선교회, 2020), 174.

스라엘과 관계를 회복하기 위해서라면 야훼께서 자신의 토라도 위반하신다는 놀라운 메시지를 선포해야 했다. 하나님 자신이 은혜의 시대로 가기 위해 율법적 정의의 경계선을 넘어 은혜로 다가오신다.[38] 셋째로 에스겔은 균형적 사고방식을 중시한 제사장 출신임에도 낯선 백성을 살리기 위해 신명기의 무거운 제재에서 벗어난 낯선 하나님을 말했다.[39] 에스겔을 통해 죄인을 향한 긍휼과 자비의 하나님을 만나게 된다. 넷째로 이사야는 끌려온 사람들에게 하나님을 향해 돌아올 것을 요청한다. 이사야의 메시지는 야훼의 정의가 보응의 법칙과 무관하고, 오히려 언약에 뿌리내린 정의는 하나님의 넘치는 관대함이었음을 강조한다. 하나님의 '정의'는 완고한 제재 조치를 넘어서 회복하는 정의이다. 따라서 은혜의 시대로 나아가기 위해 구시대적 이념을 포기해야 한다. 교환적 정의(commutative justice)에서 회복적 정의로 의식의 전환을 해야 한다.[40]

볼프와 브루그만의 연구를 종합해볼 때, '두 국가론'은 냉전체제를 다시 현실질서로 삼는 제국의 질서임을 알 수 있다. 이른바 신냉전체제의 질서 속에서 혐오와 열등한 타자로서 이웃을 내 몸과 같이 사랑하기는 어려운 일이다. 또한 나를 희생하면서까지 대화하는 것이 정의라 여기기도 어려울 것이다. 그러나 야훼께서 이스라엘의 '돌이킴'을 받아주셨고 이스라엘을 회복시키는 일에 직접 나섰던 것과 같이, 십자가에 죽으신 그리스도를 받아들임으로써 모두가 의인이 될 수 있는 것과 같이 복음은 원수 된 '두 국가'를 서로 용서하고 회복하는 데

---

38   위의 책, 176.
39   위의 책, 178.
40   위의 책, 181.

서부터 시작된다. "이웃을 내 몸과 같이 사랑하라"는 계명으로 '나'를 돌아보고 '이웃'을 받아들인다면 하나님의 은혜로 통일이라는 커다란 역사가 한민족 모두에게 일어날 것이다.

4. 나가는 말

'가치 지향적 개인주의' 특성을 보이는 MZ세대에게 통일이라는 주제는 자신의 일상과 너무나 먼 거대 담론이다. 그래서 MZ세대는 통일을 민족적 당위로 여기기보다 불공정의 근원적 요인으로 받아들였고, 통일이 아닌 현 상태를 그대로 유지하는 '두 국가론'을 암묵적으로 지지하는 위상에 있다. 그러나 MZ세대의 통일의식 속에 고려되고 반영되어야 할 사회적 존재들이 있다. 세대는 다르지만, 결코 무시할 수 없는 한국전쟁의 경험자로서 한반도의 평화와 통일을 바라는 존재들이다. 이들은 적대성을 넘어서기 위해 남북 모두에 대화를 요청한다.

그들 가운데 서광선 교수는 1953년의 일을 회고하며 북조선 공산당 정권에 의해 순교당한 아버지의 시신을 수습했고, 반공 피난민 해군으로서 이승만 대통령을 지지하는 청년이었다고 말한다.[41] 비극적 가족사 때문이었을 것이다. 그럼에도 서광선의 신학은 정의보다 은혜와 사랑을 앞세운다. 서광선은 2015년 조현 종교 전문 기자의 칼럼을 소개하며 북에서 잔혹한 학살과 재산 탈취를 당하고 월남해 남한 우익의 핵이 된 기독교인의 공산주의 혐오증과 반공은 어쩌면 당연한 것으

---

[41] 서광선, 『거기 너 있었는가, 그때에』(서울: 한울, 2018), 86.

로 이해한다. 그러나 이제 한국 기독교는 유아·청소년기를 지나 장년이 될 시점이 되었으니 원한을 십자가에 못 박고, 희망을 부활시킬 때가 되었다고 말한다.[42] 과거의 아픈 상처를 이해하는 바이지만, 용서와 화합의 새로운 역사 지평으로 나아갈 것을 제안한다. 서광선은 용서와 화합 그리고 대화로 평화롭고 통일된 한반도를 만들 것을 일관되게 주장한다.

서광선의 주장과 같은 맥락에서 본 연구는 1장에서 MZ세대가 가진 '가치 지향적 개인주의'의 통일의식이 한반도의 '두 국가론'을 암묵적으로 지지하고 있음을 확인했다. 2장과 3장에서 주디스 버틀러나 볼프의 연구를 통해 실제적 전쟁과 회복할 수 없는 애통함의 경험에도 불구하고 '내가 아닌 이들'과 '타자를 위한 장소'를 확립하기를 좋은 윤리로 보았다. 기독교 윤리가 해야 할 일이 적대적 타자를 향한 진정한 공존을 위한 '말 걸기'임을 확인했다.

결과적으로 MZ세대가 암묵적으로 수용하는 한반도의 '두 국가론'은 일견 서로 무관한 존재가 됨으로써 두 국가 사이에 평화공존을 이룰 수 있을 것 같으나 실상 두 국가 사이에 혐오와 우월의식의 확장으로, 그리고 분쟁과 학살이 '인종 청소' 수준으로 자행되었다는 역사적 교훈을 얻었다. MZ세대도 열전(熱戰)이 일어났던 곳의 신학자가 전하는 직관에 귀 기울여야 할 것이다. 그러한 의미에서 한국교회와 기독교인은 북한과 만남을 확대하고 상설화하는 '말 걸기'를 행함으로써 MZ세대의 인식 전환에 더 많은 기회를 제공해야 할 것이다.

---

[42] 위의 책, 95-96.

참고문헌

김동완.『북한에서의 한류 현상: 그 의미와 영향』. 서울: 통일교육원, 2015.

김은혜.「한국교회 청년문제를 통해 본 한국교회의 위기와 기독교윤리적 대안」.『기독교사회윤리』 30(2014), 7-36.

김지수.『나는 통일을 원하지 않는다』. 파주: 교보문고, 2021.

대학내일20대연구소.『Z세대 트렌드 2024』. 서울: 위즈덤하우스, 2023.

박우영.「다음 세대 청소년을 새롭게 이해하기」.『기독교사회윤리』 24(2012), 151-183.

박재홍.「세대연구의 이론적·방법론적 쟁점」.『한국 인구학』 24(2001), 47-78.

배기찬.「코리아 두 국가론과 통일문제」.『기독교사상』 784(2024), 9-18.

서광선.『거기 너 있었는가, 그때에』. 서울: 한울, 2018.

송길영.『시대예보: 핵개인의 시대』. 파주: 교보문고, 2023.

엄기호.『이것은 왜 청춘이 아니란 말인가』. 파주: 푸른숲, 2014.

오기성.「MZ세대 통일의식 제고 방안 연구」.『평화학연구』 23(2022), 79-101.

이봉석.「박순경의 민족통일신학에 기초한 한반도중립국 이론」.『기독교사회윤리』 51(2021), 313-345.

_____.「한국 사회의 능력주의 현상에 대한 이해와 기독교윤리적 제안」.『기독교사회윤리』 53(2023), 79-110.

임승엽 외.「2018년평창동계올림픽 여자아이스하키 남북 단일팀 구성 논란에 대한 사회학적 담론」.『한국스포츠사회학회지』 31(2018), 65-81.

정욱식.「한반도 두 국가론과 평화운동」.『기독교 사상』 784(2024), 19-28.

조형근.『키워드로 읽은 불평등 사회』. 파주: 소동, 2023.

Judith Butler. *PARTING WAYS: Jewishness and the Critique of Zionism*. 양효실 역.『지상에서 함께 산다는 것』. 서울: 시대의창, 2016.

Julia Kristeva. *Histoires d'amour*. 김인환 역.『사랑의 역사』. 서울: 민음사.

Miroslav Volf. *Exclusion and Embrace*. 박세혁 역.『배제와 포용』. 서울: 한국기독학생회 출판부, 2018.

Walter Brueggemann. *God Neighbor Empire*. 윤상필 역.『하나님, 이웃, 제국』. 서울: 한국성서유니온선교회, 2020.

https://www.snu.ac.kr/snunow/press?md=v&bbsidx=143110(접속일: 2023.12.14)

03

경제민주화 구상에 대한
윤리적 유형과 방법론[1]

최경석 (남서울대학교 교양대학 부교수)

1. 들어가는 말

"경제가 운명"[2]이 된 사회에서 우리는 살고 있다. 과학기술의 현저한 발전으로 인공지능(Artificial Intelligence: AI)과 4차 산업혁명 시대에서도 여전히 경제는 운명이고 문제이다. 운명과 문제로서의 경제는 어느 특정한 국가의 국민경제를 뛰어넘어 지구화 과정을 통해 지구의 운명과 문제로 발전하고 있다. 현실 경제에서 파생되는 문제들의 분석에만 머문다면, 문제들의 해결과 그 대안을 제시하는 데 어려움이 발생

---

[1] 이 장은 『기독교사회윤리』 59집(2024)에 실린 논문 제목을 변경하고 일부 수정·편집한 글이다.

[2] Walther Rathenau, 1921년 독일 제국 산업연합(Reichsverband der deutschen Industrie) 회의 연설, in: 동저자, *Gesammelte Reden* (Berlin, 1924), 264.

한다. 따라서 해결과 대안을 제시함에 있어 윤리적 판단기준이 필요하다. 경제윤리가 필요하다는 의미이다. 경제윤리는 이미 그 단어에서 사회과학과 윤리학의 결합임을 의미한다. 신학적 관점에서 윤리적 판단기준의 근거를 마련하는 것이 기독교 윤리라면, 기독교 경제윤리는 신학, 윤리학, 그리고 사회과학을 요구한다. 즉 최소한 두 분야의 학문에서 진행되는 간학문으로서의 기독교 경제윤리는 각 분야에서 형성된 담론을 반성적 숙고를 통해 보다 인간부합적인 방향 속에서 제도를 형성하는 학문이다.[3]

독일신학에서 '경제윤리(Wirtschaftsethik)'라는 표현은 게오르크 뷘시(Georg Wünsch)의 『개신교 경제윤리』[4]에서 시작된다. 물론 개신교신학에서 고트프리트 트라웁(Gottfried Traub)의 『윤리와 자본주의』[5]가 경제윤리에 대한 연구로서 앞에 서 있긴 하지만, 독일개신교는 19세기의 화두였던 사회문제들에 대한 해결을 고뇌하면서 기독교 경제윤리를 논하기 시작해서 지금까지 수미일관 관심을 가지고 있다. 이는 다른 나라와 또는 다른 언어권의 신학자들도 많으나, 특히 독일어권 신학에서 기독교 경제윤리 방법론이 논의되는 연유인 셈이다. 특히 에른스트 트뢸치(Ernst Troeltsch)의 역사주의 방법론을 기초로 삼아 그를 상기시킨 하인츠-디트리히 벤트란트(Heinz-Dietrich Wendland)와 트루츠 렌토르프(Trutz Rendtorff), 그리고 이들을 계승한 스위스 신학자 아르투르 리히(Arthur Rich)가 언급될 수 있다. 국내에서 기독교 경제윤리가 논의될 때,

---

[3] 이와 같은 견해로, Traugott Jähnichen, *Wirtschaftsethik. Konstellationen – Verantwortungsebene - Handlungsfelder* (Stuttgart: Kohlhammer, 2008), 45 이하.

[4] Georg Wünsch, *Evangelische Wirtschaftsethik* (Tübingen: Mohr Sieback, 1927)

[5] Gottfried Traub, *Ethik und Kapitalismus. Grundzüge einer Sozialethik* (Heilbronn, 1905)

반드시 언급되어야 할 학자는 강원돈이다. 국내에서 그를 제외하고 기독교 경제윤리는 언급될 수 없다.[6]

    1990년부터 수미일관 신학적인 관점에서 현실 경제문제를 학문의 주제로 설정하고 학문의 노정을 이어온 강원돈은 최근 신학, 윤리학, 그리고 사회과학의 관점에서 『기독교 경제윤리론: 사회적이고 생태학적인 경제민주주의 관점에서 제안하는 시장경제의 규율 방안』을 저술했다.[7] 이 책은 강원돈의 기독교 경제윤리가 무엇인지를 명확히 제시한다. 아울러 그가 제시하는 경제민주화 구상의 유형과 방법론 연구를 위한 유용한 길잡이가 될 것이다. 그런 의미에서 강원돈이 제시하는 경제윤리를 탐구하고자 한다.

    강원돈의 기독교 경제윤리 방법론의 유형에 관해서는 트라우고트 예니헨(Traugott Jähnichen)이 분류한 경제윤리의 유형들에 대한 설명이 필요하다. 제II장에서 예니헨이 분류한 경제윤리 유형이 설명될 것이다. 제III장에서는 리히와 강원돈의 기독교 경제윤리 방법론이 언급되고, 강원돈의 그것이 차지하는 유형이 고려될 것이다. 제IV장에서 두 명의 경제윤리 방법론의 유사성과 차이점 그리고 이를 통해 강원돈의 기독교 경제윤리가 가지는 특징이 언급될 것이다.

---

[6] 최근 강원돈은 1,200페이지가 넘는 방대한 기독교 경제윤리에 대한 저서를 출판했다. 강원돈, 『기독교 경제윤리론: 사회적이고 생태학적인 경제민주주의 관점에서 제안하는 시장경제의 규율 방안』(서울: 동연, 2024). 그는 장마다 "소결"로 정리함으로써 독자들이 보다 용이하게 그의 논지를 이해할 수 있게끔 유도한다.

[7] 이 책에 대한 서평으로 최경석, 「강원돈의 『기독교경제윤리론: 사회적이고 생태학적인 경제민주주의의 관점에서 제안하는 시장경제의 규율 방안』에 대한 서평」, 『신학사상』 205(2024), 303-314를 참조하라. 이 책에 대한 선행연구로는 인터넷 기사, 최형묵, http://www.ecumenian.com/news/articleView.html?idxno=25019(접속일: 2024.08.09); 정용택, http://www.ecumenian.com/news/articleView.html?idxno=24976(접속일: 2024.08.09); 홍인식, http://www.ecumenian.com/news/articleView.html?idxno=24919(접속일: 2024.08.09)을 참조하라.

2. 기독교 경제윤리의 유형 연구[8]

예니헨은 기독교 경제윤리가 포함된 기존의 경제윤리를 세 가지 유형별로 구분한다. 경제학을 윤리학을 통해 교정하는 유형, 반대로 경제학이 윤리학을 수용하는 유형, 그리고 경제학과 윤리학 사이의 통합 속에서 매개하는 유형으로 구분된다. 이 세 가지 유형을 업급하는 이유는 리히와 강원돈의 경제윤리 방법론의 좌표를 파악하기 위함이다. 본 논문의 이해를 위해서는 첫 번째 유형과 세 번째 유형에 대한 간략한 설명이 도움이 된다.[9]

1) 교정적 측면에서 경제윤리의 유형

먼저, 윤리학을 통해 경제학을 교정하는 유형은 국민경제의 제도적 측면을 고려한다. 다시 말해, 한편으로 이 유형은 정부가 계획하여 경제를 통제하는 제도, 다른 한편으로 시장에서 자유로운 경제활동을 장려하는 제도에서 윤리학을 먼저 고려하는 상이한 접근으로 나눌 수 있다. 이른바 중앙계획경제에서는 '정의'라는 윤리규범이 우선된다. 이와 반대로 자유시장경제에서는 '자유'라는 윤리규범이 먼저 고려된다. 정의와 자유의 윤리규범을 통해 경제현상을 조정하는 경제윤리로 볼

---

[8] 이 장은 트라우고트 예니헨의 유형분류에 잇대어 기술한다. 다만, 학문적 도움을 위해 여기에서 언급되거나 인용된 경제윤리학자들의 참고문헌은 그들의 것이 기술된다. Traugott Jähnichen, *Wirtschaftsethik*.

[9] 예니헨의 경제윤리에 대한 세 가지 유형에 대한 독일어로 된 글로 Kyung Suk, Choi, "Auf dem Weg zu einer protestantischen Wirtschaftsethik," *Korea Presbyterian Journal of Theology*, 54/4(2022), 210-214를 참조하라.

수 있다. 이런 사정으로 이 유형은 두 가지 형태에서 발전한다. 먼저는 마르크스주의(Marxismus)에 입각한 경제윤리학자들에게서 발견된다. 이들은 중앙계획경제제도를 시장경제제도보다 정의로운 제도로 인정한다. 이와 반대로, 자유시장경제에서 경제의 주요 행위자들 사이의 자유와 민주적 절차를 옹호하면서 경제를 교정하려는 경제윤리학자들이 있다.

마르크스주의적 입장에서 경제를 교정하려는 기독교 경제윤리학자들로서 뷘시[10]와 에밀 푹스(Emil Fuchs),[11] 그리고 울리히 두흐로(Ulrich Duchrow)가 언급될 수 있다. 뷘시와 푹스는 마르크스주의와 공산주의가 성행하던 1920년대와 1950년대 독일의 신학자들이다. 뷘시는 경제를 사회 구성원들의 기본적 욕구를 만족시키는 것으로 이해한다. 그러나 자본주의는 무한경쟁과 이윤의 극대화 속에서 구성원들의 욕구를 만족시키기는커녕 오히려 사회적 궁핍으로 몰아가는 "악마(Dämonie)"[12]이다. 뷘시는 국가가 계획하는 "사회주의적 세계 계획경제"[13]를 통해 구성원들의 기본 욕구가 충족될 수 있다고 강조한다. 역사신학적 관점에서 푹스는 뷘시와 유사함을 가진다. 푹스는 역사의 발전에서 당시 서독의 역사를 이기심으로 가득한 경마에 비유하면서 사회주의와 공

---

[10] 뷘시는 독일 개신교신학 최초의 사회윤리 교수로 마르부르크(Marburg) 대학에 초빙되었다. 이를 위해서는 T. Jähnichen, *Wirtschaftsethik*, 72를 참조하라.

[11] Emil Fuchs, *Christliche und marxistische Ethik. Lebenshaltung und Lebensverantwortung des Christen im Zeitalter des werdenden Sozialismus*. Erster Teil (Hamburg, 1957) 푹스는 동독의 신학자이다.

[12] Georg Wünsch, "Wertethik," in: *RGG*, 2. Aufl., Bd. 6, 1874.

[13] Georg Wünsch, *Evangelische Wirtschaftsethik*, 704 이하.

산주의가 "보다 풍성한 박애주의가 넘치는 세상을 형성"[14]시킨다고 주장한다. 이 둘은 자본주의에서 빈번히 일어나는 이웃사랑의 배제에 주목한다. 반면에 사회주의와 공산주의의 중앙계획경제는 기독교의 이웃사랑을 실천할 수 있는 경제제도임을 강조한다.

주지하듯이, 1989년과 1991년 사이에 공산주의의 붕괴로 인해 중앙계획경제가 그 구실을 제대로 하지 못했음에도 경제적 지구화가 진행되면서 자본주의의 부정적 측면이 확산된다. 이런 경제제도는 결국 인간사회가 시장에 장악되고 자연을 파괴하며, 자본이 우상으로 귀결되어 더 많은 자본을 가지려는 경제적 목표만 남게 되기 때문이다. 해방신학과 에큐메니컬 운동의 영향에서 자본주의를 통한 경제적 지구화에 반대하는 요구가 일어난다. 울리히 두흐로는 이런 경제적 지구화를 전체주의적 입장으로 본다. 그는 성서적 근거와 신학적 근거, 특히 바르멘 신학선언(Die Barmer Theologische Erklärung)에 근거해서 전체를 대변하지 않고 "작은 자들을 위한 선택적 결성"[15]을 옹호한다.[16]

위에서 언급된 학자들은 기존의 경제제도를 비판하거나 거부하면서 대안적 경제제도를 제시한다. 붠시와 푹스는 사회주의를 대안으로, 두흐로는 경제적 지구화를 거부하면서 작은 자들 또는 지역적 네트워

---

14 Emil Fuchs, *Christliche und marxistische Ethik. Lebenshaltung und Lebensverantwortung des Christen im Zeitalter des werdenden Sozialismus,* 136.

15 Ulrich Duchrow, *Alternativen zur kapitalistischen Weltwirtschaft. Biblische Erinnerung und politische Ansätze zur Überwindung einer lebensbedrohenden Ökonomie* (Gütersloh/Mainz, 1994), 119.

16 두흐로는 구약성서적 전통에서 이스라엘의 역사를 "길들여짐"으로부터의 해방이라고 말한다. 이스라엘의 역사는 이집트의 전체주의로부터의 해방, 바빌론의 전체주의로부터의 해방의 역사 속에서 전체주의 체제에서 길들어진 이스라엘 백성이 하나님의 해방을 경험하는 역사이다. 위의 책, 133.

크를 강화하는 급진적 입장에 서 있다. 이와는 반대로 기존의 경제제도를 인정하면서 경제의 주요 행위자들 사이의 자유로운 관계 속에서 민주적 절차를 통해 경제를 규율하거나 교정하려는 입장을 옹호하는 경제윤리학자들이 존재한다.

칸트의 성향윤리의 영향을 받은 트라웁은 시장경제를 옹호하지만, 지나친 사리사욕과 과도한 영리추구를 시장경제의 위험 요소들로 지적하면서 경제의 주요 행위자들, 특히 소비자로서 가계와 생산자로서 기업의 윤리적 책임을 강조한다.[17] 경제의 주요 행위자들이 도덕교육을 받음으로써 이런 책임감 속에서 시장경제가 조정될 수 있다. 1990년대에는 기업을 윤리적 집합체로 바라보면서 기업 윤리에 대한 접근방식이 고려된다. 기업의 방향성과 이윤창출에 있어서 의사소통의 과정을 중요시하고, 기업이 자발적인 약속을 결정함으로써 시장경제가 조정될 수 있다.[18] 프리드리히 헹스바흐(Fridrich Hensbach)는 자본주의가 민주적으로 운용되기를 희망하면서 경제의 주요 행위자들이 자신이 속한 집단에 관심과 책임을 가지며 다수를 위한 집단적 의사결정자로서 역할을 담당해야 한다고 주장한다.[19] 헹스바흐는 이렇게 함으로써 조금은 더디지만 자본주의가 민주적 절차대로 작동되기를 희망한다.

교정적 측면에서 경제윤리의 유형이 윤리, 즉 정의와 자유를 고려해서 경제를 규율하거나 교정하려는 시도로 이해될 수 있다면, 수용적

---

[17] Gottfried Traub, *Ethik und Kapitalismus. Grundzüge einer Sozialethik*, 250.
[18] 이런 주장을 위해 Horst Steinmann/Albert Löhr, *Grundlagen der Unternehmensethik* (Stuttgart: Kohlhammer, 1992)을 참조하라.
[19] Friedhelm Hengsbach, *Wirtschaftsethik* (Freiburg, 1991), 153.

측면에서 경제윤리의 유형은 이와는 반대로 윤리적 규범을 단지 시장경제의 기능이 성실히 작동되기 위한 상호보완적 요소로 이해한다는 것이다. 수용적 측면에서 경제윤리의 유형을 간단히 설명하고 넘어간다면, 시장을 통한 경제활동이 중요하다. 이를 위해 오래된 규범인 상도(常道)나 신뢰 등의 윤리적 규범이 요구된다. 이런 윤리적 규범들을 통해 시장경제에서 체결되는 계약과 합의가 공정한 방식으로 작동될 수 있다. 이런 의미에서 수용적 측면에서 경제윤리의 유형은 경제학을 우선으로 고려하고 윤리를 보완적으로 수용하는 경제윤리의 유형이라 할 수 있다.[20]

2) 매개적 측면에서 경제윤리의 유형

위에서 언급된 유형들은 경제와 윤리 사이에서의 상위를 무엇이 차지하느냐에 따라 교정과 수용이라는 형태를 가진다. 매개적 측면에서 경제윤리의 유형은 경제와 윤리 사이에서 중재와 통합이 목표이다. 사회과학으로서 경제와 인문학으로서 윤리 모두 인간에 관한 것이기에 인간론에 중점을 두고 경제와 윤리 사이를 매개하려는 유형이다. 아일레르트 헤름스(Eilert Herms), 리히, 그리고 페터 울리히(Peter Ulrich)가 여기에 속한다. 리히의 유형에 대해서는 다음 장에서 기술하기로 한다.

헤름스는 자신의 신학적 인간론을 책임적 자유를 통해 사회적 연

---

[20] Karl Homann, "Ökonomik: Fortsetzung der Ethik mit anderen Mitteln," in: Georg Siebeck (H.g.), *Artibus ingenuis. Beiträge zur Theologie, Philosophie, Jurisprudenz und Ökonomik* (Tübingen: Mohr Siebeck, 2001), 92.

대를 추구하는 것으로 말한다.[21] 그는 이런 인간론을 기본으로 삼아 경제적 논리를 "인간존재의 조건들"[22] 중 하나에 속한 것으로 보고 있다. 경제는 인간이 스스로 규정한 것으로, 인간의 삶의 조건들을 충족시키기 위한 삶의 형태 중 하나이다. 경제에 대한 헤름스의 이런 입장에서는 인간사회에서 공생과 연대를 위한 경제활동이 중요하다. 공생과 연대를 위해 이바지하는 사회를 유지하고 발전시키기 위해 헤름스는 애덤 스미스(Adam Smith)의 도덕철학과 연관시켜 "성숙한" 또는 "교육받은" 자기이해의 태도를 수용한다.[23] 헤름스의 경제윤리는 경제활동에 참여하는 사람들의 성숙한 덕성이 경제에 침투하여 통합하려는 유형에 속한다.

울리히는 인간을 이성적으로 사고하는 존재로 보면서 윤리적 요구들과 경제적 합리성의 사고가 합병될 수 있다[24]고 주장한다. 울리히에 따르면, 경제도 규범적이라는 의미이다. 윤리적 가치가 함유된 개념으로서 합리적인 경제운용이 발전할 수 있다.[25] 경제는 합리적이기에 생활세계에서 고립되지 않는다. 오히려 좋은 삶과 정의로운 사회를 위해 경제적 합리성이 필요하다. 울리히는 경제적 합리성은 윤리적 가치가 없는 순수한 사실로서 합리적인 것이 아니라, 모든 경제논리에

---

21 Eilert Hermsders, *Radical Empirism. Studien zur Psychologie, Metaphysik und Religionstheorie William James* (Gütersloh: Gütersloher Verlag, 1977; 동저자, "Das Problem von "Sinn als Grundbegriff der Soziologie" bei Niklas Luhmann," in: *ZEE* 18. Jg. (1974), 341 이하.

22 Eilert Herms, *Die Wirtschaft des Menschen* (Tübingen: Mohr Siebeck, 2004), X(Vorwort)

23 위의 책, 181 이하.

24 Peter Ulrich, *Integrative Wirtschaftsethik-Grudlagen einer lebensdienlichen* Ökonomie (Bern, 1998) 14.

25 Peter Ulrich, "Sich im ethisch-politisch-ökonomischen Denken orientieren," in: *Information Philosophie*, H.4 (2002), 22.

규범의 조건이 내재된 것으로 강조한다.²⁶ 이성에 근거한 합리성이 경제와 윤리에 모두 존재하기에 이 둘의 관계는 대등하다. 여기에서 울리히는 위르겐 하버마스(Jürgen Habermas)의 담론윤리를 수용한다. 윤리와 경제가 공론의 장에서 담론을 통해 기업 윤리를 제시하는 것이 울리히 경제윤리의 목표이다.²⁷ 윤리의 우위 속에서 경제적 합리성을 윤리학에 포함하려는 방안이다. 그래서 울리히의 경제윤리는 윤리적 규범을 통해 경제적 합리성을 규율하는 방식이 아니라, 윤리와 경제의 진솔한 대화 속에서 기업 윤리를 제시하려는 통합형에 속한다.

3. 강원돈의 경제윤리 방법론

강원돈의 기독교 경제윤리 방법론은 독일어권 신학에서 논의된, 특히 리히의 그것과 비교하면 용이하게 파악될 수 있다. 강원돈은 민중신학의 틀 속에서 자본주의의 모순을 극복하기 위한 원리와 방안을 고민하면서 경제윤리를 연구한다. 이 과정에서 두흐로의 경제윤리 연구서²⁸와 리히의 고전적인 경제윤리 저작들²⁹을 번역한다. 리히는 자신

---

26 Peter Ulrich, *Integrative Wirtschaftsethik* 11. 또한 125.

27 위의 책, 79.

28 Ulrich Duchrow, 강원돈 역, 『하느님의 정치 경제와 민중운동』(천안: 한국신학연구소, 1990)

29 Arthur Rich, *Wirtschaftsethik I*, 강원돈 역, 『경제윤리 1: 신학적 관점에서 본 경제윤리의 원리』(천안: 한국신학연구소, 1993); Arthur Rich, *Wirtschaftsethik II*, 강원돈 역, 『경제윤리 2: 사회윤리의 관점에서 본 시장경제, 계획경제, 세계경제』(천안: 한국신학연구소, 1995).

의 기독교 경제윤리의 논리를 세 가지 단계로 전개한다.[30] 강원돈의 방법론도 유사하게 세 단계이다. 우선 기독교 경제윤리의 목표가 설정되고, 다음에 현실 경제를 규율할 규범과 규준들을 찾으며, 마지막으로 실현 가능한 준칙을 모색한다. 리히의 방법론은 간략히 묘사될 것이다.[31] 리히의 방법론과 강원돈의 방법론 속에서 유사성과 차이점을 살펴봄으로써 강원돈의 방법론 위치와 그가 추구하는 방향이 언급될 수 있다.

1) 리히의 기독교 경제윤리의 방법론

리히는 인간부합적인 사회제도를 강조한다.[32] 리히의 경제윤리의 궁극적 목적은 경제활동을 통해 인간다운 사회제도, 즉 좋은 삶과 정의로운 사회제도의 형성에 이바지하는 것이다. 리히의 경제윤리는 그래서 인간론을 바탕으로, 특히 신학적 인간론을 통해 경제와 윤리 사이를 매개하고 통합하려는 유형에 속한다. 신학적으로 설정된 규범적인 규준을 사회적 정의의 실현을 위해 매개하려는 시도가 리히의 경제윤리이다.

리히의 경제윤리의 근거를 신학적으로 설명하기 위한 입장은 "실

---

[30] 이와 같은 견해로, Traugott Jähnichen, *Wirtschaftsethik*, 92-96. 또한 최경석, 「기독교 경제윤리의 눈으로 '소득주도 성장' 정책 읽기」, 『기독교사회윤리』 44(2019), 154-157.

[31] 리히의 방법론에 대해서는 조용훈, 「아르투어 리히의 사회윤리 방법론」, 임성빈 외, 『현대 기독교윤리학의 동향 1』(서울: 애영커뮤니케이션 1997), 221-257. 그리고 최경석, 위의 글을 참조하라.

[32] "사실부합적이지 않은 것은 실제로 인간부합적인 것이 될 수 없고, 인간부합적인 것에 배치되는 것은 실제로 사실부합적인 것이 될 수 없다." Arthur Rich, *Wirtschaftsethik II*, 강원돈 역, 『경제윤리 2』, 23.

존적 종말론"이다. 그는 디트리히 본회퍼(Dietrich Bonhoeffer)를 수용하면서 절대적인 것과 상대적인 것, 궁극적인 것과 궁극 이전의 것을 매개시켜 구체적인 사회윤리가 가능하다고 본다. 인간사회의 실존은 상대적이고 불완전하다. 반면에 하나님의 나라는 절대적이고 완전하다. 하나님 나라의 요구에 따라 인간사회를 유지하고 발전시킬 제도적 질서를 마련하는, 즉 "실존적 종말론"에 입각해 정의로운 사회를 실현시키는 것이 리히의 기독교 경제윤리의 목표이다.[33]

리히의 경제윤리의 방법론은 세 가지 단계로 구분될 수 있다. 첫째, 목표설정이다. 앞서 언급된 바와 같이 그의 목표는 인간의 노동을 통해 사회정의를 실현하는 것이다. 이를 위해 신학적 인간론에 입각해서 기독교적 인간 실존과 인간사회에서 통용되는 인간 실존을 매개하고 관통할 인간성이 설정되어야 한다. 리히는 기독교의 경험에서 강조되고 발전한 인간성이 사회에서도 충분히 경험되어야 함을 강조하면서 "믿음과 희망과 사랑에서 비롯되는 인간성"[34]을 제시한다. 이런 인간성이야말로 기독교적이면서 동시에 사회에서 통용될 수 있는 인간부합적인 것이다.

둘째, 믿음과 희망과 사랑에서 비롯되는 인간성이라는 목표가 설정된 후, 좋은 삶과 정의로운 사회제도의 형성을 위해 신학적 토대 위에 설정된 규범들을 찾는 단계가 필요하다. 리히는 현실사회에서 통용될 수 있는 인간의 실존과 밀접한 인간부합적 규범을 "인간부합적인 것의 규준들"[35]이라 명명한다. 리히는 총 일곱 가지 인간부합적인 규준

---

33   Arthur Rich, *Wirtschaftsethik I*, 187.
34   위의 책, 118.
35   위의 책, 198.

을 제시한다. 다만, 이 수는 닫힌 것이 아니라, 그때그때 사회에서 새롭게 제시될 열린 수이다. 이 규준들은 "피조성의 규준", "비판적 거리의 규준", "상대적 수용의 규준", "상관성의 규준", "이웃 됨의 규준", "공동피조성의 규준", 그리고 "참여의 규준"이다. 이 규준 중에서 리히의 경제윤리 방법론의 핵심을 이해하기 위해서는 세 가지가 중요하다. 먼저, 종말론적 시각에서 절대적인 것과 상대적인 것의 차이를 인정하는 "비판적 거리"의 규준이다. 세상의 그 어떤 것들도 하나님 나라와 비교우위를 차지할 수 없다. 그다음, 이런 비판적 차이가 있음에도 서로를 "상대적으로 수용"하는 규준이 필요하다. 하나님 나라의 절대적인 것이 인간사회에 상대적으로 수용될 수 있다. 마지막으로, 이런 수용과정에서 일반인이 경험을 통해 획득한 윤리적 가치들이나 덕목들을 인간부합적으로 다루는 "상관성"의 규준이다. 상대적으로 수용된 하나님 나라의 덕목들이 인간사회에서 통용될 수 있도록 다듬어져야 한다.

셋째, 리히의 경제윤리 목표인 정의로운 사회제도를 형성시키기 위해 구체적인 제도가 설정되어야 한다. 즉, 사회윤리적 규준들에 의한 판단과정을 거쳐야 한다. 여기에서 중요한 것은 인간부합적인 것에서 비롯된 규준들과 사회질서에서 비롯된 사실부합적 요구들 사이의 상호작용을 고려하는 것이다. 하나님 나라의 절대성과 매개 가능한 궁극 이전의 것들이 제시될 수 있다. 즉, 구체적인 결과들을 도출해서 실현 가능한 행동을 제시할 "준칙"들이 고려되어야 한다.[36] 신학적 인간성을 기본방침으로 설정한 후, 여기에 적합한 규준들을 형성하고 준칙들을 제시하는 것이 리히의 기독교 경제윤리의 방법론이다. 이렇게 함

---

36 위의 책, 257.

으로써 실현 가능한 사회제도가 형성될 수 있고, 인간사회가 보다 정의로운 사회로 발전할 수 있다. 리히는 명확한 준칙을 설정하지 않았지만, 리히 당시의 경제현상을 고려할 때, 계획경제 속에서 시장경제를 수용하는 방안을 소극적 준칙으로 설정한다.[37]

2) 강원돈의 기독교 경제윤리의 방법론

강원돈의 기독교 경제윤리의 목표는 선과 정의의 구현이다. 즉, 현실 경제에서 더 많은 선과 더 많은 정의 구현에 이바지하는 경제윤리이다. 사실부합성이 강조되는 사회과학으로 현실 경제에서 일어나는 현상을 분석하고, 인간부합성이 강조되는 윤리학으로 경제문제의 해결을 위한 원칙이 설정되며, 이 원칙의 근거를 신학적으로 제시하는 것이 기독교 경제윤리이다. 기독교 경제윤리의 과제는 현실 경제를 신학적 관점을 통해 사회윤리적으로 판단하여 경제와 윤리를 서로 매개시켜 경제를 제도적으로 규율하는 방안을 제시하는 것이다. 신학에 뿌리를 박고 있는 원칙들에 의해 경제가 규율될 때, 그 정당성과 타당성을 공론의 장에서 획득하는 것이 중요하다.[38] 1,200페이지가 넘는 방대한 분량인 강원돈의 『기독교 경제윤리론』에서 그의 기독교 경제윤리의 방법론을 찾을 수 있다. 이 책을 관통하는 강원돈의 기독교 경제윤리의 방법론은 리히의 그것과 유사하다. 강원돈의 방법론도 크게 세 가지 단계로 구분된다. 여기에서는 단계에 대해 간략하게 언급하고,

---

37 리히는 Arthur Rich, *Wirtschaftsethik II*에서 준칙을 구체적으로 설정한다.

38 강원돈, 『기독교 경제윤리론』 33.

다음 장에서 강원돈의 기독교 경제윤리의 특징을 구체적으로 설명하기로 한다.

첫째, 기독교 경제윤리에서 윤리적 규범을 설득력 있게 제시하기 위해 신학적 근거가 명확히 제시되어야 한다. 이 규범은 다시금 생활세계의 언어로 가공되어 공론의 장에서 인정받아야 한다. 상대적인 생활세계에서 일어나는 경제현상들과 경제문제들을 절대적인 하나님 나라의 표상인 정의 사이에서의 매개를 통해 보다 정의로운 사회제도를 형성하고 규율하는 것이 강원돈의 기독교 경제윤리의 목표이다.[39] 이에 대한 강원돈의 신학적 입장은 창조와 종말 사이의 구원사를 고려하는 "구원사에 바탕을 둔 경제윤리"[40]이다. 이는 하나님 나라의 궁극적인 것에 가까운 궁극 이전의 것을 제도적으로 형성시키기 위한 기독교 경제윤리이다. 그리스도인은 죄의 지배에서 벗어난 구원사의 빛에서 사회제도를 형성할 책임감을 가지고 세상을 살아간다. 그래서 그리스도인은 "구원사의 빛에서 본 제도 형성의 책임"[41]을 가지고 궁극적인 것의 빛에서 궁극 이전의 것이 투명해지도록 세상을 형성하고 발전시킬 다양한 방법을 제시할 능력이 있다.

둘째, 죄의 지배 아래 놓인 세상인 창조와 죄의 지배로부터 벗어나 종말로 가는 그사이의 구원사에서 경제윤리의 규범을 찾는 강원돈의 "구원사에 바탕을 둔 경제윤리"에서 다음 단계인 원칙들을 설정하는 것이 중요하다. 강원돈은 이 원칙들을 철저히 성서에 기반해서 찾아낸다. 절대적 하나님 나라의 궁극적인 것과 상대적 세상의 궁극 이

---

[39] 위의 책, 65.
[40] 위의 책.
[41] 좀 더 자세한 내용을 알기 위해서는 위의 책, 66-84를 참조하라.

전의 것 사이의 긴장관계를 고려하면서 궁극적인 것에 대한 근사치로서 실현 가능한 궁극 이전의 것을 형성시키기 위해 네 가지 원칙이 제시된다. 이 원칙들은 철저히 성서에 그 뿌리를 두고 있다. 성서에 기반한 원칙들은 생활세계의 언어로 치환되어 사회에서 통용성을 가질 수 있다. 그것은 하나님의 형상으로서 경제와 문화활동에 참여하는 "참여의 원칙",[42] 생명체가 가지는 권리가 인정되고 생태계의 안정성과 건강이 보장받는 "생태계 보전의 원칙",[43] 죄로 인해 단절된 관계성을 회복하는 "정의의 원칙",[44] 그리고 예수 그리스도를 통해 전적으로 은혜받은 존재로서 누려야 할 "인간 존엄성 보장의 원칙"[45]이다.

셋째, 성서적 근거 속에서 설정된 네 가지 원칙을 통해 현실 경제인 시장경제가 규율될 방식이 설정되어야 한다. 이 단계가 매우 중요하다. 왜냐하면 이 방식이 실천 가능한 것이기 때문이다. 즉, 궁극 이전의 것을 제시하는 것이다. 강원돈은 현실 시장경제를 규율할 유력한 방식을 "경제민주주의"라고 생각한다.[46] 강원돈이 제시하는 "경제민주주의"의 구상은 단순히 표상되거나 선언적인 정치적 수준의 것이 아니다. 보다 구체적인 표현으로 "사회적이고 생태학적인 경제민주주의"이다.[47] 이런 사회적임과 동시에 생태학적인 경제민주주의가 준칙으로

---

[42] 특히 노동에 참여하는 하나님의 형상이 강조된다. 이를 위해서는 위의 책, 87-89를 참조하라.

[43] 위의 책, 89-94.

[44] 위의 책, 94-107.

[45] 위의 책, 108-111.

[46] 위의 책, 253.

[47] 강원돈의 위의 책 부제가 "사회적이고 생태학적인 경제민주주의의 관점에서 제안하는 시장경제의 규율 방안"임을 유념할 필요가 있다.

설정된 후에 이 관점에서 현실 시장경제의 여러 가지 문제점이 분석되고 이를 규율할 방안들이 제시될 수 있다.[48]

이렇게 볼 때, 강원돈의 기독교 경제윤리는 예니헨이 제시한 경제윤리 방법론의 유형 중에서 "매개적 측면에서 경제윤리의 유형"에 속한다고 볼 수 있다. 기독교에서 표상될 수 있는 인간성에 입각한 윤리가 경제에 매개하여 규율하는 형식으로 강원돈의 기독교 경제윤리가 작동되기 때문이다. 리히의 방법론과 유사할지라도 강원돈의 경제민주주의의 준칙은 공론의 장에서 담론윤리의 형식을 거쳐 기업 윤리를 제시하려는 울리히의 방법론과 비교를 통해 더 잘 이해될 수 있다.

4. 강원돈의 기독교 경제윤리의 특징

리히의 기독교 경제윤리 방법론과 강원돈의 그것의 유사함, 즉 기독교 경제윤리의 목표와 원칙들의 설정, 그리고 준칙이나 경제현상을 규율할 실천을 제시하는 방법이 유사하다. 리히와 강원돈 모두 현실 경제현상을 철저하게 경제학적으로 그리고 신학적 관점에서 분석한다. 그러나 경제현상에 대한 신학적 분석에서 리히가 기독교 사회윤리의 관점을 취한다면, 강원돈은 사회적이고 생태학적 관점을 취하는 것이 서로 구별되는 특징이다. 예컨대, 리히가 당시의 경제를 시장경제, 계획경제, 그리고 세계경제로 나누어 분석했다면, 강원돈은 리히가 주목할 수 없었던 오늘날 AI와 4차 산업혁명 시대에서 나타날 수 있는

---

[48] 위의 책, 653-1176. 책의 후반부인 제VI부 토지공개념부터 제XI부 사회적이고 생태학적인 경제민주주의 관점에서 세계무역체제의 규율까지 책의 절반가량이 여기에 속한다.

경제현상까지 방대하게 분석한다는 점에서 그렇다.

1) 리히와의 비교를 통한 강원돈의 기독교 경제윤리

신학적 인간성을 기본방침으로 세우고 신학적으로 규준들을 설정하여 실현 가능한 준칙으로서 사회제도를 형성·발전시키는 것이 리히와 강원돈의 기독교 경제윤리 방법론이다. 첫째, 기본방침을 세움에 있어서 신학적 종말론(리히의 경우 "실존적 종말론", 강원돈의 경우 "구원사의 바탕")에 입각에서 정의로운 사회제도를 형성시키고 발전시키는 것은 동일한 목표이다. 아울러 본회퍼의 절대적인 것과 상대적인 것, 궁극적인 것과 궁극 이전의 것을 매개시켜 구체적인 사회윤리의 형성이 가능하다. 신학적 인간론을 바탕으로 경제를 규율하려는 입장도 유사하다. 다만, 리히는 "믿음, 희망, 그리고 사랑"이라는 인간 실존을 통한 것이라면, 강원돈은 사회제도를 형성시키는 "책임감"이라는 실천적 인간성을 강조한다.

둘째, 정의로운 사회제도를 형성하기 위해 규율할 규준들이 신학적이면서 동시에 생활세계에서 통용될 수 있는 언어로 정식화된 것은 리히와 강원돈에서 공통으로 발견된다. 규준들의 수는 여기에서 중요하지 않다. 규준 설정에 있어서 리히는 신학적인 측면[49]에서 보다 강조해서 설명한다면, 강원돈은 성서적 측면에서 강조하고 있다.

---

[49] 리히의 경우, 일곱 가지 규준 설정은 존재론(피조성의 규준), 인간론(비판적 거리의 규준과 상대적 수용의 규준), 종말론(상관성의 규준, 이웃 됨의 규준), 그리고 창조론(공동피조성의 규준과 참여의 규준)의 신학적 입장에서 기술된다. 보다 자세히 보려면, Arthur Rich, *Wirtschaftsethik I*, 199-232를 참조하라.

셋째, 준칙설정에 있어서 리히와 비교한다면, 강원돈의 기독교 경제윤리에서 특히 주목할 점은 "경제민주주의"의 준칙이 현실 경제현상에서 나타나는 문제 해결을 위해 보다 구체적인 점이다. 리히에게서 명확한 준칙 설정은 희미하다. 다만, 리히는 당시 경제현상을 충분히 고려하여 계획경제를 다소의 비교우위로 선정하면서 계획경제 속에서 시장경제를 수용하는 방안을 소극적 준칙으로 설정한다.[50] 리히가 제시한 준칙설정을 고려할 때, 강원돈은 보다 적극적인 준칙을 제시한다. "경제민주주의"의 준칙 속에서 현실 경제현상에서 나타나는 "토지공개념과 지대공유경제", "사회적이고 생태학적인 기본소득 구상", "재정과 금융의 민주적 통제", "달러 패권체제의 종식과 새로운 세계 통화제체의 형성", "신자유주의적 금융화와 그 대안", 그리고 "세계무역체제의 규율"에 관한 주제들을 사회적이고 생태학적인 경제민주주의 관점에서 사회과학적으로 분석하고 앞서 설정한 성서적 원칙들을 적용하여 현실 시장경제를 규율할 실현 가능한 방안들이 모색된다.

2) 시장경제를 규율할 수 있는 사회적이고 생태학적인 경제민주주의

강원돈이 제시하는 준칙으로서 시장경제를 규율할 수 있는 사회적이고 생태학적인 경제민주주의를 형성시키기 위해 필요한 신학적 입장은 "구원사에 바탕을 둔 경제윤리"이다. 위에서 이미 언급한 바와 같이 기독교 경제윤리는 사회과학의 방식으로 분석되어야 한다. 이런

---

[50] Arthur Rich, *Wirtschaftsethik II*, 258.

의미에서 사회과학적으로 경제의 정의가 필요하다. 강원돈이 정의하는 경제는 『기독교 경제윤리론』의 여러 곳에서 발견된다. 경제는 "사람들이 욕망을 충족시키기 위해 생태계로부터 끌어들인 물질과 에너지를 욕망 충족에 적합한 형태로 바꾸어 소비하고 그 부산물을 생태계에 방출하는 과정"[51]이다. 경제를 정의 내림에 있어서 이미 사회적이고 생태학적 관점이 내포되어 있음을 알 수 있다.

경제를 사회적이고 생태학적 관점에서 고려하다 보니, 생태문제와 사회적 가난은 별도로 분리되어 나타나는 문제가 될 수 없다. 이 둘은 현실 시장경제에서 서로 연결된 하나의 문제이다. 사정이 이렇다 보니, 사람들은 시장경제를 선택할 것인지 해체할 것인지에 대한 양자택일의 문제로 빠질 수 있다. 시장경제를 유지하면서 사회적 가난을 해결함과 동시에 생태 보전이 가능한 것인가? 시장경제는 생태문제와 사회적 가난에 대한 충분한 해결책을 내놓지 못하니 시장경제가 해체되어야 할 것인가? 강원돈은 시장경제에 대한 이러한 양자택일을 넘어선다. 강원돈은 현실 시장경제가 가지고 있는 문제 해결을 위한 원칙과 방안을 제시하는 이른바 제3의 길에 대한 논의를 고민하고 자신의 경제윤리를 발전시킨다.

신학적 입장에서 궁극적인 하나님 나라의 정의에 가까운, 그래서 현실 세상에서 보다 정의로운 제도를 설정하기 위해 현실 경제제도를 파악하고 거기에서 파생되는 문제들을 정확히 인식하는 일이 요구된다. 이런 요구들에 대한 응답이 기독교 경제윤리의 과제이다. 정의를

---

[51] 강원돈, 『기독교 경제윤리론』, 117, 173 등

관계성의 회복으로 보는 강원돈의 입장[52]에서 보다 정의로운 경제는 인간의 타락으로 인해 단절된 하나님과 인간의, 인간과 인간의, 그리고 인간과 생태계가 맺었던 공동피조물로서의 관계성을 다시 회복시키는 제도로 확립되어야 한다. 이런 제도를 확립하는 데 필요한 윤리적 판단기준의 설정과 거기에 대한 성서적·신학적 근거를 제시하고, 경제제도의 운용에 대한 지침들을 제시하며 전망을 가지는 현실주의의 입장이 강원돈이 추구하는 기독교 경제윤리의 과제이다.[53]

성서적·신학적으로 숙고된 근거들과 윤리적 판단기준들은 생활세계에서 납득 가능하고 통용될 수 있어야 한다. 기독교 입장에서 산출된 이런 근거와 기준들을 공론의 장에서 생활세계의 언어로 정제되는 과정을 거친 후 비판적 검토를 통해 정식화하고 이를 겸허히 수용해야 한다. 이 과정을 거쳐야만 절대적이며 궁극적인 하나님 나라와 상대적이며 궁극 이전의 세상을 매개하는 제도가 형성될 수 있다. 이미 구원받은, 그러나 아직 구원이 완성되지 않은 종말론적 긴장관계 속에서 진행되는 "구원사에 바탕을 둔 경제윤리"는 보다 정의로운 제도를 형성할 가능성을 목표로 삼아 나아가고 있다. 강원돈의 기독교 경제윤리의 목표설정은 본회퍼의 형성윤리와 책임윤리 그리고 사회적 약자를 우선 고려하는 에큐메니컬 운동의 사회윤리에 뿌리를 내리고 있다. 즉, 기독교 경제윤리의 주체가 되는 교회는 사회적 약자들의 편에 서서 보다 정의로운 사회제도를 형성하는 책임이 있다.

이런 경제제도를 형성하고 규율하기 위해 강원돈은 성서적 근거

---

[52] 위의 책, 97.
[53] 위의 책, 112.

에서 네 가지 원칙을 제시한다. 그가 제시하는 궁극적인 것과 궁극 이전의 것 사이의 긴장관계 속에서 실현 가능한 것들을 위한 네 가지 원칙은 "참여의 원칙", "생태계 보전의 원칙", "정의의 원칙", 그리고 "인간 존엄성 보장의 원칙"이다. 네 가지 원칙은 창조신학적 관점에서 성서적 근거 속에서 산출된다. 인간은 하나님의 형상이며 자립적인 주체이다. 자립적 주체로서 인간은 서로 사회적 파트너의 관계로 경제활동과 문화활동에 참여한다. 이는 인간이 하나님을 통해 받은 경제와 문화의 위임이다. 창세기 1장 전체와 2장 4절 상반절까지의 첫 번째 창조 이야기를 근거로 삼은 이 원칙이 첫 번째 참여의 원칙이다.

더 나아가 하나님의 형상으로서 인간이 경제와 문화 형성의 위임을 받아 그 활동에 참여할 때, 필연적으로 생태계의 생명체들과 무생물들을 만난다. 인간은 생태계와 긴밀한 협력관계 속에서 하나님의 위임을 실행할 수 있다. 하나님은 인간뿐만 아니라, 모든 생명체에게도 권리를 주신 것을 유념해야 한다. 즉 생태계가 가지는 권리인 "자연의 권리"[54]가 인정받고, 생태계가 안정함 속에서 유지되며, 그리고 건강함을 보장받도록 인간의 경제활동이 규율되어야 한다. 또한 창조신학에서 마지막 날에 일어난 하나님의 안식이 주목된다. 하나님의 안식으로 초청받는 대상들은 모든 피조물이다. 안식은 생명의 파괴가 없는 상생과 공생의 하나님의 질서가 확립된 날이다. 주목할 것은 이 안식의 대리자가 인간이다. 인간은 모든 피조물의 관계를 회복시키는 책임을 가

---

[54] 강원돈이 생태학적인 관점에서 기독교 경제윤리를 발전시킬 때, 중요한 개념은 바로 "자연의 권리"이다. "자연의 권리"가 헌법 규범으로 정식화되어 "생태학적 법치국가" 확립으로 발전할 때, 생태학적 경제민주주의의 형성이 가능하다. "자연의 권리"에 대한 자세한 내용을 알기 위해서는 위의 책, 362-380을 참조하라.

지고 있기에 생태계를 보전시켜야 한다. 이 원칙은 두 번째 생태계 보전의 원칙이다.

창조신학, 특히 인간의 타락 이후에 경제활동을 규율할 원칙이 도출된다. 엄격히 본다면, 인간의 타락 이후 노동은 하나님의 축복 아래에 있다. 다만 땅이 저주를 받은 것이다. 저주받은 땅에서 인간은 가시덤불과 엉겅퀴를 치우며 경작하는 노동 속에서 욕망을 충족시키 위해 경제활동을 한다. 앞서 언급한 바와 같이 강원돈이 고려하고 있는 정의는 관계성 회복이다. 그래서 노동하는 인간은 관계성을 회복하는 데 자신의 노동을 활용해야 한다. 강압적 노동으로부터 해방되고, 사회적 약자를 위한 노동을 통해 하나님과 인간의 관계가 회복되며, 인간과 인간의 관계가 회복될 수 있다.[55] 이와 더불어 남아 있는 하나의 관계성 회복을 위해 저주받은 땅과의, 즉 생태계와의 관계성 회복이 생태학적 정의로 고려되어야 한다. 이 원칙이 세 번째 정의의 원칙이다.

창조신학적 관점에서 인간은 하나님의 형상으로서, 하나님의 대리자로서, 그리고 인간에게 맡겨진 일들을 충실히 수행하는 위임자로서 비록 타락했지만, 그 이후에 노동을 통한 축복을 받는다. 여기에서 도출될 수 있는 인간의 표상은 바른 관계성을 회복할 존엄한 존재이다. 강원돈은 인간의 존엄성을 창조신학적 관점에서 더 나아가 그리스도론과 연결한다. 즉, 전적인 예수 그리스도의 은혜를 받은 인간이기에 존엄성은 보장되어야 한다. 여기에서 마지막 원칙인 인간 존엄성의 원칙이 세워진다.

신학적으로 기독교 경제윤리의 목표가 설정되고, 성서적으로 원

---

[55] 강원돈은 히브리인의 이집트 탈출과 그 이후 제시된 신명기법, 그리고 예수 그리스도의 가난한 사람들에 대한 배려를 여기에 대한 근거로 제시한다. 위의 책, 96-100.

칙들이 도출된 후, 이를 통해 현실 시장경제를 해체하지 않고 보다 정의로운 경제제도를 형성시키기 위한 준칙을 정식화하는 작업이 매우 중요하다. 이를 위해 강원돈은 시장경제를 규율할 수 있는 사회적이고 생태학적인 경제민주주의를 제시한다. 사회적이고 생태학적인 경제민주주의 실현이 왜 필요한가? 여기에 대한 답을 위해 현실 경제인 시장경제의 체제를 분석하는 작업이 필수이다. 경제에 대한 정의를 고려한다면, 시장경제는 사회적 가난을 양산하고 생태계를 파괴하는 제도와 매우 가깝다. 이런 시장경제제도이기에 이를 해체하려는 과격한 입장에 강원돈은 서 있지 않다. 오히려 시장경제를 역사적 관점과 구조적 관점에서 파헤치는 분석이 요구된다.

이런 의미에서 먼저 강원돈은 시장경제를 역사적으로 분석한다.[56] 그는 시장경제제도가 자유에 의해 운용되지만 여전히 중요하고 필요한 기구가 있음을 지적한다. 그 기구는 바로 국가이다. 생태계를 파괴하고 사회적 가난을 심화시키는 현실 시장경제를 극복하며 기독교 경제윤리의 입장에서 관계성 회복이라는 정의를 실현시키기 위해 필요한 제도가 바로 국가이다. 강원돈은 국가, 기업, 그리고 가계라는 경제 주체들 사이에서 나타나는 구조적인 문제점들, 상품을 생산하는 요소들 사이에서 나타나는 구조적인 문제점들, 그리고 물적 강제를 통해 가격의 형성에서 나타나는 구조적 문제점들은 생태계와 밀접하게 연관되어 있음을 지적한다.[57] 시장경제의 구조는 생태계를 반드시 필요로 하기에 생태학적 정의를 위해 구조적 문제점들이 제시되어야 한다.

---

56 시장경제에 대한 역사적 관점을 위해서는 위의 책, 119-166을 참조하라.

57 시장경제에 대한 구조적 관점을 위해서는 위의 책, 167-242를 참조하라.

역사적 관점에서 국가의 중요성이 인식된다면, 구조적 관점에서 생태계의 권리가 중요한 자리를 차지한다.

역사적·구조적으로 파악된 시장경제의 문제 해결을 위해 이를 규율할 윤리적 제도 마련이 기독교 경제윤리의 과제로 밝혀진다. 궁극적인 것과 궁극 이전의 것 사이의 긴장관계에서 실현 가능한 제도를 위해 강원돈은 "경제민주주의"[58]를 제시한다. 그는 "경제민주주의"의 모델들의 역사,[59] 시장경제를 생태학적으로 규율할 방법, 그리고 사회적으로 규율할 방법을 기술한다. 여기에서는 핵심적인 것들이 아주 짧게 요약될 것이다.

강원돈은 "경제민주주의"를 시장경제를 규율하는 유력한 방식으로 보고 있다. 경제민주주의를 실현하고자 노력했던 네 가지 모델이 제시된다. 이 모델의 발전과 실패에서 주목할 것은 경제민주주의의 주체들이다. 큰 틀에서 국가, 기업, 그리고 노동자라는 경제활동의 주체들이 민주적으로 합의하여 모델이 발전되고 실패하는 묘사를 통해 나온 결론은 경제민주주의의 형태는 시대와 상황을 고려하여 다양하게 나타날 수 있다는 것이다. 시대와 상황에 적합한 경제민주주의의 형태를 위해 유의해야 할 것들이 있다.

우선 노동과 자본의 관계 속에서 민주화가 필요하다. 시장경제의 근본적 문제들을 최대한으로 해결하는 시도를 경제민주주의로 볼 때,

---

[58] 강원돈의 "경제민주주의"의 구상에 대해서는 위의 책, 253-650을 참조하라.
[59] 강원돈은 마르크스에서 파생된 "코뮌주의 경제 구상"과 이를 실험한 유고슬라비아의 경제제도를 소개한다. "페이비언 사회주의자들"과 이들과 유사하지만 자신들의 길드 조직을 통한 "길드 사회주의자들"이 구상한 경제민주주의를 언급한다. 1928년 독일노동조합총연맹이 구상한 경제민주주의에 대해서도 설명한다. 그리고 마지막으로 스웨덴의 "임금노동자기금"을 통해 경제민주주의의 모델들을 언급한다. 위의 책, 258-311.

민주주의라는 의미에서 최소한 두 종류 이상의 단체가 필요하다. 여기서 단체란 국가, 기업가 단체들, 그리고 노동자 단체들을 말한다. 그러나 무엇보다 시장경제에서 약자로 인정받는 노동자 단체들의 입장이 먼저 고려되어야 한다. 그리고 이들의 권력 형성이 필요하다. 경제민주주의를 위해 민주적으로 대등한 권리를 지닌 노동자 단체들이 형성되어야 하지만, 여전히 어려운 문제들이 많다. 현실 신자유주의 경제체제에서 노동자의 권력 형성을 위해 필요한 조치들과 노동양극화의 극복이 그 난제 중 하나이다. 아울러 최근과 같이, AI와 4차 산업혁명을 통한 노동 소멸화를 경험하고 있는 시기에는 경제민주주의를 실현하기가 더욱 어려운 것도 사실이다.[60]

강원돈은 경제민주주의가 전개되기 위해 시장경제를 생태학적이고 사회적으로 규율할 제도를 고민한다. 먼저 그는 생태학적 규율을 제시한다. 그는 오늘날 생태계의 위기와 기후파괴의 주범을 대량생산

---

[60] 어쩌면 노동소득 대신 기본소득에 의존하여 소수의 디지털 기술자들에 의해 통치받는 대다수 인간이 양산될 수도 있다. 이런 시기에도 여전히 시장경제에 기반한 자본주의가 작동된다면, 자본의 독재에 대한 제어가 필요하다. 이런 시기가 도래할 경우, 노동의 해방과 생태계의 해방에 이바지하도록 자본의 독재에서 해방하는 것이 경제민주주의를 위한 방안의 제시일 것이다. 이런 난제들과 이를 극복하기 위한 경제민주주의에서 제시될 방안들, 그리고 과제들에 대해서는 위의 책, 제VI부부터 제XI부까지 기술되어 있다. 위 내용들은 경제민주주의를 실현하는 방안을 목표로 현실경제와 그 문제들에 대한 여러 가지 분석과 대안이 제시된다. 문제 해결에 관한 강원돈의 방안 제시가 경제민주주의의 과제가 될 것이다. 제VI부 토지공개념과 지대공유경제, 제VII부 사회적이고 생태학적인 기본소득 구상, 제VIII부 재정과 금융의 민주적 통제, 제IX부 달러 패권체제의 종식과 새로운 세계통화체제의 형성, 제X부 신자유주의적 금융화와 그 대안, 그리고 제XI부 사회적이고 생태학적인 경제민주주의 관점에서 세계무역체제의 규율. 이 장들에서는 각 주제에 따른 경제현상을 사회과학적으로 분석하고 앞서 설정한 성서적 원칙들을 적용하여 사회적이고 생태학적인 경제민주주의 관점에서 현실 시장경제를 규율할 실현 가능한 방안들을 모색하고 있다. 이런 방안들은 종말을 향해 가는 "구원사에 바탕을 둔 경제윤리"를 목표로 삼아 구상된다. 여기에서 논의된 주제들은 이를 연구할 학자들의 선행연구로 충분히 활용될 수 있다.

과 대량소비가 만나 작동하는 시장경제체제로 보고 있다.[61] 이런 위기와 파괴에 대한 주요 요인은 자본의 축적과 팽창 체제이다. 생태학적으로 시장경제를 규율하여 경제민주주의가 작동되기 위해 필요한 것은 자연을 권리의 주체로 인정하고 생태계의 안정성과 건강성을 보전하려는 조건 속에서 생산과 소비를 조정하는 것이다. 생태계의 권익을 대표하는 주체와 경제계의 권익을 대표하는 주체들이 필요하며, 이들 사이에서 대등한 관계가 우선 고려되어야 한다. 아울러 생태계와 경제계의 권력 균형과 이익 균형을 제도적으로 실현할 헌법 규범이 반드시 필요하다. 이를 위해 헌법에 자연의 권리를 명시한 생태학적 헌정질서가 확립되어야 한다. 단순한 환경보전을 넘어서 자연물에도 법적 지위가 부여된 "자연국가" 또는 "생태학적 법치국가"로의 전환이 요구된다.[62] 강원돈은 생태학적 입장에서 경제민주주의를 실현하기 위한 방안으로 자연의 권리와 이익, 인간의 권리와 이익 사이의 변증법적 통일을 이룩할 것을 제시한다.[63]

경제민주주의가 취해야 할 두 번째 입장은 사회적 규율을 고려하는 것이다. 강원돈에 따르면, 사회적 규율이란 인간적이고 사회적인 민주적 시장경제체제를 형성하는 것이다.[64] 경제활동에서 대다수를 차지하는 노동자 중심의 경제민주주의가 고려되어야 한다. 이를 위해 노동권과 소유권 사이의 상호불가침과 제한성을 헌법으로 명시하는 것

---

61 생태학적 규율을 위해서는 위의 책, 341-414를 참조하라.
62 위의 책, 371.
63 이를 위해 강원돈은 구체적으로 "생태학적 소유권의 개혁", "생태계 보전을 위한 국가 개입과 가격 장치의 보완", 그리고 "생태학적 국민소득분배"가 설계되어야 한다고 주장한다. 위의 책, 381-411.
64 위의 책, 417.

과 두 권력 사이의 균형이 필요하다. 구체적으로 필요한 장치는 어떤 경제활동을 할 것인가를 노동자와 사용자가 공동으로 결정하는 이른바 공동결정권이다. 노동자에게 공동결정권이 부여됨으로써 시장경제를 사회적으로 규율할 경제민주주의가 실현될 수 있으므로 국가는 이들 사이의 중재자 역할을 해야 한다고 강원돈은 주장한다.

5. 나가는 말

강원돈의 기독교 경제윤리 방법론은 리히의 그것과 유사하다. "경제민주주의"라는 준칙설정에 있어서 강원돈의 방법론이 리히보다 더욱 구체적이며 현실주의적이라고 해석될 수 있다. 강원돈은 울리히의 담론윤리의 확장에서 경제민주주의를 준칙으로 제안함으로써 울리히와 유사하나, 규준을 배제하여 신학적 입장과 거리가 멀어지는 울리히와는 다른 길을 걷는다. 그는 리히의 규준설정을 수용하면서 현실 경제에서 실현 가능한 준칙인 "경제민주주의"를 설정한다. 이런 의미에서 강원돈의 경제윤리도 신학적 인간성을 근거로 삼아 인간론이 경제와 윤리 사이의 매개를 통한 통합형 유형에 속한다고 볼 수 있다.

강원돈의 경제윤리는 현실 시장경제에서 나타나는 사회적 가난과 생태계의 파괴를 하나의 사건으로 바라본다. 기독교 경제윤리는 이를 묵과할 수 없고, 오히려 여기에 대한 궁극 이전의 대안을 제시해야 한다. 그 대안은 강원돈 교수의 『기독교 경제윤리론』에서 제시될 수 있다. "사회적이고 생태학적인 경제민주주의"를 실현함으로써 시장경제를 규율할 수 있다. 경제민주주의의 제도는 성서적이고 신학적 뿌리에서 자라나서 생활세계에서 통용될 수 있도록 정식화된 논리이다.

현대사회는 엄청난 속도로 변하고 발전한다. 그럼에도 경제체제는 여전히 시장경제를 기반으로 운용된다. 이런 상황에서 인간의 존엄성을 유지하고, 생태계의 안정성과 건강성을 회복할 하나님의 자녀들이 필요하다. 이들은 철저히 사회적 약자들 편에서 서 있고 생태계의 권리를 인정해야 한다. 이렇게 함으로써 관계성의 회복이라는 하나님의 정의를 실현할 수 있다. 강원돈이 추구하는 기독교 경제윤리는 이런 의미에서 궁극 이전의 것이며, 실현 가능한 준칙이다. 시장경제를 규율할 수 있는 "사회적이고 생태학적 경제민주주의"에 관한 강원돈의 구상은 기독교 경제윤리학의 중심주제로 자리 잡기에 충분하다. 따라서 그것은 하나님의 자녀들인 그리스도인의 과제이자 교회의 책무이다.

참고문헌

강원돈. 『기독교 경제윤리론: 사회적이고 생태학적인 경제민주주의 관점에서 제안하는 시장경제의 규율 방안』. 서울: 동연, 2024.

조용훈. 「아르투어 리히의 사회윤리 방법론」. 임성빈 외. 『현대 기독교윤리학의 동향 1』. 서울: 애영커뮤니케이션. 1997, 221-257.

최경석. 「기독교 경제윤리의 눈으로 '소득주도 성장' 정책 읽기」. 『기독교사회윤리』 44. 2019, 151-173.

_____. 「강원돈의 『기독교경제윤리론: 사회적이고 생태학적인 경제민주주의의 관점에서 제안하는 시장경제의 규율 방안』에 대한 서평」. 『신학사상』 205. 2024, 303-314.

Choi Kyung Suk. "Auf dem Weg zu einer protestantischen Wirtschaftsethik." *Korea Presbyterian Journal of Theology* 54/4. 2022, 210-214.

Duchrow Ulrich. 강원돈 역. 『하느님의 정치 경제와 민중운동』. 천안: 한국신학연구소, 1990.

_____. *Alternativen zur kapitalistischen Weltwirtschaft. Biblische Erinnerung und politische Ansätze zur Überwindung einer lebensbedrohenden Ökonomie.* Gütersloh/Mainz, 1994.

Fuchs. Emil. *Christliche und marxistische Ethik. Lebenshaltung und Lebensverantwortung des Christen im Zeitalter des werdenden Sozialismus.* Erster Teil. Hamburg, 1957.

Hengsbach. Friedhelm. *Wirtschaftsethik.* Freiburg, 1991.

Hermsders. Eilert. "Das Problem von "Sinn als Grundbegriff der Soziologie" bei Niklas Luhmann." in: *ZEE* 18. Jg. (1974)

_____. *Radical Empirism. Studien zur Psychologie, Metaphysik und Religionstheorie William James.* Gütersloh: Gütersloher Verlag, 1977.

_____. *Die Wirtschaft des Menschen.* Tübingen: Mohr Siebeck, 2004.

Homann. Karl. "Ökonomik: Fortsetzung der Ethik mit anderen Mitteln." in: Siebeck. Georg (H.g.). *Artibus ingenuis. Beiträge zur Theologie, Philosophie, Jurisprudenz und Ökonomik.* Tübingen: Mohr Siebeck, 2001.

Jähnichen. Traugott. *Wirtschaftsethik. Konstellationen – Verantwortungsebene – Handlungsfelder.* Stuttgart: Kohlhammer, 2008.

Rich. Arthur. *Wirtschaftsethik I.* 강원돈 역.『경제윤리 1: 신학적 관점에서 본 경제윤리의 원리』. 천안: 한국신학연구소, 1993.

_____. *Wirtschaftsethik II.* 강원돈 역.『경제윤리 2: 사회윤리의 관점에서 본 시장경제, 계획경제, 세계경제』. 천안: 한국신학연구소, 1995.

Steinmann Horst/Löhr Albert. *Grundlagen der Unternehmensethik.* Stuttgart: Kohlhammer, 1992.

Traub Gottfried. *Ethik und Kapitalismus. Grundzüge einer Sozialethik.* Heilbronn, 1905.

Ulrich Peter. *Integrative Wirtschaftsethik-Grudlagen einer lebensdienlichen Ökonomie.* Bern, 1998.

_____. "Sich im ethisch-politisch-ökonomischen Denken orientieren." in: *Information Philosophie* H.4(2002), 22-31.

Wünsch. Georg. *Evangelische Wirtschaftsethik.* Tübingen: Mohr Siebeck, 1927.

_____. "Wertethik." in: *RGG*, 2. Aufl., Bd. 6, 1964-1971.

04

아감벤의 '생명정치론'의 현대 생태신학적 함의 연구

김석(장로회신학대학교, 객원교수)

1. 들어가는 말: 현대 생태위기와 신학[1]

오늘날 생태 문제에 대한 해법을 찾기란 결코 쉽지 않다. 생태위기의 현실은 복잡한데, 그 복잡성을 이해하기는 갈수록 어려워졌기 때문이다. 포스트 팬데믹[2] 이후 기후위기는 더욱 가속화되어 기후재난 시대를 맞이함과 더불어 인간의 유일한 삶의 공간인 생태계는 계속해서 파괴되고 있다. 이러한 주장에 대한 명확한 제시가 IPCC(기후변화에

---

[1] 이 장은 『기독교사회윤리』 59집에 수록된 논문을 편집한 글이다.
[2] 세계보건기구(WHO)가 선포하는 감염병 최고 경고 등급으로, 세계적으로 감염병이 대유행하는 상태를 일컫는다. 한편, 팬데믹의 우리말 대체어로는 '(감염병) 세계적 유행'이 사용된다. 유엔환경계획(UNEP)의 잉거 앤더슨 사무총장은 "코로나19가 야기한 팬데믹(Pandemic)이 끼친 긍정적인 영향이라고 한다면 우리의 생산 및 소비 습관을 보다 깨끗하고 친환경적으로 바꿔야 한다는 것"이라며, "장기적이고 시스템적인 변화만이 대기 중 이산화탄소(CO_2)의 변화를 가져올 수 있다"고 지적했다.

관한 정부 간 협의체)가 2007년 발표한 4차 평가보고서[3]다. 이 보고서는 기후변화의 주원인은 인간이며, 기후변화와 그로 인해 발생하는 모든 문제의 책임이 인간에게 있음을 보여준다.[4] 그뿐만 아니라 보고서는 이러한 기후위기의 재앙이 대비에 취약한 집단에 더 강한 영향과 함께 환경오염에 따른 수많은 조기 사망자가 발생하고,[5] 생명종의 40% 정도가 멸종에 이를 수 있다고 말한다. 이러한 현대 생태위기 현실 속에서 우리 기독교는 더 이상의 생태계 파괴를 막고, 지속가능한 지구공동체 형성을 모색하기 위한 생태신학적 성찰과 윤리적 역량이 요구된다.

이러한 현재 인류가 당면한 생태위기는 기본적으로 인간의 생태적 무지와 인간 중심적 사고에 기인한 것으로 볼 수 있다. 여기서 인간 중심적 사고란 서구의 전통적인 신학이 설정하고 있는 인간 중심적 사고를 말한다. 우리가 이해하는 현재의 신-인간-자연의 관계는 20세기 신학 대부분의 경향이었다고 볼 수 있다. 이는 데카르트(René Descartes), 베이컨(Francis Bacon), 뉴턴(Sir Isaac Newton)에 의해 형성되어온 20세기 서구의 기계론적 자연관이 20세기 서구 신학을 지배했기 때문이다. 이런 기계론적 자연관은 하나님의 창조를 보는 시각에서도 인간 중심적 사고를 넘어서지 못한다. 신과 세계가 독립적으로 존재한다는 인식은 신과 인간의 관계성 또한 유기적 관계보다 상하수직적 관계에 집중될 수밖에 없기 때문이다. 이런 기계적인 근대 자연과학의 분석적 방법으로

---

3 IPCC, *Climate Change 2014: mitigation of climate change: Working Group III contribution to the Fifth Assessment Report of the Intergovernmental Panel on Climate Change* (New York: Cambridge University Press), 2014.

4 Yves Cochet, 배영란 역, 『불온한 생태학』(서울: 사계절, 2009), 169-183.

5 D. A. Narjoko, u. E. Jotzo, "Survey of the Recent Developments," *in Bulletin of Indonesian Economic Studies 43* (2007) 2, 143-169.

자연에 접근하면 생태신학이 가져야 할 유기적 사고는 불가능하게 된다. 왜냐하면 이런 근대적 사고방식은 인간의 이성이 주체이며, 주체인 인간이 인식하는 것은 모두 객체로 인식되기 때문이다. 그렇게 되면 자연은 인간과 분리되고, 인간의 이성에 의해 인식되는 한낱 대상에 불과한 것으로 전락하게 된다. 이것은 동물을 비롯한 생태계가 인간의 욕구와 필요를 만족시키는 것 외에 어떠한 존재 가치나 행위의 목적이 없는 것처럼 왜곡된 문제를 발생시킨다. 즉, 현대 생태위기에 대한 생태신학적 담론은 기존의 기계론적 세계관이 바탕이 된 서구의 신학적 인식이 신-인간-자연 관계의 왜곡을 가져왔다는 인식이다. 그러한 의미에서 이러한 왜곡된 신-인간-세계에 대한 이해와 함께 신과 세계를 초월과 내재라는 이분법적 시각을 극복하고 신과 세계가 서로 관계성을 맺고 있으며, 서로 안에 존재한다는 새로운 재정립이 필요하다. 김은혜도 한국교회에 지배적인 인간 중심적이고 내세 지향적이며 개인 회심만을 강조하는 구원관으로 인해 그리스도인으로 하여금 피조세계에 대한 인간의 책임을 적극적으로 숙고하지 못하도록 하는 기존의 신학적 한계 극복을 위한 노력의 필요성을 강조 한다. 또한, 현대 삼위일체신학의 발전과 함께 인간 중심적 구원론을 비판적으로 성찰하는 가운데 구원의 의미를 만물을 포괄하는 생태적이고 우주적 확대와 그 구체적 과정으로 특정한 가치를 실천하며 삶의 변화를 가능하게 하는 생명 중심의 패러다임으로 전환시킬 수 있는 차원의 신학적 논의가 필요하다[6]고 주장한다.

지난 10여 년 동안 생태 문제를 비롯한 지구위기에 대해 신학은

---

[6] 김은혜, 「삼위일체적 생태신학과 온신학」, 『교회와 신학』 81(2017), 5.

신-인간-자연의 관계에 대한 근원적 성찰과 비판을 통해 응답해왔다. 즉, 맥페이그의 말대로 "환경적 위기는 신학적 문제이기에",[7] 생태신학은 그동안 신론과 그리스도론, 구속론에 이르기까지 다양한 관점으로 연구되어왔다.[8] 하지만 코로나19 팬데믹 이후, 더욱 복잡하고 정교하게 부각되고 있는 생태위기의 문제를 심각하게 이야기하면서도 여전히 기독교 문화는 반생태적이고, 소비적이고, 물질주의적이라는 비판에서 자유롭지 못하다. 즉, 한국교회는 여전히 기후 문제를 비롯한 생태위기의 문제들을 사회적 신앙의 문제로 전환하지 못하고 있다. 이러한 현실을 고려할 때, 우리 기독교는 이런 비판을 겸허히 수용하는 가운데 시대와 바르게 소통하고 실천할 수 있는 생태신학과 윤리가 필요하다. 다시 말해, 생태계의 존재론적 가치와 우리 인간과의 관계론적 의미에 대한 신학적 성찰과 정당화의 논거가 필요하다는 것이다. 이러한 의미에서 생태 문제 해결을 위한 방법론으로 현대 생태신학적 흐름이기도 한 정치신학적 접근이 필요하다. 지난 반세기 동안 근현대 생태신학의 교리적 반성과 새로운 구성을 향한 비판의 핵심은 생태신학이 정치신학적 관점으로 확장하지 못했다는 점이다. 결국 생태 문제에 대한 궁극적 해결의 최종 방식은 소위 교리적·철학적·신학적·이념적인 이해, 교회 차원의 캠페인이나 의식의 변화 차원뿐 아니라 정치신학적 해법인 법과 제도, 정책 같은 구체적인 윤리적 실천과 사회적 연대와 결합을 통해 가능하다는 점에서 그렇다.

---

[7] Sallie McFague, 김준우 역, 『기후변화와 신학의 재구성』(서울: 한국기독교연구소, 2008), 50.

[8] 김은혜, 「기후변화와 생태위기에 대한 신학적 성찰: 새로운 인간주의를 향하여」, 『장신논단』 36(2009), 180.

그러한 의미에서 '생태계'를 향한 '생명'과 '주권' 개념의 재인식을 통해 생태계의 '본유적이고 고유한 가치'를 인간의 주권적 권리 차원의 생태 주권적 권리로 확립하고, 이에 따른 실질적인 법적·제도적 권리 강화가 요청된다. 이 장에서는 이에 대한 논거로 아감벤의 '생명정치론'에서 이야기하는 '생명'과 '주권' 개념을 통해 살펴보고자 한다. 즉, 아감벤이 주장하는 '생명정치론'에 대한 종교적 사유와 기독교 윤리적 가능성에 대해 고찰하면서, '생명'과 '주권'에 대한 개념을 신학적으로 새롭게 해석한다. 나아가 '생태주권'이라는 정치신학적 새 개념으로의 신학적 확장이 하나님이 창조하신 전 우주적 생태계를 향한 진정한 창조질서 회복과 생태계의 고유한 위상과 권리를 법적·제도적으로 실질적으로 강화하는 길이고, 이것이 오늘날 생태위기에 대한 진정한 해법이 될 수 있음을 탐색해보고자 한다.

2. 현대 생태신학 이해

1) 현대 생태신학 담론의 형성

생태위기 해결을 위한 생태신학의 태동은 요셉 시틀러(Joseph Sittler)가 1950년대 하나님의 구속사역에 지구가 결합되어 있다는 긍정적 관점을 "지구를 위한 신학"의 필요성으로 명확하게 밝히면서 시작되었다고 본다. 그는 1961년 세계교회협의회에 교회연합 일치를 요청하는 한 연설에서 자연에 대한 위협의 위험성을 경고하고, 모든 창조세계가 하나님의 구속에 포함되어야 한다는 교리의 기초를 골로새서 1장의 우주적 기독론에서 발견하면서 생태신학의 필요성을 제기한다.[9] 이러한 생태신학의 태동에 이어 생태 문제에 대한 본격적인 생태신학적 연구는 대략 1980년대 전후로 파악된다. 그 시기는 교회뿐 아니라 전 세계에서 기후변화와 환경파괴 등으로 말미암아 자연에 대한 관심이 증폭되기 시작했고, 인류 생존의 위험이 대두되기 시작한 시기다. 생태신학의 태동에 이어 생태신학의 대표적 선구자로 알려진 몰트만(Jürgen Moltmann)도 1964년 그의 저서 『희망의 신학』을 쓸 당시만 해도 생태에 대한 관심보다는 인간 실존에 대한 고민만이 그의 신학적 성찰의 대상이었다. 이런 몰트만도 1970년대를 지나면서 주위 세계에 대해 고민하기 시작했고, 1985년 그의 대표적인 생태신학 저서인 『창조 안에 계신 하나님』이라는 책을 출간한다.[10] 몰트만은 이 책을 통해 그동안 서구 신학의 주류적 사고였던 하나님과 세계에 대한 이분법적 이해를 극복하고, 하나님과 세계의 유기체적 합류 가능성을 본격적으로 고민하기 시작했다. 이러한 몰트만의 새로운 생태신학적 고민이 시작되면서 서구의 신학도 자연과 인간, 그리고 하나님과의 관계에 대한 새로운 반성과 성찰에 대한 논의가 증가했다. 이렇게 자연에 대한 논의 증가는 비로소 자연이 인간의 관심 안에 들어왔으며, 인간이 그동안 가졌던 사고와 인식의 변화가 시작되었음을 의미한다. 1970년대까지 대체로 교회나 신학자들은 인간 자체에 대해서만 관심이 있었고, 자연은 자연과학자가 연구하는 대상으로 여겨왔다. 또한 서구에 팽배한 이분법적 사고는 과학이 신학과는 분리된 학문으로 간주했다. 칼

---

9 David G. Horrell, 이영미 역, 『성서와 환경』(오산: 한신대학교 출판부, 2014), 17.
10 김도훈, 『생태신학과 생태영성』(서울: 장로회신학대학교 출판부, 2009), 24-25.

바르트나 불트만(Rudolf Bultmann) 등이 이런 입장을 대표하는 신학자이다. 그런데 이런 인간 중심적 서구 신학에 대한 비판은 교회 내부로부터 시작된 게 아니라 1970년대 이후 교회 밖으로부터 쏟아졌고, 이에 대해 교회는 효과적으로 응답하지 못하는 상황이었다. 그 비판적 질문 중 많은 내용이 기후변화와 자연과학에 대한 질문들이었다고 볼 수 있다. 그동안 자연과학의 발달로 신학이 독점하던 많은 부분이 무너졌다. 그리고 교회가 선도한 절대적 진리들도 과학으로 말미암아 무너지기 시작했다. 이때부터 세상이 교회에 주는 물음 앞에서 교회는 자연의 의미와 자연이 인간에게 어떤 의미인지에 대해 고민하기 시작했다. 이런 신학적 고민이 시작됨으로써 하나님이 창조한 동료 피조물로서의 자연에 대한 관심이 비로소 나타났다. 이런 관심은 자연히 신-인간-자연의 관계에 대한 기존의 인식에 대해 근본적인 변화를 요구했고, 이런 생태신학으로의 근본적 전환의 요구는 선택의 문제가 아니라 인류의 생존을 위한 필수적인 요소가 되었다.[11] 이러한 생태신학 담론 형성을 통해 기억해야 할 부분은 현재 생태계 전체 위기에 대한 서구 국가들에 대한 비판적 시각이다. 왜냐하면 현대 생태위기의 많은 부분은 서구 국가들에 책임이 있기 때문이다. 즉, 생태위기에 대한 실질적 책임을 인류 전체의 것으로 환원시키려는 것에 서구 국가들에 대한 비판적 시각이 필요하다.

---

11 위의 책, 25.

2) 상호관계성으로서의 현대 생태신학의 이해

오늘날의 생태위기가 인간 중심의 가치체계로 인한 것임을 전제했을 때, 기존의 환경윤리에서는 자연의 도구적 가치론을 전제하는 인간중심주의와 내재적 가치론을 전제하는 생태중심주의가 대립구도를 형성해왔다고 볼 수 있다. 이 중 인간중심주의는 유용성(有用性)과 미적(美的) 측면에서 자연보존의 근거를 제공하지만, 그 외의 부분들에 대해서는 보존의 논거를 제공할 수 없었다는 한계를 가지고 있다. 또한 생태중심주의는 다시 개체론적 생태중심주의[12]와 전체론적 생태중심주의[13]로 분류되는데, 먼저, 개체론적 생태중심주의는 개체 동물에 관심을 집중한다는 데 그 특징이 있다. 따라서 이러한 관점은 전체 생태계의 안정은 무시될 수밖에 없다는 한계점과 더불어, 자연에 대한 정의와 개념에 대한 일반적인 속성상 자연은 모든 존재가 커다란 하나의 망(網)으로 연결되어 있다는 의미를 전제하면, 이 이론은 자연보존 이론에 적합지 않은 이론으로 여겨진다. 반면, 전체론적 생태중심주의는 생태계 전체를 중요시하는 관점이다. 그리고 이 관점에 따라 전체론적

---

[12] 개체론적 생태중심주의는 자연을 구성하는 개별 유기체인 동물이나 식물 등 각각의 생명체의 도덕적 지위나 자체 권리 또는 내재적 가치를 인정하는 생태이론이다. 더 자세한 내용은 프리초프 카프라, 김용정 역, 『생명의 그물』(서울: 범양사, 2001) 참조.

[13] 전체론적 생태중심주의는 개체론적 생태중심주의와 달리 모든 것이 궁극적 선을 가지고 있다는 이론으로, 생명이 없는 자연에까지 그 관심을 확대한 생태이론이다. 이 이론에 따르면, 생명이 없는 자연물도 최소한 일정한 가치적 특성을 가지고 있는 한 인간의 대(對)자연 행위에서 고려될 가치가 있다고 주장한다. 구승회, 『에코필로소피』(서울: 새길, 1995), 173.

합리주의 가치론, 기독교의 유신론적 가치론,[14] 심층생태론[15]과 가이아 가설[16] 등이 통상 전체론적 생태중심주의로 분류된다.

그렇다면, 기독교 생태신학과 윤리는 이렇게 상호관계성이라는 관점으로 생태 문제를 바라볼 때, 어떠한 접근과 이해의 확장이 가능할까? 그 핵심은 기존에 신-인간의 관계성으로만 해석되었던 인간 중심적 신학이 신-인간, 그리고 세계가 함께하는 신학으로의 변화일 것이다. 그동안 기후위기를 비롯한 생태위기 문제에 대해 다양한 현대 생태신학적 담론과 기독교 생태윤리적 방법[17]이 제안되었다. 예를 들면, 생태윤리의 주체가 누구냐에 따라 크게 자기중심적 윤리, 인간중심적 윤리, 생태중심적 윤리, 그리고 생태공동체적 윤리가 그 예이다. 여기서 기억할 것은 현대 생태신학과 윤리를 논함에 있어 하나님과 세

---

[14] 기독교의 유신론적 가치론은 인간을 위해 자연이 존재한다는 인간중심주의와는 결이 다른 이론이다. 즉, 이 가치론은 자연은 그 자체만으로 존재 이유를 가진다는 주장이다. 따라서 기독교의 유신론적 가치론은 생태중심주의 논거로서 그 설득력을 지닌다고 볼 수 있다.

[15] 심층생태론에서 '심층'이라는 의미는 대부분의 녹색운동에서 보이는 인간 중심에 대한 강조를 배척하기 위해 사용되었다. 단지 인간만을 강조하는 편협성에서 벗어나 전체 생태계를 강조하는 '심오한' 가치를 주장한다는 것이다. Lyman Sargent, *Contemporary Political Ideologies*, 부남철 역, 『현대사회와 정치사상』(서울: 한울아카데미, 1994), 408.

[16] 가이아 가설(Gaia hypothesis)은 심층생태론보다 더욱 전체론적이고 급진적인 견해로, 러브록(James E. Lovelock)이 제시한 이론이다. 이 이론은 개체 유기체가 외부 변화에도 불구하고 내부 생리적 기제에 의해 스스로 생존이 가능하도록 대처하는데, 이와 마찬가지로 지구 행성 자체도 그런 생리적 기제를 갖고 항상성을 유지하고 있으므로 살아있는 생명체라는 것이다. 이에 따르면, 지구 생물권이 무생물계와 상호작용하여 생명체가 살기 좋도록 항상성을 유지하는데, 그것은 지구 자체의 자가 조절적인 특성에서 기인한다고 주장한다.

[17] 전현식은 이러한 기후변화의 지구적 재앙에 책임 있게 응답할 수 있는 세 가지 주요 생태적 패러다임으로 심층생태학, 사회생태학 및 생태여성학을 소개한다. 전현식은 생태여성학을 심층생태학과 사회생태학의 역동적인 종합으로 이해한다. 세 가지 패러다임은 지배관계로부터 상호관계성으로의 회복이라는 공동의 목표를 추구하지만, 생태계 위기의 근원에 대한 이해가 다르므로 해결책도 다르게 제시한다. 생태여성학은 기후변화의 근원을 인간중심주의로 보는 심층생태학과 사회위계질서로 보는 사회생태학의 주장에 공감한다. 그러나 이 두 이론이 가부장체제 안에서 문화와 권력을 독점하는 남성이 자연을 더 많이 파괴한다는 사실을 간과하고 있다고 비판한다.

계의 관계성을 어떻게 이해하느냐가 중요하다는 점이다. 세계를 하나님의 창조질서로 바르게 이해한다면, 세계는 단지 피조물이며 신성화의 가능성은 배제된다. 또한 세계의 존재들 사이의 관계, 특히 인간과 다른 피조세계와의 관계성을 어떻게 이해하느냐는 생태적 태도에 결정적 요소[18]다.

3. 아감벤의 '생명정치론'의 현대 생태신학적 이해

아감벤의 정치적 사유는 경험적 사실에 기반한 일반 정치학과 다르게 정치철학(특히, 생명에 관한)에서 출발한다는 특징을 가지고 있다. 그리고 그는 푸코의 '생명정치론'을 활용하여 생명정치에 대한 해법의 실마리를 찾고자 한다. 1984년 푸코의 사망 이후 그의 '생명정치'에 관한 개념은 사회, 문화, 철학, 과학 등 다양한 분야에서 연구되며 수용되어왔다. 강선형은 아감벤이 『호모 사케르』[19]에서 푸코가 말한 근대의 '생명정치' 개념을 20세기 전체주의 국가들의 정치학 연구라는 전형적인 장소로만 옮기지 않았다는 점을 지적하며, 아감벤은 '생명정치'라는 개념을 푸코적 의미에서의 강제수용소나 병원 같은 공간을 넘

---

[18] 이창호, 「생태신학 유형 연구: 하나님 이해, 하나님과 세계의 관계성 그리고 세계의 존재들 사이의 관계성을 주된 논점으로」, 『기독교사회윤리』 52(2022), 349.

[19] '호모 사케르(Homo Sacer)'는 고대 그리스어로 "누구나 죽여도 살해의 책임이 없지만, 희생물로 드려질 수 없는 존재"를 뜻한다. 아감벤의 '호모 사케르' 시리즈 1부가 '호모 사케르'이고, 2부가 '예외상태와 왕국과 군림', 3부가 '아우슈비츠의 유산', 4부는 '삶의 형식과 생활양식'이다. 이 장에서는 프로젝트 이론에 해당하는 1부를 중심으로 아감벤의 정치철학을 분석한 것이다.

어, 전체주의 국가들의 구조적 영역으로 확장하려 했다고 설명한다.[20] 즉, 푸코는 '인구'나 '주민' 같은 생명을 국가 기관을 통한 관리적 관점에서의 해석을 시도했지만, 아감벤은 푸코의 해석을 넘어 '생명정치' 자체를 단지 시대적 산물로 한정 짓지 않고, 고대 그리스부터 현대 정치에 이르기까지 인간의 통합적인 역사 속에서 해석하며 그 의미를 추구한다. 이러한 점에서 아감벤은 푸코의 생명정치론과 차이를 보인다. 이렇듯 아감벤의 '생명정치론'은 생명정치에 관한 푸코적 의미를 넘어서고 확장된 정치철학과 신학적 사유로써 현시대의 생명에 관한 패러다임을 재정립하며, 주권 권력과 생명정치 사이의 상호관계를 통해 누구에게나 잠재된 내재적 가치로서의 생명을 사유할 수 있도록 그 길을 열어준다. 이러한 가치적 생명으로서의 사유는 비단 정치철학뿐만 아니라, 생명의 가치를 결코 예외적으로 여길 수 없는 신학에도 의미 있는 통찰을 제공한다.

1) '생명'에 대한 정치신학적 사유

아감벤은 『호모 사케르』에서 생명을 고대 그리스인이 사용했던 '조에(zoe)'와 '비오스(bios)' 개념에서 가져온다. 당시 그리스인은 '생명'이라는 개념을 하나로 보지 않고, '조에'와 '비오스'라는 두 가지 용어로 인식했다. 즉, 생물학적 살아있음을 의미하는 '조에'적 차원의 생명과 개인과 집단의 삶의 형식과 방식이 반영된 정치적 차원의 '비오스'로 구분한 것이다. 그러면서 우리가 인간으로서 존중받는 까닭은

---

[20] 강선형, 「푸코의 생명관리정치와 아감벤의 생명정치」, 『철학논총』 78(2014), 130.

'조에'적 차원이 아니라 '비오스'적 차원의 존재이기 때문이라고 말한다.[21] 그런데 여기서 중요한 사실은 우리가 '비오스'의 범주에서 배제되거나 추방될 수도 있다는 것이다. 이것은 우리가 주권의 논리에서 배제될 수 있음을 뜻한다. 배제는 단순한 배제됨을 의미하지 않는다. 아감벤이 '조에'와 '비오스'의 관점을 특별히 아리스토텔레스로부터 가지고 오지만, 그는 생명의 개념을 한나 아렌트와 푸코의 정치적 생명의 해석적 구분을 통해 생명의 개념을 더욱 심화시켰다. 구체적으로 한나 아렌트의 『인간의 조건(The Human Condition)』에서는 생물학적 생명(biological life)을 노동하는 인간(homo laborans)으로 치환하여 해석하는 가운데 이것을 근대의 생명정치적 장면으로 묘사한다. 그리고 푸코는 그의 저서 『성의 역사(The History of Sexuality)』에서 본래적 생명(natural life)을 주권 권력의 생명정치적인 메커니즘 선상에 위치시키면서 이것을 근대의 출발점으로 삼으며 고대 그리스 이후에 서양의 정치 패러다임을 조사한다.[22] 여기에서 특별히 정치적인 것으로 여겨진 중심적인 이항 관계는 슈미트의 적과 동지의 구별[23]이 아니라, 개인을 자연적 존재와 법률적 실존으로 구별하는 것이었다. 아감벤은 모든 정치의 기원으로부터 법의 보호와 경계의 설정을 해체하는 시도를 하며 "원초적인 법률적-정치적 관계"를 금지한다.[24] 이러한 생명정치로 펼쳐가는 그의 사유의 지평은 '조에'가 '호모 사케르'와 직결되는 것으로 여기며, 벌

---

21 이인, 『어떻게 나를 지키며 살 것인가』(경기: 뜨란, 2015), 68.
22 Alex Murray, Jessica Whyte edited., *The Agamben Dictionary* (Edinburgh: Edinburgh University Press, 2011), 39.
23 Carl Schmitt, 김효전·정태호 역, 『정치적인 것의 개념』(서울: 살림출판사, 2012).
24 Thomas Lemke, 『생명정치란 무엇인가』(서울: 그린비, 2015), 94.

거벗음에 대한 우리의 인식 자체를 사유할 수 있도록 하는 데 초점을 맞춘다.

또한 그는 '조에'라는 생명의 의미를 단순히 부정적 생명의 의미로 치부해서는 안 된다고 말한다. 그 이유는 '조에'를 인식함으로써 우리는 벌거벗음을 자각할 수 있고, 이를 통해 이 벌거벗음에서 벗어날 힘을 가질 수 있기 때문이다. 여기서 그는 '조에'와 '비오스'의 구분으로부터 벌거벗은 생명의 개념인 예외상태를 발전시키며 나아간다. 아감벤은 '예외'란 자신이 귀속되어 있는 집합에 포함될 수 없으며, 또한 자신이 이미 항상 포함되어 있는 집합에 귀속될 수 없다[25]고 말한다. 이것은 곧 "배제하는 포함(exclusive inclusion)"이다. 이처럼 배제의 상태로 귀결된 예외 됨에 관한 구체적 현장은 바로 정치와 종교이다. 법과 종교의 주권에 포함되어 있는 생명은 배제의 상태를 망각하고 있다. 즉, 포함되어 있지만 배제되어 있는 상태로 전락할 가능성은 얼마든지 있음을 인식하지 못하다는 것이다. 표면상으로 어떤 규정된 집합에 귀결되었음에도 사실상 귀속되어 있지 않은 상태다. 주권의 권력성은 이 상태를 만들어나간다. 아감벤은 이러한 예외상태를 일종의 배제로 보며, 중요한 것은 이 예외가 질서의 정지에서 비롯된다는 것이다. 질서의 정지는 주권에 의한 법의 효력 정지를 내포한다. 더불어 예외상태의 생명정치적 의미는 법이 스스로의 효력을 정지시킴으로써 살아있는 자들을 포섭하는 근원적 구조라는 것이다. 이러한 주권의 정지 기능은 인간이 국가에 종속되어 있다 해도 예외상태를 만들어나가며, 예

---

[25] Giorgio Agamben, *Homo Sacer: Sovereign Power and Bare Life* (Stanford: Stanford UP, 1998), 72.

외상태가 되었다고 해서 규칙을 벗어난 예외상태는 될 수 없다[26]는 것을 의미한다. 이는 권력에 포섭된 이들을 국민으로 규정하지만, 진정한 국민이 아니며, 이러한 상태에서 주권은 명시적으로 '국민'으로 불리는 자들을 구조적으로 지배하고 있다는 것을 의미한다.

2) '주권'에 대한 생명정치론적 사유

아감벤은 근대 국가에 대해 천부인권과 자연권의 이름으로 '조에'를 폴리스에 포함하고 헐벗은 삶의 차원에서 인간의 권리 주장과 해방을 정치적 목적으로 내세우며 등장했다고 말한다. 그러나 '조에'의 정치화라는 근대적 사건은 헐벗은 삶의 정치적 지위의 회복을 의미하지 않는다. 이것은 '포함적 배제(exclusion inclusive)'[27]라는 생체정치(bio-politics)의 더욱 교묘한 예외화 전략일 뿐이다. 근대사회는 인민(people)을 '두 개의 신체'로 구분한다. 즉, 정치적 역량을 보장받는 주권적 인민과 이를 박탈당한 헐벗은 삶으로서의 인민. 그리고 전자의 후자에 대한 수직적 위계 설정과 지배를 확립함으로써 정치적 지배를 실행한다. 헐벗은 삶을 정치적 삶 바깥에 두는 것이 아니라, 인민이라는 동일한 정치적 대상 안으로 포섭하면서 여전히 배제하는 것이다. 근대 국가의 인민은 특권적인 정치적 주체의 신체(통치하는 인민)와 헐벗은 삶의 신체(통치받는 인민)로 분리되며, 이 두 신체 사이의 갈등과 내전을 해결하는 것이 근대 정치의 목표가 된다. 그런데 근대사회의 경우에도 주

---

[26] 정유진, 「아감벤의 생명정치사상을 통한 선교패러다임 전환」, 연세대학교 연합신학대학원 석사학위논문(2009), 65.

[27] Giorgio Agamben, *Homo Sacer: Sovereign Power and Bare Life,* 323.

권의 기초는 본질적으로 계약이 아니라 추방령과 예외상태의 산출에 있다는 것이다. 결국 '조에'의 해방과 행복을 위한다는 명시적인 노력에도 불구하고 정치적 삶에서 배제된 포함 관계, 즉 정치로부터의 소외를 통해서만 정치에 포함될 수 있는 존재라는 역설적 지위의 헐벗은 삶을 산출하면서 자신의 존재를 구축할 수밖에 없었던 것이 근대 민주주의의 한계라는 것이다. 푸코가 근대의 생체정치 속에서 삶을 거둬가는 죽음에 대한 위협을 통해 신민을 억압하며 통치하는 군주권이 아니라 삶을 관리하고 촉진하면서 시민을 통제하고 지배하는 생체권력(bio-power)[28]의 통치 기술을 발견했다면, 아감벤은 죽이거나 살리는 것이 아니라 죽이지도 않지만 살리는 것도 아닌 그저 목숨을 연명하는 생존에 불과한 삶을 산출하는 정치적 배제의 문제를 발견했다고 할 수 있다. 따라서 아감벤은 근대에 전면화된 생체정치는 푸코의 경우처럼 감옥이나 도시가 아니라 '강제수용소'가 통치 모델로서 의미를 갖는다고 주장한다. 여기서 강제수용소는 '호모 사케르' 같은 헐벗은 삶들이 예외상태 속에 처하여 정치적 지배 대상으로 출현하는 모든 장소를 대변한다. '난민수용소'나 '외국인 보호소'도 마찬가지다. 거기로 추방된 자들은 공식적인 법적 기관에 넘겨지기 전까지 예외상태 속에서 어떠한 법적 지위나 권리도 지니지 않은 채 헐벗은 생명체로 존재할 뿐이다.[29] 그래서 오늘날 문제가 되는 것은 단순히 생명 자체가 국가 권력의 계산과 예측의 대상이 되었다는 사실이 아니라, 세계 곳곳에서 예외가 규칙이 되어감과 동시에 법질서의 주변부에 놓여있던 헐벗은 삶의 공

---

[28] Michel Foucault, *Naissance de la Biopolitique: Cours au College de France, 1978-1979*, 오트르망 역, 『생명관리정치의 탄생』(서울: 난장, 2012).

[29] 강선영, 「푸코의 생명관리정치와 아감벤의 생명정치」, 130-142.

간이 점차 정치 공간 일반으로 확장되면서 사회 전체가 예외상태의 지대, 배제와 포함, 외부와 내부, 비오스와 조에, 법과 폭력이 더 이상 구별되지 않는 공간으로 변해가며 세계 전체의 수용소화가 진행되고 있다는 데 그의 통찰이 있다. 불법체류자가 되어 추방되는 이주 노동자들, 국가들 사이를 떠도는 난민, 무국적자들이 전 지구적 차원에서 점점 더 증가하고 있다는 사실뿐만 아니라, 상설화되는 비정규직과 세계화되어가는 이주 노동의 흐름이 우리를 점점 더 잠재적인 '호모 사케르'로 만들고 있다는 것이다.

아감벤은 여기서 주권자와 호모 사케르 간의 예외 관계를 끊어낼 수 있는 새로운 형태의 주권 행사와 삶의 형식을 '법과 삶' 사이의 비관계성에 대한 새로운 해석을 통해 마련한다. 아감벤은 벤야민이 '폭력비판론'에서 제시한 '신의 폭력'에서 헐벗은 삶을 산출하는 주권적 폭력이 아닌 '진정한 주권'의 행사 방식을 발견한다. 벤야민은 신화적 형태의 법은 그 정립과 보존의 상호관계 속에서 폭력과 분리될 수 없음을 분석해내고(법 정립적 폭력과 법 보존적 폭력), 이를 넘어선 신의 폭력이야말로 법을 정립하거나 보존하지 않으면서 다만 탈정립할 뿐이라고 주장한다. 그러나 아감벤은 예외상태에 근거하는 주권적 폭력도 법을 정지시킴으로써 법을 보존하고 자신을 법의 예외로 만듦으로써 법을 제정한다는 점에서 법 정립적 폭력과 법 보존적 폭력 어느 한쪽으로 환원 불가능한 신의 폭력과 유사하다는 점을 지적한다.[30] 그러나 주권적 폭력은 여전히 예외상태와 정상상태의 구분에 근거한다는 점에서 결코 신의 폭력과 혼동될 수 없다. 아감벤이 폭력적인 주권을 극복

---

30 위의 논문, 256.

할 수 있는 진정한 주권으로 제시하는 신의 폭력은 예외와 규칙이 더 이상 구별되지 않는 지점에 있다. 바로 여기서 극단의 위기를 전회의 기회로 삼는 아감벤의 통찰이 나타난다. 아감벤은 우선 주권의 근본적인 구조가 예외화, 즉 추방과 배제적 포함에 있으며, 이 예외화 작용은 '스스로의 효력 정지라는 형태로 산출되는 효력'이라는 점을 환기한다. 그리고 자신을 예외에 적용치 않음으로써 자신을 예외에 적용하는 주권적 추방령의 구조를, 반대로 추방령과 완전히 단절할 수 있는 실행(예외에 적용)하지 않고 탈정립의 상태로 고수할 수 있는 주권으로 뒤집어 재해석한다. 그 실마리는 아리스토텔레스의 비잠재태 개념이다.[31] 또한 아감벤은 주권의 구조가 폭력적인 법의 지배로부터 삶이 벗어날 수 있는 독특한 '전회'의 자리임을 발견한다. 의미 없지만 유효한 법, 그 텅 빈 법의 형식을 채우고 있는 것은 사실상 삶 자체다. 바꿔 말하면, 법은 내용을 상실한 텅 빈 형식이 되면서 더 이상 삶과 구분되지 않는다는 것이다. 이처럼 법과 삶의 구별이 불가능해진 예외상태에 처해 있는데, 이 예외상태는 사실상 규칙이 되어버린 상황이다. 아감벤은 바로 여기서 전복의 가능성, 오히려 삶이 법으로 탈바꿈할 가능성, 예외적인 '관계' 자체가 무화할 수 있는, 더 이상 관계의 일종인 추방이 아닌 비관계의 진정한 '내버려짐'의 가능성을 찾을 수 있다고 주장한다. 진정한 내버려짐은 모든 법과 운명의 이념을 벗어나 삶을 포획하고 있는 그 법에 대한 존중을 포기할 때, 의미 없지만 효력을 발

---

[31] '잠재태'라는 것은 어떤 것이 특정한 방식으로 존재할 가능성을 의미한다. 예를 들면 씨앗은 나무가 될 잠재태를 가지고 있다는 것이다. 하지만 비잠재태 개념은 그러한 가능성을 거부하는 것이다. 방연상, 「생명정치 시대의 신학: 푸코와 아감벤의 생명정치론을 중심으로」, 『신학과 사회』 30(2016), 124-132.

휘하도록 법의 구조 안에 사로잡혀 있는 바로 그 관계의 끈을 놓아버리릴 때, 비로소 경험될 수 있다고 말한다. 이는 법과 삶이 배제적 포함의 방식으로 구분되는 것이 아니라 진정으로 식별 불가능하게 되는 것이며, 헐벗은 삶 자체가 박탈된 삶이 아니라 잠재적인 삶이 되는 것이다. '추방'으로부터 '내버려짐'으로의 전회는 결국 본질적으로 예외 관계에 근거할 수밖에 없는 정치적 주권 자체를 해체하고, 역사적·현실적 형태의 정치 공간을 넘어서는 이상적 정치 공간을 개방하는 것이다. 아감벤은 이러한 예시를 허먼 멜빌의 단편소설 「필경사 바틀비」[32]를 통해 설명한다. 이 소설에 등장하는 바틀비는 필경사인데, 이 인물을 통해 보여지는 삶이, 그가 주장하는 주권의 구조가 폭력적인 법의 지배로부터 삶이 벗어날 수 있는 추방으로부터 '내버려짐'이라는 독특한 '전회'의 자리라고 말한다. 즉, 본질적으로 예외 관계에 근거할 수밖에 없는 정치적 주권 자체를 해체하고, 벤야민이 말한 헐벗은 삶을 구원해줄 제스처를 체화하고 있는 모델로 제시한다.[33] 이 소설에서 바틀비는 어떤 일을 하도록 요구받을 때마다 "나는 하지 않는 것이 좋겠습니다."라고 대답하면서 그 요구에 따르기를 거부한다. 그런데 여기서 그는 단순히 할 수 있는 일을 하지 않는 것이 아니다. 반대로 그의 거부 표현은 하지 않을 것을 하겠다는 의미를 지닌다는 점에서 "긍정과 부정, 원하는 것과 원하지 않는 것 사이의 구분 불가능성의 지대를 열어놓는다". 나아가 그것은 존재(혹은 행위)의 잠재성과 비존재(혹은 비행

---

32 Herman Melville, *Histoires desobligeantes,* 김세미 역, 『필경사 바틀비』(서울: 바다, 2012).

33 아감벤은 「도래하는 공동체」(1990)에서 정체성의 범주를 전제하지 않는 자신만의 공동체 모델을 멜빌의 단편소설 「필경사 바틀비」의 존재론적 조건과 '정치적' 태도를 분석하며 제안한다.

위)의 잠재성 사이의 구분 불가능성이기도 하다.³⁴ 인간의 삶이 곧 가장 온전한 형태의 잠재성이라면 헐벗은 삶은 곧 이러한 잠재성의 중단이다. 결국 헐벗은 삶은 한편으로는 주권에 의해 법이 중단됨으로써 법적 권리와 능력이 박탈된 존재인 동시에 인간 존재로서 자기 자신의 잠재성과 능력이 중단된 존재로 이해되어야 할 것이다. 따라서 인간에게 보편적으로 가능한 자유가 단순히 법에 의해, 혹은 주권에 의해 침해받는다는 관점은 예외상태에 직면하여, 혹은 이를 넘어서는 자유에 대한 전망의 조건이 될 수 없는데, 헐벗은 삶은 법의 중단과 자유와 능력 박탈의 동시적 경험과 같은 것이기 때문이다. 이런 점에서 볼 때 잠재성과 비잠재성 사이에서 양자택일을 거부하는 바틀비의 행위는 헐벗은 삶을 산출하는 주권의 원리에 대한 가장 강한 반대가 되는 것이다.³⁵ 왜냐하면 아감벤이 보기에 능력(power)과 무능력(impotence) 모두에 대해 역량을 지닌 능력만이 최고의 능력³⁶이며 바틀비는 그 둘 중에서 하나만 택할 것을 거부함으로써 자신의 능력과 잠재성을 최대한 유지하기 때문이다.

3) '예외상태'와 '벌거벗음'에 대한 정치신학적 사유

쇼펜하우어(Arthur Schopenhauer)는 진리에 다가가고 추구한다는 것,

---

34   유홍림·홍철기, 「조르지오 아감벤(Giogio Agamben)의 포스트모던 정치철학: 주권, 헐벗은 삶, 그리고 잠재성의 정치」, 『정치사상연구』 6(2007), 175.

35   Giorgio Agamben, *Homo Sacer: Sovereign Power and Bare Life*, 48.

36   Giorgio Agamben, *The coming community* (Minneapolis: University of Minnesota Press, 1993), 36.

진리를 아는 것은 누구나 시도할 수 있는 쉬운 일이 아니라고[37] 말한다. 마찬가지로 진리와 더불어 생명에 관한 사유에서도 "생명은 바로 이것이다"라는 판단은 성급한 발상이다. 아감벤의 '호모 사케르'적 예외상태는 현재 집행되고 있는 법 가운데서 드러난다. 그는 '예외상태'가 바로 전체주의의 중심적 특징이라고 논하면서, "현대의 전체주의는 예외상태를 통해 정치적 반대자뿐 아니라 어떤 이유에서건 정치체제에 통합시킬 수 없는 모든 범주의 시민을 육체적으로 말살시킬 수 있는 '법적 내전을 수립한 체제'로 정의될 수 있다"고 강조했다.[38] 여기서 중요한 것은 법의 적용과 적용되지 않는 구조의 결말은 '억울함, 예외상태'의 동일함을 가져온다는 것이다. 이런 의미에서 "법은 아무것도 모른다"라고 말한 슬라보예 지젝(Slavoj Zizek)과 알랭 바디우(Alain Badiou)의 테제 속에서,[39] 그리고 "법은 법들 위에 있으며 결국 법 자체가 위법적이고 법 밖에 존재하는, 아노미적 법 같은 법들 위의 법"[40]이라 말한 자크 데리다(Jacques Derrida)를 통해 그 의미는 더욱 확장되고 있다.

아감벤은 그의 저서 『호모 사케르』에서 '벌거벗은 생명'에 대해 구체적으로 논한다. 아감벤의 '벌거벗음'에 대한 사유는 예수의 재판과 그의 또 다른 성서적 담론으로부터 연결된다. 창세기에 따르면 아담과 하와는 금단의 열매 사건[41] 이후 처음으로 자신들이 벌거벗었음

---

[37] Arthur Schopenhauer, 홍성광 역, 『의지와 표상으로서의 세계』(서울: 을유문화사, 2015), 23.

[38] 강성현, 「'예외상태' 상례의 법 구조에 대한 비교 연구: 한국전쟁기와 유신체제기 발동한 국가긴급권을 중심으로」, 『한국사회학회 사회학대회 논문집』 6(2014), 87.

[39] Slavoj Žižek 외, 강수영 역, 『법은 아무 것도 모른다』(경기: 인간사랑, 2008).

[40] Jacques Derrida, 남수인 역, 『환대에 대하여』(서울: 동문선, 2004), 105.

[41] 자크 르 고프(Jacques Le Goff)는 중세인은 금단의 열매 사건을 성적인 원죄로 보았다고

을 깨달았다. 금단의 열매 사건으로 인해 두 사람은 야훼의 경고처럼 죽지 않았으며, 도리어 이 사건으로 그들의 눈이 밝아져 자신의 벌거벗음을 알게 되었다고 한다. 즉 이것은 도덕적 의식을 깨어나게 했고, 지혜의 싹이 돋아나 하느님처럼 선과 악을 판단하게 된 것으로 아감벤은 풀이한다. 그런 연유로 선악에 대한 인간의 인식이 생겨났기에 이것은 죄가 아니라 어쩌면 지극히 선한 것을 발견했다[42]는 것이 아감벤의 해석이다. 지그문트 바우만(Zygmunt Bauman)은 이러한 아감벤의 해석을 확장하며, 금단의 열매 사건을 통해 인간은 선악에 대한 의식과 선택에 대한 의식을 가져왔다고 말한다. 이것은 사물과 행위가 늘 있어온 대로 존재할 필요가 없으며 지금과 다르게 존재할 수 있다는 의식이다. 이러한 선악에 대한 의식은 우리가 지속해왔고 지금도 하고 있으며 앞으로 하려고 하는 행위방식과 다르게 살아가고 행위를 할 수 있는 가능성에 대한 의식이다.[43]

이러한 벌거벗음에 대한 아감벤의 사유는 전통적 신학의 비판으로도 이어진다. 옷에 대한 신학만이 있다고 여기는 사고는 생명의 본질적 신학의 담론보다 생명을 덮고 있는 신학의 단상들을 떠올릴 수 있도록 한다는 것이다. 이러한 아감벤의 '벌거벗음'의 사유적 통찰이 던져주는 도전은 우리가 어떻게 살아야 하는가에 대한 비오스적 생명의 환원을 위한 신학적 해석의 시도가 필요하다는 것이다. 왜냐하면, 이러한 신학적 작업을 통해 종교와 세속의 관계 형성을 새롭게 만들

주장한다. 자크 르 고프·니콜라스 트뤼옹, 채계병 역, 『중세 몸의 역사』(서울: 이카루스, 2009), 65.

42 풍상, 박민호 외 역, 『창세기, 인문의 기원』(경기: 글항아리, 2016), 15.
43 Zygmunt Bauman, 안규남 역, 『인간의 조건: 지금 이곳에 살기 위하여』(경기: 동녘, 2016), 19-20.

어갈 수 있으며, 종교와 세속의 갈등들을 해소해나갈 수 있는 실마리가 마련될 수 있기 때문이다. 알랭 바디우는 비오스적 생명의 주체적 부활을 새롭게 해석하며, 현재적 시대의 의미를 추구하기 위한 필연적 과정으로서의 바울을 소환한다.[44] 발터 벤야민(Walter Benjamin)도 올바른 사회변화와 생명의 가치를 실현하기 위한 신학의 도움이 필요하다는 것을 주장한다.[45] 먼저, 바디우는 구조적 사회의 형성 가운데 바울의 사건을 현재적 상황에서 재해석한다. 그것은 "주체"의 개념으로, 바디우는 다메섹 도상에서 바울의 사건을 주체적 부활로 여긴다. 사건 후 며칠 동안 앞을 볼 수 없었던 바울이 그리스도의 사건을 받아들이면서 시력이 회복된다. 이것은 그동안 관습과 전통에 입각한 바울의 선입견들이 바로 앞을 볼 수 없는 상태임을 자각하는 상태였으며, 예수를 통해 그의 주체에 변화가 생겼다는 의미로 본다. 즉, 다메섹 사건은 다름

---

[44] 바디우는 바울이 기독교 보수주의의 규범을 만든 사람이라는 오래된 이미지를 뒤집고 인간해방을 위해 싸운 혁명투사로 재탄생시킨 이론적 작업의 선두에 선 프랑스 철학자로 불린다. 그는 질 들뢰즈(1925~1995) 이후 들뢰즈의 '차이의 철학'에 대립해 보편성·주체·진리 같은 전통적인 철학적 주제를 사유의 과녁으로 삼아 작업해온 인물로 평가된다. 낡은 주제를 우리 시대의 조건들 속에서 생생한 문제로 부활시키고자 했다. 더 자세한 내용은 Alain Badiou, 현성환 역, 『사도바울: 제국에 맞서는 보편주의 윤리를 찾아서』(서울: 새물결, 2008).

[45] 벤야민은 칼 슈미트의 "정치신학"의 주권개념을 비상사태에 근거 지우면서, 주권자는 비상사태를 결정하는 자로서 평화 시에도 주권자가 자신의 주권을 주장할 수 있는 이유는 그가 언제든지 비상사태를 선언할 수 있는 자리에 있는 세속의 '신'이라는 특정의 주권자로 이해한다. 반면 벤야민은 슈미트의 정치신학적 성찰을 받아들이지만, '역사'에 대한 사유를 통해 그것을 넘어서고자 한다. 즉 억압받고 있는 자에게 비상사태는 상례이며, 그들에게는 매일의 삶이 예외적이고, 평화를 누리지 못하는 삶이라는 것이다. 이러한 연유로 벤야민의 과제는 이 상례화된 비상사태에 상응하는 역사의 개념에 도달하는 것이며, 그것은 곧 진정한 비상사태를 도래시키는 것으로 나타났다. 이를 위해 벤야민은 하나의 메시아적 개념이라 할 수 있는 "역사의 변증법적 이미지"를 통해 자신의 정치신학을 전개한다. Walter Benjamin, 최성만 역, 「폭력 비판을 위하여」, 『발터 벤야민 선집』 제5권(서울: 도서출판 길, 2008).

아닌 주체의 부활로 해석된다. 바디우는 또한 "보편성[46]의 회복"을 추구한다. 이것은 사람들이 진리라고 여겨온 일들이나 사건들을 재개념화하는 것이다. 사실 많은 경우 보편성이라 함은 전통적 사고에 의해 입각된 사상이었다. 그러나 보편성은 전통이라는 명목에 따른 규정화가 이루어지며, 사실적 보편이 아닌 비사실적 보편이라는 가면을 쓰게 된다. 바디우는 진리는 계시나 규정이 아닌 "과정"이라고 말한다.

아감벤은 바디우의 이러한 주체적 바울의 해석과 동일선상에서 아담과 하와의 원죄론에 관한 주체적 해석을 시도한다. 아감벤은 창세기 어디에도 인간 본성이 불완전하거나 해석 불가능하며, 잠재적으로 타락하여 은총이 필요하다고 명시적으로 기록되어 있지 않다[47]고 말한다. 즉, 아감벤은 원죄로 인한 타락을 육체적 차원이 아닌 정신적 차원의 문제로 이해한다. 하지만 원죄에 대한 그의 협소한 사유방식은 개혁주의 전통 신학에서 이해하는 인간의 원죄에 대한 전적 타락의 교리적 관점[48]에서 보면 동의하기 어렵고, 하나님의 은총과 인간의 죄성을 약화시킨다는 한계성이 분명한 사유로 보인다. 하지만 '벌거벗음'에 대한 사유를 의식 주체의 각성, 즉 주체의 정치적 각성의 필요성을 강조한다는 측면으로 이해하게 되면 이 '벌거벗음'에 대한 사유는 정치

---

[46] 더 자세한 내용은 Alain Badiou, 현성환 역, 『사도바울』(서울: 새물결, 2008) 참조.

[47] 정유진, 「아감벤의 생명정치사상을 통한 선교패러다임 전환」(2009), 63.

[48] 전적 타락(Total Depravity) 또는 전적 부패(全的腐敗)는 모든 인간이 죄로 말미암아 전적으로 타락하여 부패했다는 기독교 교리이며, 특히 칼뱅주의 신학의 근간이 되는 교리이다. 종교개혁자와 개신교 정통주의에서 교부 아우구스티누스에 의한 원죄론적 신학으로 발전하여 배포·구축된 교리적 신학으로 제시되었다. 로마가톨릭은 아우구스티누스의 원죄론은 취했지만 전적 타락은 채택하지 않았으며, 아우구스티누스의 이론을 전적 타락의 근거로 쓰는 것에 대해 반대한다. 정교회는 아우구스티누스를 완전히 부정하지는 않지만, 아우구스티누스의 자유의지에 관한 이론 자체를 받아들이지는 않아 전적 타락에 대한 관점은 취하지 않는다.

신학적으로 유의미한 개념으로 평가될 수 있을 것이다.

4) 아감벤의 '생명정치론'과 생태윤리 관계성 고찰

생명과학의 발전과 함께 신자유주의적 경제질서에 따른 지배와 통치가 일상화된 현실에서 기존의 "생명이란 무엇인가?"라는 질문은 "생명정치란 무엇인가?"라는 질문으로 더욱 구체화되며, 이 생명의 범위는 기존의 인간중심주의적 생태 사고에서 벗어나 전 우주적 생태계로의 확장을 요청한다. 이것은 기존의 인간 중심 생명에 대한 이해를 바탕으로 한 과학적 지식이나 경제적 이해관계에 의해서만 정의될 수 없는 전 지구적 차원의 사회적 문제이기 때문이다. 그런 의미에서 아감벤의 '생명정치론'에 대한 고찰은 근현대적 생명의 범위를 극복하고 포스트 팬데믹 이후 요청되는 전 지구적 생명정치로의 방향을 정위하기 위한 유의미한 작업이다. 그리고 신학도 21세기의 생명에 대한 이해가 '생명정치'라는 사회적 방식으로 구성되는 시대에 생명에 관한 논의도 현대 생명과학 담론과의 적극적인 대화를 통해 심화시켜나가야 하며, 생명의 외연을 확장해나가야 한다. 또한, 신학은 지식의 생산과 소비를 자본주의적 이해관계에 의존하고 있는 과학의 '정치적' 현실에 경각심을 불러일으키는 "예언자적 선포"[49]를 담당하면서 생명을 단순히 '생명자본'의 문제로 환원하려는 시도에 적극적으로 저항해야 한다. 이를 위해 생명정치 시대의 신학은 생명에 대한 형이상학적 존재론에 입각한 재해석과 더불어 생명과학 담론을 바탕으로 한 생명에

---

[49] 방연상·송기원·이삼열, 「합성생물학 시대의 신학 담론의 위치」, 『신학사상』 174(2016), 175.

대한 동시대적 이해를 포괄하도록 해야 한다.

과학기술의 발전에 힘입어 형이상학의 종말이 선언된 시대[50]에 과학지식의 발전은 종래의 형이상학이 담당해야 했던 문제의 대부분을 해결함으로써 철학과 신학이 전통적으로 담당해온 생명 문제에 대한 답변들을 제공하고 있다. 이러한 생명에 대한 형이상학적 이해의 종말은 서양 근대의 시작과 더불어 이미 예견된 결과이다. 현대과학은 전통적 형이상학에 근거한 철학적 사유를 근대 과학적 지식의 토대 위에서 재구성해온 지적 작업의 결실이기 때문이다. 하지만 과학기술 발전에 따른 형이상학의 종말은 철학적 혹은 신학적 사유 자체의 종말을 의미하는 것일 수 없다. 그것은 특정한 역사적 사유 방식으로서의 형이상학의 종말, 곧 그리스-로마적 사유의 원천으로부터 중세와 근대를 지나 현대 과학기술에 이르러 정점에 이르게 된 서구 형이상학의 종말을 의미하는 것이기 때문이다. 그러므로 생명에 관한 전통적 형이상학의 정의가 효력을 상실한 지금이야말로 생명에 대한 진정한 신학적 사유의 전개가 필요하다. 그런 의미에서 생명정치 시대의 생명신학은 형이상학의 종말 이후의 생명에 관한 신학적 사유를 조형해나가는 작업이 요구된다.

아감벤의 '생명정치론'은 목숨을 박탈함으로써 유지되던 주권 권력의 통치는 오늘날에 이르러 개인의 규율과 인구의 조절을 통한 생명정치의 통치성으로 이행되었으며, 이러한 생명정치를 통한 주권 권력의 지배는 더욱 미시적이고 정교한 방식으로 작동하면서 우리 인류의 삶의 자리를 '수용소'나 다름없는 '벌거벗은 생명'의 장소로 축소시

---

[50] 위의 논문, 180-184.

키고 있다는 것이다. 그렇게 '정치적 삶(bios)'을 거세당한 채 공동체로부터 추방되어 '생물학적 삶(zoe)'에 머물거나 그마저 보장받지 못하는 '벌거벗은 생명'은 이제 특정한 장소와 시간에 국한되지 않은 채 동시대 다수인 개인의 삶을 불안과 위험으로 몰아넣는다. 예외상태, 곧 주권 권력에 의한 법의 효력정지 역시 특정한 집단을 대상으로 한정하지 않는 '예외상태의 일상화'를 통해 법의 보호로부터 이중으로 배제되고 포함되는 '호모 사케르'의 삶을 점차로 일반화해나가고 있다.[51] 그런데 이러한 호모 사케르 같은 벌거벗은 생명의 예외적 상태는 우리 인간뿐 아니라 더욱 미시적이고 정교한 방식으로 전 지구적 생태계에도 작동과 통제가 이루어지고 있으며, 이것은 모든 우주 생태계의 생명이 총체적으로 억압당하는 시대임에도 특정한 대상을 향해 저항하는 것이 점점 더 어려워지고 있다는 인식으로 확장될 수 있다. 지금은 저항의 명백한 대상이 잘 보이지 않는다. 생명정치 시대의 통치는 주권 권력의 대리인을 통해 수행되는 동시에 통치성 메커니즘의 작동을 통해 이루어지기 때문이다. 그런데 이러한 인간과 생태계의 삶을 '벌거벗은 생명'으로 전락시키는 주권 권력의 통치는 인간의 경우, 억압에 의한 복종이 아닌 자발적 순응을 특징으로 하는 '자기-통치'의 실현을 통해 지속된다. 더욱이 불확실성과 불안을 삶의 조건으로 안고 살아가는 오늘날 '안전'에 대한 욕망은 개인의 삶을 통치하는 '자기-통치'의 결정적 계기로 자리매김하고 있다.[52]

    그러나 생태계의 경우는 인간처럼 자발적 순응이 아닌 인간 생명

---

[51] 방연상, 「생명정치 시대의 신학: 푸코와 아감벤의 생명정치론을 중심으로」, 113-133.
[52] 위의 논문, 120-141.

을 기준으로 하는 환원주의적 폭력에 일방적으로 침묵을 강요당하며, 더 취약한 예외적 상태에 놓이게 해 '벌거벗은 생명'으로 전락시킨다. 이러한 시대에 기독교 생태신학과 윤리는 아감벤의 생명정치론적 사유를 통해 생태계에 주권 권력이 작동하는 방식에 대해 더 깊고 예리한 비판적 이해가 필요하다. 그리고 이를 바탕으로 하나님이 창조하시고 부여하신 생태계의 고유한 생명권을 복원시키기 위한 반성과 성찰을 해야 한다. 이러한 생명의 정치신학은 특히, 코로나19 팬데믹 이후 급격한 기후변화와 생태계 위기로 인해 우리의 신학적 시야를 기존의 인간 중심 생명에 대한 시야에서 벗어나 창조세계에 대한 하나님의 시각으로, 우주적 생명 이해로 그 지평을 더 넓혀가기를 요청한다. 우리 시대에 전 지구적 생태위기와 생태 문제는 '생명정치'의 통치성 문제를 간과하고는 제대로 파악될 수 없는 복잡하고도 기만적인 구조에 둘러싸여 있기 때문이다.

5) 아감벤의 '생명정치론'에 대한 기독교 생태윤리적 함의

아감벤은 『호모 사케르』에서 인권 선언과 나치 수용소, 법치주의와 자의적 지배, 민주주의와 전체주의가 절대적으로 대립하는 것이 아니라 오히려 은밀하게 서로를 지탱·보완하고 있음을 주장한다. 근대의 계몽주의와 합리주의가 구축한 법의 보편적 지배체제는 '예외성'이라는 구멍을 통해 정반대의 모습으로 변모한다는 것이다. 그래서 아감벤은 서구 민주주의에 대한 이러한 위선적인 신뢰에서 벗어나라고 말한다. 그는 그것이 얼마나 많은 예외들, 비상사태들, 수용소들과 공존하고 있는지, 혹은 그것에 의해 지탱되고 있는지 주장한다. 즉, 근대사회에서 법질서의 구조, 법과 권력의 구조가 예외성과 관련되어 있으며, 이 때문에 논리적이고 합리적이라기보다 오히려 모순적이고 역설적이라는 것이다. 마치 뫼비우스의 띠처럼 법은 법의 바깥과 연결되어 있다. 비상사태(예외적 상황)는 법과 무법, 문명과 자연, 삶과 죽음 어느 한편으로 확정될 수 없는 미결정성의 영역에 속하며 합리적인 파악 가능성에서 벗어난다. 즉, 현재 우리가 목격하고 있는 부조리가 단순한 우연이나 예외가 아니라 법질서의 예외성이라는 역설적 구조에 그 뿌리를 두고 있다는 점을 인식시킨다. 이런 의미에서 아감벤의 철학은 이성과 합리성의 한계에 주목한 포스트모던 시대의 다양한 철학적 조류와 맥을 함께[53]한다.

이러한 아감벤의 예외성에 대한 사유는 생태계의 차원으로 확대 적용이 가능하다. 전 지구적 생태계도 우리 인간과 동등하게 '벌거벗은 생명'으로 바라볼 수 있기 때문이다. 다시 말해 '호모 사케르' 같은 벌거벗은 생명의 예외적 상태는 우리 인간뿐 아니라 자신의 생명에 대해 정치적 삶인 '비오스'적 차원의 주권을 주장하는데, 한계적으로 취약한 전 지구적 생태계에 더욱 정교하면서도 미시적인 방식으로 생명에 대한 통치성의 작동과 통제가 되고 있기 때문이다. 이것은 조형근의 저서 『키워드로 읽는 불평등사회』에서 제기하는 '프레카리아트'[54]

---

[53] Giorgio Agamben, *Homo Sacer: Sovereign Power and Bare Life*, 155.

[54] 프레카리아트(precariat)는 '불안정한(precarious)'과 '프롤레타리아트(proletariat)'를 합성한 용어로, 불안정한 고용과 노동 상황에 놓인 파견·용역 등 비정규직, 실업자, 노숙인 등을 총칭한다. '불안정한 프롤레타리아트(무산계급)'라는 뜻인데, 이들은 신자유주의 경제체제에서 등장한 신노동자 계층이다. 비정규직의 대다수는 불안정 노동에 노출되어 있다. 그래서 비정규직을 불안정한 노동자 계급이라는 의미에서 '프레카리아트'라고 부른다. 더 자세한 내용은 조형근, 『키워드로 읽는 불평등 사회: 사회학자에게 듣는 한국사회 불안을 이기는 법』(파주: 소동, 2022), 254-316.

같은 삶을 살아가는 주체들의 문제일 것이다. 즉, 신자유주의 체제 아래서 늘 고용 불안에 시달리며 불안정한 삶을 살아가는 비정규직 노동자들의 삶에서 아감벤이 말하는 벌거벗은 삶의 주체의 모습이 비친다. 상대적으로 약자인 생태계를 고려할 때, 성서 해석의 역사는 하나님 나라와 구원의 과정에서 동물을 비롯한 자연세계를 철저히 배제해왔다. 이러한 인간 우월성과 종 차별주의를 정당화하는 신학 전통[55]은 자연세계를 벌거벗은 생명으로 만들고, 결국 동물 멸종[56] 과 같은 생태계 파괴를 가속화하는 결과[57]를 초래했다.

그러므로 오늘날 생명정치신학의 과제는 코로나19 팬데믹 이후 기후위기를 비롯한 생태 문제 앞에 아감벤이 이야기하는 '생명'에 대한 이해와 개념을 확장해 하나님의 창조물인 인간 생명을 비롯한 생태계를 모두 동일한 위상으로 인식하고, 그들을 '벌거벗은 생명'으로 축소시키려는 생명정치의 통치성에 대한 생태정치신학적 저항으로 구체화되어야 한다. 그리고 이에 따른 생명신학의 저항담론은 주권 권력의 억압적 통치에 대한 저항과 주권 권력의 대리인에 의한 법의 통치, 그리고 오늘날 '자기-통치'의 문제와 함께 전개되어야 함을 기억해야 한다. 왜냐하면 생명정치 시대의 '타자'는 더 이상 주체의 바깥에 거주하지 않기 때문이다. 무엇보다 이 시대는 '타자'가 곧 '자기'가 될 수 있는 시대이며, 생명통치의 정교한 메커니즘에 의해 예외적 상태에 의한

---

[55] 김은혜, 「인간과 동물과의 관계에 대한 신학적 성찰과 동물에 대한 기독교 윤리적 책임」, 『장신논단』 53(2021), 153.

[56] 전 세계에서 하루에 멸종되는 생물종이 75종이며, 1시간에 3종씩 사라지고 있다고 한다. David L. Clough, *On Animals: Volume Two Theological Ethics* (T&T clark, 2019), xi-xii.

[57] 김은혜, 「인간과 동물과의 관계에 대한 신학적 성찰과 동물에 대한 기독교 윤리적 책임」, 154.

'벌거벗은 생명'으로 누구나 전락할 수 있는 시대이기에 그렇다. 그런 의미에서 우리 인간뿐 아니라 온 우주 만물과 피조세계 전체의 생명을 회복하고 구원하시기 위해 온전히 자기를 비워 이 땅에 성육신 하신 예수님의 케노시스[58]적 관점으로 아감벤의 생명정치론적인 통찰을 수용하면서 생태 문제를 바라보고, 계속해서 벌거벗은 생명 체계를 양산해내고 있는 생명통치 메커니즘에 강력히 저항할 생명정치신학의 전개가 절실히 필요하다.

4. 나가는 말: '생태주권'적 기독교 생태윤리로의 방향성 모색

코로나19 팬데믹 이후 급격한 기후변화와 생태위기를 겪고 있는 오늘날은 그 어느 때보다 생태계를 바라보는 혁명적이고 급진적인 패러다임의 전환이 시급히 요청되는 때이다. 이는 생태계의 권리를 보호하는 것이 곧 인간의 생존과 연결된 실체적 권리로 연결되는 것임을 이야기하는 것이다. 그런 의미에서 2050 탄소중립 선언[59] 같은 정책들

---

[58] "오히려 자기를 비워 종의 형체를 가지사 사람들과 같이 되셨고"(빌 2:7)라는 성경 말씀에 근거한 자기 비움의 신학을 말한다. 케노시스(Kenosis) 사상은 '비움', '소모'를 의미하는 헬라어이며, 바울은 그리스도께서 "자기를 비워 종의 형체를 가져 사람들과 같이 되셨다"고 언급한다. 샐리 맥페이그는 이러한 '케노시스'적인 신학적 관점을 생태적 감수성으로 확대해서 이해한다. 즉, 예수님의 성육신이 몸, 공간 그리고 공기와 물, 음식 모두 그 자체로 종교적 사안임을 말한다고 주장하면서, 세계가 본래적 가치를 지닌 무수한 몸들로서 하느님과 연결되어 있다는 성례전적 이해와 그 몸을 돌보고 그에게 필요한 자원을 공급하기 위해 자신의 자아를 축소시키는 케노시스적 실천으로 이해되어야 한다는 예언자적 선포를 주장한다. Sallie McFague, *A New Climate for Theology: God, the World, and the Global Warming* (Minneapolis, MN: Fortress Press, c2008) 참조.

[59] 국제사회의 기후위기 대응 논의에 우리나라도 2050년까지 탄소 순 배출량 제로를 의미하

과 실질적인 법률 입안과 집행을 통해 자연의 권리, 즉 '생태계의 주권적 권리'에 대한 실질적인 법적·제도적 차원의 정비가 이루어져야 할 것이며, 지금보다 진전된 생태주권적 논의를 통해 생태국가로서의 국가 체제, 즉 미하엘 마이어-아비히가 그의 저서 『자연을 위한 항거』라는 책에서 주장하는 자연국가(Natur-Staat)[60] 같은 차원의 생태 국가를 구상하며 국가 체질적 변화도 이루어가야 한다고 생각한다. 이러한 아비히의 '자연국가론'에 대한 주장은 아감벤의 '생명주권'을 기반으로 한 생태계에 주권적 권리가 보장되었을 때 가능한 담론이며, 이것은 인간의 사회적 규칙이 자연의 법칙과 조화를 이루고 인간이 사회적 질서뿐 아니라 동시에 자연의 질서 속에 자리 잡는 자연국가를 만들어야 한다는 주장이 핵심이 되는 국가론이다.[61]

지금까지 줄곧 생태위기에 따른 생태 문제 해결을 위한 본질로서 계속해서 '주권'이라는 개념에 주목하고 접근한 이유는 윤리적 행동과 판단은 결국 주권과 연결되고, 주권자만이 판단과 처벌의 가치 기준을 세울 수 있기 때문이라는 필자의 판단에서다. 주권이 없는 존재는 윤리적 존중이나 가치를 인정받기 어렵다. 설령 가치 있는 존재로 인정받더라도, 그 존재는 윤리적 판단을 내릴 주권자에게 언제나 종속된

는 탄소중립 목표 달성을 이루겠다는 선언이다. 더 자세한 내용은 https://www.me.go.kr/home/web/board 참조.

[60] 미하엘 마이어-아비히의 자연국가론은 인간이 자연 속에 산재해 있는 동식물, 생태계와 교감할 때 자연파괴의 심각성을 느끼며 삶의 방식을 바꾸게 될 것이라고 주장한다. 그래서 그는 인간의 생존기반이 파괴되어서는 안 된다는 인간 중심의 사회국가적 차원의 자연보호를 넘어 자연국가(Natur-Staat) 단계로의 정치적 변혁을 요구하는데, 이러한 정치적 변혁을 위해서는 비인간 존재를 포함한 모든 생태계에 인간과 동등한 차원의 권리적 보장을 위한 법적·제도적 장치가 선행되어야 한다는 주장이다.

[61] Klaus Michael, Meyer-Abich, *Aufstandt fur die Natur*. 186-188.

다. 따라서 '주권' 개념과 문제의식이 생태계에 동일하게 적용되지 않는다면, 생태 위기에 대한 근본적인 윤리적 해결 방안을 제시할 수 없다. 오히려 이는 현 체제의 시스템을 더욱 공고히 만들 수 있다는 판단이다. 즉, 아감벤이 주장하는 인간적 가치가 말살되어 생물학적 생명만 남은 '호모 사케르(Homo Sacer)', 즉 "벌거벗은 생명"처럼 생태계도 그렇게 각자 고유의 생태적 존재로서의 고유한 주권적 가치[62]를 잃어버린 채 생명의 위기를 겪을 운명과 위험에 처할 수 있는 존재라는 것이다. 그러한 의미에서 자연 생태계에 고유하게 부여된 생명의 권리를 온전하게 회복한, 즉 '생태주권'을 가진 그러한 존재로서 생태계의 가치를 격상시키는 것은 기존의 체제순응적 윤리 행위의 허위성을 발견하고 이러한 생태계의 주권 회복이 폭력의 순환선에서 마침내 풀려날 수 있는 전복적 행위가 될 수 있다. 이러한 아감벤의 '생명정치론'은 기존의 기독교 생태윤리의 이론적 기초로 미흡했던 부분과 약점들을 보완하고, 인문학적·철학적 사회과학과의 소통을 가능케 하며. 생태계의 주권적 권리 개념에 기초한 기독교 생태윤리적 토대를 마련케 함으로써 현시대의 생태위기 앞에 적극적으로 응답할 수 있는 새로운 기독교 생태윤리적 모델로 기능할 수 있을 것이다. 이러한 아감벤의 '생

---

[62] 생태계의 권리를 설명하는 비슷한 용례로, '동물권', '식물권(식물에게 주어지는 기본적인 권리)'이 있고, '자연권의 권리(환경 소송에서 동식물의 권리를 이른다)'라는 용어가 쓰인다. 참고로, 동물권(animal rights)은 인간동물과 같이 비인간동물 역시 인권에 비견되는 생명권을 지니며, 고통을 피하고 학대당하지 않을 권리 등을 지니고 있다는 개념이다. 동물권에 대한 인식을 가지고 그것의 증진을 위해 노력하는 사람들이 각각의 의견과 다른 접근 방식을 가지고 있으면서 끊임없이 논의하지만, 동물이 하나의 돈의 가치로서, 음식으로서, 옷의 재료로서, 실험 도구로서, 오락을 위한 수단으로서 쓰여서는 안 되며, 동시에 인간처럼 지구상에 존재하는 하나의 개체로서 받아들여져야 한다는 것이 광범위하면서 공통적인 견해이다. 동물권 옹호론자는 동물 자체의 권익을 주장한다는 점에서 동물보호, 자연보호와는 다른 개념으로 보기도 한다. 동물권 옹호론자들은 채식주의 역시 강하게 지지하는 편이다.

명정치론'이 함의한 생태주권적 생명 이해는 전 지구적 생태위기 문제를 '생명의 통치성'과 '주권'의 문제에 접근함으로써 해결의 실마리를 찾는다는 점에서 의의가 있다. 즉, 기존의 정치신학적 해법과 달리 생태 문제를 생명주권적 관점에서 해법을 모색한다는 데 차별점이 있다. 앞으로 이러한 관점에서 기독교 생태신학과 윤리적 논의가 심화됨으로써 한 단계 발전한 기독교 생태윤리적 담론이 형성되어가기를 바란다.

참고문헌

강선형. 「푸코의 생명관리정치와 아감벤의 생명정치」. 『철학논총』 78(2014).

_____. 「'예외상태' 상례의 법 구조에 대한 비교 연구」. 『한국사회학회 사회학대회 논문집』 6(2014).

구승회. 『에코필로소피』. 서울: 새길, 1995.

김도훈. 『생태신학과 생태영성』. 서울: 장로회신학대학교 출판부, 2009.

김은혜. 『생명신학과 기독교 문화』. 서울: 쿰란출판사, 2006.

_____. 「기후변화와 생태위기에 대한 신학적 성찰: 새로운 인간주의를 향하여」. 『장신논단』 36(2009).

_____. 「삼위일체적 생태신학과 온신학」. 『교회와 신학』 81(2017).

_____. 「인간과 동물과의 관계에 대한 신학적 성찰과 동물에 대한 기독교 윤리적 책임」. 『장신논단』 53(2021).

박용범. 『기독교 사회생태윤리』. 서울: 새물결플러스, 2021.

방연상. 「생명정치 시대의 신학: 푸코와 아감벤의 생명정치론을 중심으로」. 「신학과 사회」 30(2016).

방연상·송기원·이삼열. 「합성생물학 시대의 신학 담론의 위치」. 「신학사상」 174(2016).

유홍림·홍철기. 「조르지오 아감벤(Giogio Agamben)의 포스트모던 정치철학: 주권, 헐벗은 삶, 그리고 잠재성의 정치」. 『정치사상연구』 6(2007).

이인. 『어떻게 나를 지키며 살 것인가』. 경기: 뜨란, 2015.

이창호. 「생태신학 유형 연구: 하나님 이해, 하나님과 세계의 관계성 그리고 세계의 존재들 사이의 관계성을 주된 논점으로」. 『기독교사회윤리』 52(2022).

조형근. 『키워드로 읽는 불평등 사회』. 파주: 소동, 2022.

Agamben, Giorgio. Homo Sacer: Il potere soverano e la nuda vita, Giulio Einaudi. 박진우 역. 『호모 사케르: 주권 권력과 벌거벗은 생명』. 서울: 새물결, 2008.

_____. Nudita. 김영훈 역. 『벌거벗음』. 고양: 인간사랑, 2014.

_____. Pilate and Jesus. 조효원 역. 『빌라도와 예수: 죽인 자와 죽임을 당한 자』. 서울: 꾸리에, 2015.

_____. 김항 역.『예외상태』. 서울: 새물결, 2009.

_____. 이경진 역.『도래하는 공동체』. 서울: 꾸리에, 2014.

_____. 박문정 역.『저항할 권리: 우리는 어디쯤에 있는가』. 파주: 효형, 2022.

Badiou, Alain. 현성환 역.『사도바울: 제국에 맞서는 보편주의 윤리를 찾아서』. 서울: 새물결, 2008.

Bauman, Zygmunt.『인간의 조건: 지금 이곳에 살기 위하여』. 파주: 동녘, 2016.

Benjamin, Walter. 최성만 역.「폭력 비판을 위하여」.『발터 벤야민 선집』제5권. 서울: 도서출판 길, 2008.

Capra, Fritjof. 김용정 역.『생명의 그물』. 서울: 범양사, 2001.

Cochet, Yves. 배영란 역.『불온한 생태학』. 서울: 사계절, 2009.

Derrida, Jacques. 남수인 역.『환대에 대하여』. 서울: 동문선, 2004.

Foucault, Michel. *Naissance de la Biopolitique: Cours au College de France, 1978-1979*. 오트르망 역.『생명관리정치의 탄생: 콜레주드 프랑스 강의 1978~79년』. 서울: 난장, 2012.

Horrell, David G. 이영미 역.『성서와 환경』. 오산: 한신대학교 출판부, 2014.

Lemke, Thomas. 심성보 역.『생명정치란 무엇인가』. 서울: 그린비 출판사, 2015.

Linzey, Andrew. 장윤재 역.『동물 신학의 탐구: 같은 하나님의 피조물』. 대전: 대장간, 2014.

McFague, Sallie. 김준우 역.『기후변화와 신학의 재구성』. 서울: 한국기독교연구소, 2008.

Melville, Herman. *Histoires desobligeantes*. 김세미 역.『필경사 바틀비』. 서울: 바다, 2012.

Meyer-Abich, *Klaus Michael. Aufstandt fur die Natur*. 박명선 역.『자연을 위한 항거』. 서울: 도요새, 2002.

Moltmann, Jürgen. *Theology of Hope*. 곽혜원 역.『희망의 윤리』. 서울: 대한기독교서회, 2012.

Sargent, Lyman. *Contemporary Political Ideologies*. 부남철 역.『현대사회와 정치사상』. 서울: 한올아카데미, 1994.

Schmitt, Carl. 김효전. 정태호 역.『정치적인 것의 개념』. 서울: 살림출판사, 2012.

Schopenhauer, Arthur. 홍성광 역.『의지와 표상으로서의 세계』. 서울: 을유문화사,

2015.

Žižek, Slavoj 외. 강수영 역.『법은 아무 것도 모른다』. 경기: 인간사랑, 2008.

펑샹. 박민호 외 역.『창세기, 인문의 기원』. 경기: 글항아리, 2016.

Agamben, Giorgio. *Homo Sacer: Sovereign Power and Bare Life*. Trans. Daniel Heller-Roazen. Stanford: Stanford UP, 1998.

_____. *The kingdom and the glory: for a theological genealogy of economy and government*. Stanford, California: Stanford, 2011.

_____. *Potentialities*. Trans. Daniel Heller-Roazen. Stanford: Stanford University Press, 1999.

_____. *The Omnibus Homo Sacer*. Stanford: Stanford University Press, 2017.

_____. *Agamben and politics: a critical introduction*. Edinburgh: Edinburgh University Press, 2014.

_____. *Potentialities: collected essays in philosophy*. Stanford: Stanford University Press, 1999.

_____. *The coming community*. Minneapolis: University of Minnesota Press, 1993.

Caputo, John D. *The Weakness of God: A Theology of the Event*. Bloomington and Indianapolis: Indiana University Press, 2006.

IPCC. *Climate Change 2014: mitigation of climate change: Working Group III contribution to the Fifth Assessment Report of the Intergovernmental Panel on Climate Change*. New York: Cambridge University Press, 2014.

Latour, Bruno. *Politics of Nature*, Cambridge, MA: Harvard University Press, 2004.

_____. *Facing Gaia: Eight Lectures on the New Climatic Regime* Paperback. Cambridge: Polity press, 2017.

Levinas, Emmanuel. *Totality and Infinity*, tran. Alponso Lingis. Pittsburgh: Duquesne University Press, 2005.

Linzey, Andrew. *Animal Theology*, Chicago: University of Illinois Press, 1995.

McFague, Sallie, *A New Climate for Theology: God, the World, and the Global Warming*. Minneapolis, MN: Fortress Press, c2008.

05

주권 국가의 '이주민 환대'의 어려운 가능성에 대한 기독교 정치윤리학적 연구
한국 보수개신교의 '적대'와 '무관심'을 중심으로[1]

김혜령(이화여자대학교 부교수)

1. 서론

프리드리히 니체는 바울이 예수 혁명성을 버리고 기독교를 '내세종교'로 타락시켰다고 비판했다. 바울의 이방인 사랑 윤리가 로마제국 통치 이데올로기로 작동하며 민중을 노예근성에 물들게 했다고 본 것이다. 그러나 알랭 바디우는 바울의 선교가 한편으로는 선민의식과 율법주의에 기반한 이스라엘 민족 종교에 도전하고, 다른 한편으로는 로마제국의 통치 권력에 맞서면서 사랑을 보편주의 윤리로 승격시키는

---

[1] 이 장은 『기독교사회윤리』 제59집(2024)에 출판된 논문을 편집한 글이다.

데 공헌했다고 평가한다.² 바울의 '이방인' 선교에 대한 상반된 평가에도 두 철학자 모두 기독교 정체성의 핵심으로 '이방인 환대의 복음'을 전제한다. 하지만 개혁주의 신학자 한스 부르스마는 교회가 로마제국의 사제가 된 이후, 기독교는 더 이상 환대적 사회의 공로자가 아니라 폭력의 원천이 되었다고 진단한다.³ 실제로, 오늘날 서방 국가들에서 일어나는 이주민에 대한 정치적 갈등과 대립 국면에서 적지 않은 선주민 기독교인이 반이민정책을 지지하거나 무관심으로 배제의 정치에 힘을 실어주고 있다.

이주민 유입이 상대적으로 적었던 한국 사회에서도 이주민 문제는 불편한 문제로 등장하기 시작했다. 부족한 노동력을 보충하기 위해 정부는 산업연수제(1993)와 외국인 고용허가제(2004)를 통해 외국인 노동자 체류를 유도했다. 「재외동포법」(1999)도 외국 국적의 동포 이주를 가능하게 했다. 그 결과 1997년 약 39만 명이 조금 안 되는 수준에 머물렀던 체류 외국인 수가 2023년 250만 명에 육박했다.⁴ 그러나 유입된 이주민 대다수가 노동조건과 복지 처우 면에서 심각한 차별을 받으며 한국 사회의 가장 낮은 하위계층을 형성했다. 특히 체류 기한을 연장받지 못한 이주민은 법에 보호받지 못하는 '미등록 이주자'가 되어야 했고, 정부는 이들을 '불법체류자'로 단속·추방했다.

그러나 인구 감소로 인한 사회 위기가 현실화하자, 정부는 '이민

---

2   Alain Badiou, *Saint Paul*, 현성환 역, 『사도 바울: 제국에 맞서는 보편주의 윤리를 찾아서』 (서울: 새물결, 2008).

3   Hans Boersma, *Violence, Hospitality, and the Cross*, 윤성현 역, 『십자가, 폭력인가 환대인가』 (서울: CLC, 2014), 402-403.

4   [참조] 국가발전지표 - 체류 외국인 현황. https://www.index.go.kr/unity/potal/main/EachDtlPageDetail.do?idx_cd=2756

청'을 신설하여 외국인이 잘 적응할 수 있는 통합 서비스를 제공하겠다고 발표했다. 물론, "우리 사회에 꼭 필요한 외국 **인재**(人才)의 유입을 **질서 있고 체계적으로 관리**"[5]하겠다는 단서를 잊지 않았다. 자크 데리다의 용어로 표현하자면 "감독하에 있는 환대, 인색한 환대, 자신의 주권에 집착하는 환대에 불과"[6]한 것으로서 자국중심주의와 인종주의에 발판을 둔 인구통치의 일환이다. 이를 증명하듯, 2022년 OECD 최하위 난민인정 국가[7]인 대한민국 법무부는 소위 '가짜 난민'을 골라내는 난민법 개정을 입법 예고(2023)하며 '인재'임을 증명할 수 없는 난민의 이주 문턱을 더 높이고자 한다.[8]

대한민국의 이주민 통치에 대해 선주민 기독교인은 어떻게 생각할까? 전국 성인 남녀 1천 명을 대상으로 설문한 「2018 한국 사회의 사회적 차별과 혐오에 대한 시민의식 조사」에 따르면,[9] 개신교인들은 '난민 혐오'에 대해 비판적으로 인식하는 정도가 가톨릭 교인들보다는 낮으나, 다른 종교인들과는 크게 다르지 않게 나타났다. 기독교 정체

---

5   하종민, "화성 공장 화재로 '이민청' 논의 급부상", 인터넷 신문 뉴시스(접속일: 2024.06.29). https://www.newsis.com/view/NISX20240628_0002791824(접속일: 2024.07.10)

6   Giovanna Borradori, *Philosophy in a Time of Terror*, 김은주·손철성 역, 『테러 시대의 철학』(서울: 문학과 지성사, 2004), 233.

7   박예슬, "허울뿐인 난민법, 인정률 2% OECD 꼴찌", 『가톨릭평화신문』, 2023년 11월 8일 인터넷판. https://news.cpbc.co.kr/article/1112833(접속일: 2024.07.10)

8   〈난민법 일부개정법률안 입법예고〉. https://moleg.go.kr/lawinfo/makingInfo.mo?mid=a10104010000&lawSeq=62041&lawCd=0&lawType=TYPE5&currentPage=1&keyField=lmNm&keyWord=%EB%82%9C%EB%AF%BC%EB%B2%95%20%EC%9D%BC%EB%B6%80%EA%B0%9C%EC%A0%95%EB%B2%95%EB%A5%A0%EC%95%88%20%EC%9E%85%EB%B2%95%EC%98%88%EA%B3%A0&stYdFmt=&edYdFmt=&lsClsCd=&cptOfiOrgCd=(접속일: 2024.07.14)

9   한국적 혐오 현상의 도덕적 계보학 연구단, 「한국 사회의 사회적 차별과 혐오에 대한 시민의식 조사 발표 자료: 한국의 개신교의 혐오를 분석하다」, 2019.

성 핵심에 '이방인 환대의 복음'이 있음을 상기할 때 무차별성 자체가 던지는 함의가 크다. 특히, 하위 문항 결과, 개신교인 중 종교적 가르침을 기독교 서적에서 배운다고 응답한 이들보다 성경으로부터 배운다고 한 이들에게 난민에 대한 혐오적 사고가 유의미하게 높게 나왔다는 사실은 근본주의나 복음주의 신앙이 이방인 배제와의 관련 있음을 간접적으로 보여준다는 면에서 우려스럽다. 개신교인 중에는 2018년 제주도에 입도한 예멘 난민에 대한 부정적 여론이 그들의 종교와 관련 있다고 생각하는 이들도 많았는데, 한국 개신교인의 이방인 거부감이 '이슬람교'라는 특정 종교인들에게 집중되고 있음을 알 수 있다.

본 연구는 한국 보수개신교의 이주민을 향한 '적대'와 '무관심'의 근원을 추적하기 위해 일차적으로 자크 데리다의 '이주민 환대의 불가능성'과 '어려운 가능성'에 대한 논의를 살펴보고자 한다. 이를 통해 이주민 환대의 주체가 윤리적 개인이 아니라 '주권 국가'라는 현실적 문제를 드러내고자 한다. 이를 전제로 한국 기독교의 다수를 차지하고 있는 보수개신교인의 국가관 특징을 살펴보며, 기독교 정치윤리학의 관점에서 비판적으로 반성하고자 한다. 단, 에큐메니컬 진영의 '무능력'과 관련해서는 하나의 독립된 논문으로 다뤄야 할 주제이기에 이 장에서 다루지 않았음을 밝힌다.

2. 철학적 관점에서 본 이주민 환대의 불가능성과 어려운 가능성

1) 주권 국가와 이방인 환대의 한계

애덤 스미스는 인간은 누구나 타인의 슬픔에 대해 연민이나 동정심 같은 동료 감정, 즉 '동감(sympathy)' 능력을 사회적 본성으로 갖고 있다고 주장하며, "곤란에 처한 사람에게 발생할 수 있는 모든 사소한 고통의 사정마저 진지하게 자기 일처럼 느끼고 노력해야 한다"라고 가르친다.[10] 그런데 인간이 사회에서 '동감' 능력을 충분히 배울 수 있다면, 이주를 간절히 희망하는 외국인의 곤란함과 비참함에 대해서는 왜 충분히 '동감'하지 못할까? 스미스는 '동감'이 무조건적인 박애나 자혜의 덕목을 지시하는 것이 아니라, 사회질서를 존중하며 동료 시민으로부터 상호 동감과 승인을 얻는 수준에 머무르는 것이라 강조한다. 그러니 동등한 수준의 상호 승인이 원천적으로 불가능한 '타국인'에게 충분히 동감하지 못했다고 탓하는 것은 곤란하다. 선주민으로서 국민은 오히려 주권을 침해당하는 부당함에 분개하며, 국가가 국경을 철저하게 단속하고 승인받지 않은 이방인을 추방하도록 요구할 수 있다. 실제로 스미스는 얼굴을 모르는 이웃 동포들의 비참한 불행에 대해 과도한 책임감을 부과하는 도덕철학자들을 향해 "우리가 전혀 알지 못하는 불운에 대한 이러한 극단적인 동감은 전적으로 터무니없고 불합리

---

10 Adam Smith, *The Theory of Moral Sentiments*, 김광수 역. 『도덕감정론』(파주: 한길사, 2017), 112.

하다"라고 비판했다.[11] 인간의 동감 능력을 상호 승인에 의한 도덕 감정으로 볼 때, 국경은 동감의 마지노선(Ligne Maginot)이 된다. 스미스 도덕철학에 드러난 도덕적 책임의 한계는 '국경을 넘는 이주(transnational migration)'라는 문제가 개인의 연민과 사랑 혹은 박애에 의무 지워야 하는 도덕의 문제가 아니라, 국제 정치의 문제로 떠넘겨짐을 암시한다.

임마누엘 칸트는 국경을 넘어오는 이방인의 문제를 국제 정치의 문제로 인지하며 '환대'라는 개념을 통해 해답을 찾고자 했다. 그는 「영구평화론」에서 '환대'란 "한 이방인이 어떤 타국의 땅에 도착했다는 이유로 타국에 의해 적대적으로 취급되지는 않을 이방인의 권리"라고 주장한다.[12] '방문 환대권'에 대한 선언은 철학적으로 매우 혁신적이다. 신학의 주제인 '이웃사랑 윤리'나 '박애의 도덕' 차원에서 논해졌던 이방인 환대를 '보편적 권리' 문제로 풀어낸 것이다. 또한, 이방인 추방을 "이방인이 목숨을 잃는 일이 일어나지 않는다"[13]라는 조건 아래서만 가능하다고 전제함으로써 손님 환대를 철회하는 데도 한계가 있음을 강조했다. 그러나 칸트가 주장한 '외국인 환대'는 그의 광대한 목적, 즉 공화국들(주권 국가들) 사이에 전쟁과 식민주의를 예방하려는 궁극적 목적에 종속된다. 바로 이러한 이유에서 칸트는 '외국인의 권리'가 삶의 공간 자체를 (장기적·영구적으로) 이주하는 **체류권**이라는 '특권'으로 오해받지 않도록 주의를 환기하고, 자신이 말하는 손님의 환대권이 여행과 무역, 교제와 교통을 목적으로 한 **방문**의 '권리'에 제한

---

11 위의 책, 331.
12 Immanuel Kant, *Kritische Schriften II*, 배정호 외 역. 『비판기 저작 II』(파주, 한길사, 2022), 39.
13 위의 책, 39.

되는 것이라고 강조한다.[14] 영원해야 할 것은 국가 간의 평화이지, 이주자 개인과 가족의 인간다운 삶이 아니다.

 그러나 철학자 칸트가 주장하는 방문 환대권은 현대의 문제를 푸는 데 한계가 있다. 지그만트 바우만이 『액체 현대』에서 보여준 통찰처럼 신자유주의는 모든 것을 유동적으로 만들어 국경을 쉽게 넘나들게 했다. 그러나 국경을 넘나드는 모든 사람이 손님 환대를 받지 않는다. 바우만이 "탈영토적인 엘리트들"[15]이라고 부르는 자들은 자본과 다국적기업 생산기지의 이동을 따라 자유롭게 세관을 넘나들며 — 굳이 전쟁으로 주권을 탈취하지 않고서도, 또 어떠한 시민적 의무를 지지 않고서도 — 많은 것들을 소유하고, 지배하며, 쉽게 팔아치운다. 이들이 바로 칸트가 주장했던 '방문의 환대'를 보편적 권리가 아니라 특권으로 바꿔놓은 자들이다. 물론 그 특권은 아무런 조건 없이 운이 좋아 얻은 것이 아니다. 그들이 가진 자본과 권력, 때로는 인종이나 종교가 방문 환대권을 누릴 수 있는 능력이자 자격이 된다. 하지만 칸트의 계획과 달리, 방문의 환대권을 누리는 탈영토적 엘리트들은 세계의 자본 종속화를 심화시킴으로써 잠재적으로 세계 평화를 거의 영구적 수준의 위험에 빠뜨리고 있다.

 국경을 넘어야 하는 다수의 사람은 칸트가 전제한 '공화국의 손님'이 아니다. 그들의 국가는 자국민의 생명과 삶을 보호하고 풍성하게 할 시스템을 아래로부터, 심지어 전체적으로 상실하였했다. 그래서

---

[14] 벤하비브는 칸트의 방문 환대권이 임시 체류권 내지 친교권에 머문다고 말한다. Seyla Benhabib, *The Right of Others – Alien, Residents and Citizens*, 이상훈 역, 『타자의 권리: 외국인, 거류민, 그리고 시민』(서울: 철학과현실사, 2008), 52.

[15] Zygmunt Bauman, *Liquid Modernity*, 이일수 역, 『액체현대』(서울: 필로소픽, 2022), 54.

문제적 존재로서의 '이주민'은 옮겨온 나라에서도 환영받지 못하지만, 떠나온 나라에서도 환송받지 못했다. 환송받지 못한 이주민은 새로운 삶에 희망을 걸고 있지만, 바우만의 말처럼 "열등하고 원시적인 존재, '저개발' 상태, 개혁과 계몽이 필요한 존재로 여겨졌을 뿐 아니라 퇴행적이고 '시대에 뒤처진' 존재, '문화적 지체'로 고통받고 진화의 사다리 맨 아래 단계에 머물고 있는 데다가 용서받기 힘들 정도로 느리고, 진화의 사다리를 오르거나 '보편적인 발전 유형'을 따른 것을 꺼림직하게 여기는 존재로"[16] 쉽게 취급받는다.

2) 환대의 불가능성과 환대의 어려운 가능성

'본국의 환송 없이 서러움을 안고 떠나온 이주'나 '본국의 박해를 피해 도망 나온 이주'는 왜 그토록 '환대받기'가 어려운가? 이 질문은 자크 데리다의 '환대 이론'을 통해 답할 수 있다. 하지만 널리 알려진 데리다의 환대 이론을 다시 반복하기 위해서는 그가 왜 무조건적 환대(순수한 환대)를 조건적 환대(관용)와 구별하면서 무조건적 환대의 불가능성을 해명하는 데 공을 들였는지 더 세밀하게 추적해야 한다.

그러나 데리다의 텍스트는 오독을 부른다. 어떤 이는 해체 철학자의 입에서 나온 *무조건적 환대*라는 말 자체에 지나치게 감동하여 아무 때나 아무 곳에서나 무조건적 환대를 강조하다가 자신과 사회를 위험에 빠뜨리거나, 타자를 위한 자신의 작은 선행을 '무조건적 환대'의 예로 자화자찬한다. '환대'의 현실적 행위들에 '적대'의 의도나 결과

---

[16] 위의 책, 53-54.

가 은폐될 수 있다는 사실, 즉 '적환대(hostipitalité)'의 가능성을 인지하지 못한다. 또 다른 이는 "무조건적 환대란 불가능하다. 조건적 환대만이 가능할 뿐이다"라는 말에 안도하며, 타자에게 작은 선행조차 하지 못하는 자신의 도덕적 무능을 인간 실존의 보편적 한계인 것처럼 변명한다. 두 사람 모두 선택의 내용만 달랐을 뿐, '무조건적 환대'와 '조건적 환대'를 양자택일의 대상으로 여긴다는 면에서 데리다의 환대 이론을 오독한다. 더 심각한 오독은 "인간은 무조건적 환대를 사유할 수만 있을 뿐, 그것으로 삶 전체를 살아갈 수 없다"라는 부가 설명에 집착하며, 무조건적 환대를 그저 몽상가의 형이상학적 놀이 대상으로만 한정하고 현실 속에서 행해지는 조건적 환대들에는 어떠한 영향도 끼치지 못하는 것으로 그 둘의 관계를 단절하는 것이다. 이 모든 오독은 데리다가 그토록 해명하고자 했던 아포리아, 즉 이질적인 '무조건적 환대'와 '조건적 환대'가 예고 없이 그리고 권리 없이 도래한 낯선 이방인 앞에서 상호 분리 불가분한 관계로 드러난다는 역설의 중요성을 완전히 놓치고 있다.

확실히 무조건적 환대로 삶을 영위한다는 건 실천적으로 불가능합니다. 여하튼 정의상, 우리가 무조건 환대를 조직할 수는 없습니다. 도착하는(arrive) 자는 도착하며, 결국 이것만이 사건이라는 이름에 걸맞은 유일한 사건입니다. 또한 순수한 환대라는 개념이 어떤 법적 지위나 정치적 지위를 가질 수 없다는 건 저도 잘 알고 있습니다. 그 어떤 국가도 순수 환대를 제 법률에다 기입할 순 없겠죠. 그러나 이 순수하고 무조건적 환대를, 환대 그 자체를 최소한 사유해보지도 않는다면, 우리는 환대 일반의 개념을 가지 못할 것이며 (자신의 의례와 법규, 규범, 국내적 관례나 국제적인 관례로 이루어지는) 조건부 환대의 규준조차 정할 수 없을 겁니다. (중략) 무조건적 환대는 법적이지도 정치적이지도 않지만, 그럼에도 불구하고 정치적인 것과 법적인 것의 조건입니다.[17]

그런데 그의 저서 『환대에 대하여』에는 위의 인터뷰와 병행하는 본문이 아래와 같이 있다.

> 거기엔 이상한 서열이 있다. **법**(무조건적 환대의 법)은 **법들**(조건적 환대의 법들) 위에 있다. 결국 **법**은 위법적이며 침범적이고, 법 밖에 있다; 아노미적 법, nomos a-nomos처럼 법들 위의 법, 그리고 법 밖의 법처럼(anomos) 있다. 그러나 환대의 법들의 저 위에 자리 잡고 있으면서도 환대의 무조건적 **법**은 환대의 법들을 필요로 하고, **법들**을 요청한다. (중략) 환대의 무조건적 법은 추상적인 것, 유토피아적인 것, 허상적인 것이 될 수도, 그러니까 결국 그 반대물로 돌아서버릴 수도 있을 터이다. 환대의 무조건적 **법**은 본래대로의 법이기 위해서 이처럼 **법들**을 필요로 한다. 자신을 부정하는 그 법들을, [부정까지는 아니더라도] 하여간 자신을 협박하고 때로 부패시키거나 타락시키기도 하는, 게다가 언제나 그렇게 할 수 있어야만 하는 그 **법들**을 필요로 한다.[18]

이 두 문단에서 데리다가 하고 싶었던 말의 핵심이 달라진 것은

17　Giovanna Borradori, 『테러 시대의 철학』, 233.
18　Jacque Derrida, *De l'hospitalité*, 남수인 역. 『환대에 대하여』(동문선, 2004), 105-106. 밑줄 친 부분은 필자 삽입.

없다. 다른 점이 있다면, '무조건적 환대'가 '무조건적 환대의 법'으로, '조건적 환대'가 '조건적 환대의 법들'로 표현이 첨가되면서 데리다가 하고 싶은 주장을 더욱 명백하게 알 수 있다는 점이다.

왜 '법'이 중요한가? '법'과 '법들' 사이에는 어떠한 차이가 있는가? 데리다의 설명에 따르면, 단수형으로서의 '법'은 "절대적이고 무조건적이며 과장적인 환대의 [유일무이한] 법(la loi)"으로서 "환대에 대한 정언명령"과도 같다.[19] 그러나 이 정언명령은 칸트가 말하는 이성적 인간의 선험적 도덕법으로서의 정언명령과 다르다. "환대에 대한 정언명령"은 나그네가 실제로 우리 앞에 도래하며 환대를 요청하는 순간에 시작되는 책임 명령이다. 그래서 환대에 대한 정언명령은 '정언명령'이라는 단어로 표현되었음에도 칸트가 아니라 에마뉘엘 레비나스에 가까운 것이다. 레비나스에 의하면, 주체는 세계를 향유하며 '집'이라는 자기만의 공간을 통해 안정성을 확보하지만, 느닷없이 '살려달라'고 요청하는 타자의 얼굴에서 어떠한 위험이 닥치더라도 그를 무조건 살리라는 '무한 명령'을 듣는다. 데리다가 말하는 환대에 대한 정언명령도 명령의 절대적 무게에 있어 스승의 '무한 명령'과 전혀 다르지 않다. 데리다도 "위험 없는 환대, 어떤 보증이 확보되어 있는 환대, 전적인 타자에 맞서서 대항 면역 체계로 보호되는 환대"[20]는 무조건적 환대의 정언명령이 될 수 없음을 인정한다. 그러나 그는 스승이 절대적으로 단호하게 물러서지 않고 강조하는 '무한 명령'에 대한 복종이 아이러니하게 현실적으로 초래하는 도덕적 무력감을 잘 알고 있었다.

---

19 위의 책, 104.
20 Giovanna Borradori, 『테러 시대의 철학』, 234.

'조건적 환대의 법들(les lois)'이라는 복수형 표현은 바로 이러한 문제의식에서 창조적으로 고안된 것이라 할 수 있다. 레비나스가 '무한명령'이라고만 단일하게 표현했던 것을 '법'과 '법들'로 구분하면서, 데리다 환대 이론은 '정치'에 대한 불신, 더 자세히 말하자면 법의 주체이자 법에 따라 통치되는 근대 국가의 정치를 불신하는 레비나스 윤리학의 맹점을 넘어설 수 있는 길을 열었다. "비참한 얼굴로 도래한 이방인을 절대 추방하지 말라"는 환대의 정언명령은 그 이방인의 도래와 함께 선주민에게 계시될 것이다. 그러나 명령을 받은 선주민은 레비나스가 전제했던 '세계를 홀로 향유 하던 자로서의 주체'와는 다른 존재다. 걱정스러운 얼굴로 도래한 이방인을 느닷없이 맞이하게 된 선주민에게는 그를 절대적으로 혼자 구할 수 있는 메시아적 소명이 없다.

하지만 다행스럽게도 인간은 공동체를 통해 이전부터 이방인의 도래에 응대해왔다. 비록 무조건적으로 절대적인 환대를 해온 것은 아니지만, 제한된 물자와 공간, 시간을 고려하며, 또한 선주민과 이방인 손님의 상호성을 고려하며 나름의 조건적 환대를 통해 적대적 관계로 전락하는 위험을 예방해왔다. 그러한 조건적 환대의 경험들은 환대의 관습을 만들고, 제도를 만들고, 정책을 만들었다. 국가 정치는 이러한 환대의 현실적 조건들을 논의하고, 합의하고, 결정하며 가장 상위의 공공 영역이 되어왔다. 복수형으로서의 '조건적 환대의 법들'이라는 말은 '조건적 환대'라는 단순한 표현보다 정치적 동물(zoon politikon)로서의 인류가 축적해온 환대의 정치적 기술 총체로서 현행법과 제도를 지시하는 데 더 적확하다는 장점이 있다. 선주민은 이러한 '법들' 덕분에 도래한 이방인을 당장 외면하지 않고 제한적이라도 돌볼 가능성을 얻는다.

정리하자면, 레비나스가 주장한 '타자를 향한 주체의 책임을 요청하는 무한 명령'은 데리다에게서 '이방인 환대에 대한 정언명령'으로 바뀌었다. 그러나 이 절대적 명령이 탁월하게 윤리적이고 자애로운 인간에게 도달된다고 해도 그 사람 역시 자신을 결국 완전히 잃지 않으면서 명령을 온전히 지켜내는 삶을 평생 유지하기 어렵다. 특히 이방인의 초췌하고 비참한 얼굴 뒤에 배신과 배반, 살인 의도를 숨기고 있을 위험을 상상한다면, 아무리 성인이라도 무조건적 환대의 손을 내민 순간 근원적 두려움에 몸을 움츠릴 수밖에 없다. 바로 이 현실 인식이 데리다의 '무조건적 환대의 불가능성'과 맞닿아 있다. 시공간이란 '조건' 안에 살아야 하는 인간 본연의 실존 **탓에**, 혹은 **덕분에** 어떤 인간도 자기 조건을 뛰어넘어 무조건의 환대에 도달할 수 없다.

물론, 물에 빠진 아이를 구하기 위해 *아무것도 따지지 않고* 즉각 뛰어들어 아이를 살리고 자기 생명은 잃은 의인이 없었던 것은 아니다. 의인이 '무조건 환대'의 가능성임을 부인할 수는 없지만, 그러함에도 데리다는 여전히 '무조건적 환대의 불가능성'이라는 생각을 포기하지 않을 것이다. 첫 번째 인터뷰 인용에서 말한 것을 다시 떠올린다면, '무조건적 환대의 불가능성'은 법적이며 정치적인 강제성으로 무조건적 환대의 실천을 교육하고 의무화하거나, 무조건적으로 환대하지 않을 때 법적이나 정치적으로 처벌하는 것이 불가능함을 근원적으로 지시한다.

중요한 것은 데리다가 무조건적 환대의 불가능성을 천명하면서도 환대의 여정을 중단하지 않았다는 사실이다. 오히려 그는 '환대의 법'으로부터 '환대의 법들'을 갈라내어 이 둘의 이질성과 분리 불가능성의 역설을 밝힘으로써 두 가지 엄청난 성과를 이루었다. 첫 번째로, 자기를 완전히 희생하면서까지 이방인을 무조건적으로 환대하도록 선주민에게 강요할 수 없지만, 선주민이 무조건적 환대의 준엄한 명령(정언명령)을 사유할 수 있다면 이방인을 향한 작은 환대들을 실천하도록 하는 윤리적 동기를 계속해서 얻을 수 있음을 설명해냈다. 둘째로, 그는 '환대의 법들'의 역할에 주목함으로써 더 안전한 삶의 터전을 찾기 위해 본국을 떠나온 이방인을 환대하는 길은 결국 '이주 국가'의 다양한 제도들과 정책들, 즉 '법들'을 통해서만 이루어질 수밖에 없음을 명확히 했다.

만약 정말로 어떤 선주민이 환대에 대한 정언명령에 복종하겠다고 이주민에게 자기 집과 직업, 인간관계 전체를 내어준다고 해도 이주민은 그의 자리를 온전히 누릴 수 없다. 선주민의 집도, 직업도, 인간관계 모두 국가의 주민명부에 기재된 시민의 이름으로서 얻은 것이다. 선주민의 이름까지 도둑질하며 그를 몰래 흉내 내는 거짓을 행하지 않고서는 그는 양보받은 자리를 온전히 누릴 수 없다. 그러니 이주민을 실제로 돕는 것은 안타깝게도 어떤 것도 묻지 않고 무조건적으로 모든 것을 베푸는 절대적 환대가 아니다. 실제로 돕기 위해서는 이주민과 많은 것을 서로 묻고 대답하며[21] 그가 원하는 세세한 조건들에 부합하도록 조정하고 타협하여 제공하는 수밖에 없다. 그가 원하는 것은 방문권도 친교권도 아니다. 인간답게 살 수 있는 '삶의 전체적 조건'을 보장하는 체류권인데, 이것은 자애로운 선주민의 마음이 아니라 이주

---

[21] 데리다는 "마치 이방인이란 물음으로-된-존재, 물음으로-된-존재의 물음 자체, 물음-존재 또는 문제의 물음으로-된-존재의 물음 자체, 물음-존재 또는 문제의 물음으로-된-존재이기라도 하듯이 말이다. 그러나 이방인은 또한 첫 물음을 제기하며 나를 문제 선상에 올려놓는 사람이다"라고 하면서, 이방인과 선주민 사이에 펼쳐지는 물음 속에 담긴 환대의 긴장감을 표현한다. Jacque Derrida, 『환대에 대하여』, 57-58.

국가의 시민권(적어도 시민권에 준하는 영주권) 발부로만 보장받을 수 있다. 바로 이러한 이유에서 데리다는 환대의 무조건적 법이 본래대로의 법이기 위해서라도 반드시 환대를 조건적으로 실행하는 법들이 필요하다고 주장하는 것이다.[22]

3) 환대의 조건적 법들의 해체와 재구성

데리다에 따르면, 무조건적 환대는 현실적으로 실천하기에 불가능하지만, 무조건적 환대를 상상하는 능력에 의해 조건적 환대의 실천이 그나마 가능하다. 하지만 조건적 환대도 결코 쉬운 것이 아니다. 한 명의 난민이 법적으로 난민 지위를 얻기 위해서는 수많은 진술서와 증거물, 보증서 등을 수집·제출한 뒤, 한참 지지부진한 난민 심사와 소송 과정을 통해 이주 정당성을 증명해야 한다. 그래도 대부분 거절당한다. 조건적 환대도 불가능에 버금가는 일이라고 표현해도 과장되지 않는다. 본 연구는 이것을 '조건적 환대의 어려운 가능성'이라고 부를 것이다.

왜 조건적 환대마저 이토록 어려운 것일까? 무조건적인 이방인 환대의 정언명령이 조건적인 법들에 의해서만 현실적으로 실행될 수 있다고 했다. 그러나 그 법들은 국가의 설립과 통치의 원리로 작동하고 있다. 이러한 상황에서 이주민에 대한 실질적 체류 환대의 주체는 무조건적 환대의 명령을 겸허하게 따르는 선한 선주민 개인들이 아니라, 다양한 조건을 따져 합법적인 체류권 자격을 판단하는 '주권 국가'

---

22 위의 책, 235.

이다. 그런데 공화국의 법들은 본질적으로 국민의 주권을 지킨다는 명분 아래 입법되고 집행된다. 외국인의 출입과 체류에 관련된 법들마저 외국인에게 환대를 순순히 베푸는 법이 아니라, 국민을 우선하여 보호하는 데 필요한 통제와 질서 유지의 특권법이다. 이 법들은 본질적으로 이주 국가의 권력과 유입된 이주민을 위계적 관계로 줄 세우는 '관용'의 실행법이다. 더군다나 대의민주주의 공화국에는 다수결 원칙 선거를 통해 뽑힌 정치인들이 자신들을 지지하는 국민의 의사를 반영하거나 배반하며 기존의 법들을 개정·폐지하거나 새로 만들기 때문에 이주민을 위한 조금 더 나은 입법은 전적으로 '정치' 영역에 달려 있다.

그런데 칸트의 방문 환대권이 공화국 간의 상호적 권리 인정을 다루는 '국제 정치'의 장에 넘겨져 있다면, 데리다의 이주민 환대 문제는 본질적으로 타국(이주자의 '본국'이나 세계의 '이웃국가들')과의 상호성과 관련 없는 순수 국내 정치에 달려 있다.[23] 대량 난민 발생 시 책임 있는 몇

---

[23] 데리다가 직접 '순수 국내 정치' 문제라고 명시한 것은 아니지만, 그렇게 추정할 근거는 있다. 데리다는 외국인(l'étranger) 환대의 어려움을 논하며, 칸트가 '방문의 환대'라는 개념을 통해 대상으로 삼고 있는 '적으로 취급될 수 없는 외국인'이라는 개념보다는 헤겔이 『법철학』에서 전제하는 "세 사회체(corps social), 즉 '가족'과 '사회', '국가' 밖의 권리 없는 외부인"으로서의 '외국인'이라는 개념을 통해 논증하려고 한다. 헤겔은 칸트 이후의 철학자이지만 칸트가 상상했던 개별 국가 상위체로서의 연방체 논의를 배제하고, 개별 국가를 최상위체로 보았다. 데리다는 헤겔의 세 가지 사회체를 기초로, 환대의 윤리가 일반적 의미의 법철학과 분리할 수 없으며, 선과 악, 좋음과 나쁨과 관련된 도덕적이고 자유로운 주체성의 의지로서의 도덕성이 아니라, 객관적 도덕성, 즉 법과 관련 있다고 강조한다. 즉, 데리다는 외국인 환대의 문제가 칸트의 보편적 세계주의가 아니라 일개 가족과 시민사회, 그리고 궁극적으로 주권 국가(nation) 차원의 '자기다움(ipséité)'과 갈등이 빚어지는 경계의 문제이며, 이는 결과적으로 법적이고 법정치학적 차원의 문제임을 강조한다. Jacque Derrida, *Hospitalité volume I* (Paris: Edition du Seuil, 2021), 85-86. 그러나 데리다는 늘 자신의 논의를 비틀며 새로운 관점을 제시하기도 하는데, 망명자들에 대한 국가 주도의 환대가 지연되는 것을 문제 삼으며 국가 공동체보다는 더 작은 도시 공동체 중심의 망명자 환대를 상상하기도 한다. 특히 민수기의 '도피성'을 이상적 모델로 제시하며 망명자나 난민을 위한 시민 정치의 회복을 강조한다. 이를 통해 국제 외교 정치를 지시했던 칸트의 **코스모폴리타니즘**을 지역 도시 정치 중심의 코스모**폴리타**니즘으로 새롭게 제시한다. Jacque Derrida,

개국이 모여 그 수용에 대해 외교적인 협상으로 상대 국가를 압박할 수는 있지만, 문제를 해결한 적이 거의 없다. 결국 몸이 하나인 이주민에게 체류를 권리로 인정하는 주체는 최종적으로 '개별 국가'이다. 이주민은 선주민의 집에 편안히 초대받기 위해서라도 국가로부터 체류의 환대가 필요하다. 이주민은 이방 국가의 문을 두드리는 자다.

최소한 이주자의 체류권과 관련하여 최종 결정이 '개별 주권 국가'에 넘겨져 있으며, 개별 국가의 '정치'는 이주민 환대 조건의 양과 질을 성문화한 법들을 자국의 상황에 따라 수시로 수정하고, 개정하고, 폐지하며, 입법한다. 바로 이러한 이유에서 "법(여기서는 법들의 총체를 의미)의 정의, 법으로서의 정의는 정의가 아니다. 법들은 법들인 한에서는 정당하지 않다. 우리는 법들이 정당하기 때문이 아니라 권위를 갖고 있기 때문에 그것들에 복종한다"라는 데리다의 지적에 집중해야 한다.[24]

'법의 정의'는 데리다가 비판의 근거로 삼고 있는 "법 바깥에 또는 법 너머에 있는 정의 그 자체"[25]와 완전히 다른 것이다. '법의 정의'는 앞서 스미스가 주장하는 '동감'의 시민적 상호 승인을 전제하는 낮은 수준의 '정의'와 유사하다. 쉽게 말해, 하나의 국경 안에 거하고 있는 국민 사이에 타인의 권리를 침범하는 자를 처벌하는 정의, 나아가 국경을 침범한 외국인을 추방하는 정의와 같은 것이라 할 수 있다. 그러

---

trans. by Mark Dooly and Micheal Hughes, *On Cosmopolitanism and Forgiveness* (London & New York: Routledge, 2001), 3-24.

[24] Jacque Derrida, *Force de Loi*, 진태원 역. 『법의 힘』(서울: 문학과지성사, 2004), 29. 괄호는 필자가 삽입. 신학자 테드 W. 제닝스는 '법 바깥의 정의'를 바울의 삶에서 찾아내며 Outlaw Justice라고 불렀는데, 우리말로 '무법적 정의'라고 번역되었다. Theodore W. Jennings, *Outlaw Justice*, 박성훈 역. 『무법적 정의』(서울: 길, 2018).

[25] Jacque Derrida, 『법의 힘』, 33.

나 데리다는 이러한 '법의 정의'와는 비교할 수 없는 최고 심급의 정의가 있으며, 이 정의가 개별 국가 법들의 부당함을 폭로하고 해체하게 하는 기준이라고 주장한다. 본 연구가 강조해야 할 것은 한 국가에 이미 실효적인 환대의 조건적인 법들은 영원히 불변하는 절대법이 아니라, '법 바깥의 정의'에 의해 언제라도 해체할 수 있는 것들이라는 사실이다.[26]

데리다의 '해체주의'는 지나치게 과격해서 비현실적인 혁명이론으로 폄하됐다. 그러나 안 뒤프르망셸에 의하면 데리다는 언제나 한계까지 끌고 가는 과장법의 "서스펜스"를 사용하길 좋아했다.[27] 독자의 사고를 한계까지 밀어붙이는 언어와 사유 방식을 통해 보이지 않던 세계의 억압이 드러나고 새로운 변화 가능성을 논할 수 있는 공간이 생기기 때문이다. '해체 가능한 법들'이라는 표현만으로 데리다를 무정부주의적 허무주의자로 단정할 수는 없다. 이 과장된 표현이 지시하는 바는 결국 선주민에게 무조건적 환대의 정언명령에 따라 이주민을 차별하고 배제하는 야박한 현행법들을 수정하고 개정할 수 있는 의무와 능력이 있음을 일깨우는 것이다.

그 의무와 능력은 어디서 주로 실행되는가? 다시 강조하지만, 이주민에 관한 법들의 개정이나 폐지, 입법이 논의되고 실행되는 곳은 곧 '개별 국가'의 정치 영역이다. 데리다는 '**정치화**(politisation)'라는 개념을 통해 "기존의 정치적 개념들을 개조하거나 기존의 정치적 영역 내에서 중요한 것과 부차적인 것 사이에 설정되었던 위계질서를 **해체**

---

26 위의 책, 33-34.
27 위의 책, 34.

하고 재구성하는 작업, 또는 더 나아가 지금까지 전혀 정치적인 것으로 간주되지 않았던 문제에 함축되어 있는 정치적 쟁점들을 드러내는 것 등을 포괄하는 매우 광범위한 작업"의 필요성에 주목했다.[28] 물론, 시민 개인들과 계급 간의 이기심이 투쟁하는 곳이자, 국가주의가 애국심으로 둔갑하며 인종주의가 차별을 정당화하는 곳이 바로 정치 영역임을 부인할 수 없다. 그래서 완벽한 실천으로서의 "정치적 환대는 불가능한 것"일 수밖에 없다.[29] 그러나 무조건적 환대를 상상할 수 있고 그 상상의 내용을 정언명령으로 계시받는 이들[30]이 "무조건적 환대와 조건적 환대라는 두 환대 사이의 (더 나은) 타협"[31]을 이룰 수 있는 곳도 정치적 영역일 수밖에 없다. 즉, 이전보다는 더 나은 법들로 개정하고, 또다시 그보다 더 나은 법들이 입법되게 하는 수밖에 없다. 데리다의 말처럼 "정치화는 ― 비록 결코 총체적일 수 없으며, 총체적이어서도 안 되지만 ― 끝이 없는 것"이다.[32] 바로 그것이 불가능한 것을 약속하는 "도래할 민주주의(Le démocratie à venir)"에 대한 데리다의 철학적 종말론 신앙이라고 할 수 있다.[33]

이제 가장 근원적인 질문이 남았다. 옷자락에 칼을 숨겨뒀을지도

---

28 위의 책, 60. 인용은 데리다의 용어 '정치화'에 대한 옮긴이의 해주임.

29 Guillaune Le Blanc, Fabienne Brugère, *La Fin de l'Hospitalité* (Lonari: Flammarion, 2017), 103.

30 홍태영은 무조건적 환대와 조건적 환대 사이에서 더 나은 타협을 만들기 위해 투쟁하는 이들에 대해 "법의 테두리를 설정하고 권리의 확장과 실현을 제한하려는 권력을 넘어서는 권력의 주체"라고 말한다. 홍태영, 「타자의 윤리와 환대 그리고 권리의 정치」, 『국제·지역연구』 27(1), 2018, 99.

31 Giovanna Borradori, 『테러 시대의 철학』, 236. 괄호는 필자 삽입.

32 Jacque Derrida, 『법의 힘』, 60.

33 인용은 데리다의 책 제목에서 따옴. Jacque Derrida, *Le Démocratie à Venir* (Paris: Galilee, 2004).

모를 이방인을 환대하기 위해 도대체 왜 선주민은 자신의 안전과 풍요를 지켜주는 법들을 해체하고 재구성하는 어려운 길을 계속 가야 하는가? 왜 선주민은(또는 이주민은) 환대의 무조건적 법을 정언명령이 아니라 가언명령 정도로 취급하는가?[34] 그런데도 결국 왜 선주민은(이주민은) 환대의 무조건적 법을 외면할 수 없는가? 그러나 "왜"라는 질문에 누구도 "왜냐하면…"이라고 답하며 모든 사람을 빠짐없이 설득할 수는 없다. 칸트는 이성의 법인 정언명령은 인간이 이성적이기 때문이라는 동어반복으로 답했을 뿐이다. 레비나스는 그저 "타자의 고통스러운 얼굴이 내게 명령한다"라고 말하는 데서 모든 것을 시작할 뿐이다. 스승을 따르는 데리다는 타자 얼굴의 수신자를 윤리적인 개인 주체에서 공동체의 시민으로 확장했을 뿐이다.

그런데 그 질문은 결국 "왜 고통이 있는가?", "왜 악이 있는가?"라는 신학적 질문에 맞닿아 있다. 물론 기독교 신학도 완벽하게 답하지는 못한다. "첫 인간이 선악과를 따먹고 하나님의 말씀을 어겨서"라는 대답은 너무 유치하고, "하나님은 모든 역사를 주관하신다"라는 대답은 너무 장대하다. 기독교인이 할 수 있는 정직한 대답은 "너희가 여기 내 형제 중에 지극히 작은 자 하나에게 한 것이 곧 내게 한 것이니라"(마 25:40)에 따랐다는 것뿐이다. 참으로 당혹스럽다. 그러나 정확히 말해, 돌봄 받을 자의 도래는 기독교인에게 당혹스러운 신비이며, 당혹스러운 은혜이다.

---

34 이상철·김남석은 데리다의 환대 윤리에 담긴 '무조건적 환대의 정언명령'의 의의를 높게 평가하며, "현실 세계를 지배하는 자본의 정언명령에서 벗어나려는 대항 담론으로 환대의 윤리는 21세기 자본의 전체성에 틈과 균열을 내는 역할을 함과 동시에, 여전히 변혁을 꿈꾸는 사람들에게는 사고의 전환과 구체적 실천으로 돌입할 것을 요청하고 있다"라고 말한다. 이상철·김남석, 「난민 시대 환대의 기독교 윤리」, 『신학사상』 19(2020), 299.

그래도 자기 것을 양보하기 위해서는 자기에게도 조금이나마 유익이 있어야 한다고 생각하는 사람들을 위해 조금 더 실효적인 답을 찾아야 한다면, 무조건적 환대에 대한 사유를 하지 않는다면 "타자에 대한 관념, 타자의 타자성에 대한 관념"을 갖지 못할 것이라고 말한 데리다의 앞선 인터뷰를 성찰하는 것이 도움이 될 수 있다. 타자의 타자성에 대한 관념이 왜 중요한가? 주체는 가장 이질적인 타자의 도래를 맞이할 때 오히려 '자기다움(ipséité)'이 명백해진다. 마찬가지로, 가장 이질적 타자인 이주민의 도래를 맞이할 때, 선주민도 오히려 '자기다움'을 찾을 수 있다. 낯선 문화적 틀을 가지고 온 이주민에게는 선주민이 이제까지 익숙하게 지내온 "집단생활의 문화적 틀"을 재고하게 만드는 힘이 있다.[35]

그런데도 많은 선주민이 이주민만 제거하면 국가의 안정과 번영이 이룩될 수 있을 것이라는 전체주의적 사고를 버리지 못한다. 가장 낯선 타자인 '이주민'의 타자성을 가차 없이 제거하는 사회에서는, 그보다는 덜 낯설지만 여전히 타자성이 짙은 국가 내부의 선주민 타자들이 도미노처럼 차별과 배제에 시달려갈 것이다. 정치적인 것과 법적인 것의 조건이 되는 무조건적 환대 명령에 대한 윤리적이며 정치적 상상을 우습게 여기는 사회에서는 결국 조건적 환대만이 도덕과 정치의 규범이 되고, '조건'의 특성상 시간이 지남에 따라 언제나 더 야박한 쪽으로 축소될 것이다. 이주민이 살 수 없는 곳에서는 장애인도, 여성도, 성소수자도, 노인도, 비정규직 노동자도, 즉 국가 내부의 하위 주체들도 삶의 권리를 연달아 제한받게 될 것이다.

---

35 김애령, 『듣기의 윤리: 주체와 타자, 그리고 정의』(서울: 봄날의박씨, 2020), 162.

3. 히브리 성서에 나타난 이주민 환대의 어려운 가능성

지금까지 살펴본 주권 국가 내에서 발생하는 이주민 환대의 어려운 가능성을 기초로, 본 연구는 기독교 정치윤리학의 관점에서 한국 개신교인이 이주민 환대의 정치에 무관심하거나 오히려 적대의 정치를 펼치는 원인을 분석하고자 한다. 이를 위해 먼저, 성서에 대한 문자주의적 경향성이 강한 한국 기독교인에게 나타나는 성서 이해의 편견을 살펴보고, 나아가 이주민에 대한 태도가 한국 보수개신교의 국가관과 어떻게 연동하는지 분석해보고자 한다.

성서가 이방인에 대한 차별을 금지하고 환대할 것을 가르치고 있다는 것은 비기독교인에게도 널리 알려진 상식이다. 대표적으로 히브리 성서의 관련 구절은 다음과 같다.

히브리어 원어 - '게르(Gēr)'로 표현된 구절

① 너는 이방 나그네를 압제하지 말며 그들을 학대하지 말라 너희도 애굽 땅에서 나그네였음이라(출 22:21)

② 너는 엿새 동안에 네 일을 하고 일곱째 날에는 쉬라 네 소와 나귀가 쉴 것이며 네 여종의 자식과 나그네가 숨을 돌리리라 (출 23:12)

③ 네 포도원의 열매를 다 따지 말며 네 포도원에 떨어진 열매도 줍지 말고 가난한 사람과 거류민을 위하여 버려두라 나는 너희의 하나님 여호와이니라(레 19:10)

히브리어 원어 - '토샤브(Tōwōšāḇ)'로 표현된 구절

④ 이 여섯 성읍은 이스라엘 자손과 타국인과 이스라엘 중에 거류하는 자의 도피성이 되리니 부지중에 살인한 모든 자가 그리로 도피할 수 있으리라(민 35:15)

⑤ 안식년의 소출은 너희가 먹을 것이니 너와 네 남종과 네 여종과 네 품꾼과 너와 함께 거류하는 자들과 네 가축과 네 땅에 있는 들짐승들이 다 그 소출로 먹을 것을 삼을지니라(레 25:6-7)

성서가 분명히 말하고 있는데도 왜 많은 개신교인은 이주 노동자나 이슬람 난민 등과 같은 현대적 나그네를 후하게 환대하지 않을까? "사랑이 부족해서"일까? 그러나 본 연구는 이주민이 요구하는 체류는 '권리'의 문제이기에 윤리적 개인의 사랑만으로는 해결할 수 없음을 여러 차례 주지했다. 권리의 부재는 현행 법체계가 인정하는 권리 너머의 권리, 즉 데리다의 표현으로 '법 바깥의 법'이 주는 정의 감각이 있어야 '문제'로 다가올 수 있으며, 문제를 풀기 위한 '노력'도 할 수 있다. 그런데 정의 감각은 바른 앎 없이는 불가능하다. 문제는 21세기 개신교인의 편견이 동시대 이주 노동자나 난민 등이 성서에서 말하는 바로 그 '이방 나그네'와 다르지 않음을 인식하는 것을 방해함으로써 이주민을 향한 정의 감각을 억제하는 데 있다.

곤란하게도 성서 자체가 편견의 일차적인 근거를 제공한다. 성서에는 이방인을 차별하지 말고 환대하라는 내용만이 기록되어 있지 않다. 이방인에 대한 적대감 표출, 차별과 배제를 당연시하는 논조, 이방인을 이스라엘 민족을 괴롭히는 원수로 전제하거나 복수해야 할 대상이자 하나님의 심판 대상으로 표현하는 구절들을 적지 않게 찾을 수

있다.

히브리어 원어 - '자르(Zār)'로 표현된 구절

⑥ 너희의 땅은 황폐했고 너희의 성읍들은 불에 탔고 너희의 토지는 너희 목전에서 이방인에게 삼켜졌으며 이방인에게 파괴됨 같이 황폐했고(사 1:7)

⑦ 타국인의 손에 넘겨 노략하게 하며 세상 악인에게 넘겨 그들이 약탈하여 더럽히게 하고(겔 7:21)

⑧ 그런즉 너희가 나는 내 성산 시온에 사는 너희 하나님 여호와인 줄 알 것이라 예루살렘이 거룩하리니 다시는 이방 사람이 그 가운데로 통행하지 못하리로다(욜 3:17)

히브리어 원어 - '네카르(Nēḵār)'로 표현된 구절

⑨ 모든 이방 사람들과 절교하고 서서 자기의 죄와 조상들의 허물을 자복하고(느 9:2)

⑩ 내가 이와 같이 그들에게 이방 사람을 떠나게 하여 그들을 깨끗하게 하고 또 제사장과 레위 사람의 반열을 세워 각각 자기의 일을 맡게 하고(느 13:30)

히브리어 원어 - '노크리(nāḵərî)'로 표현된 구절

⑪ 이방인에게는 네가 독촉하려니와 네 형제에게 꾸어준 것은 네 손에서 면제하라(신 15:3)

이방인에 대한 상반된 내용으로 인해 많은 기독교인은 성서의 가르침을 자의적으로 선택한다. 그 자의성에는 '하나님 나라 시민'이 아니라, '인간 나라의 선주민'이라는 정체성이 반영된다. 어떤 기독교인이 미등록 이주민 노동자나 난민에 대해 적대의 마음으로 기우는 데는 그가 ①~⑤의 이방인 환대의 성서 말씀을 의도적으로 거부해서라기보다 그 이방인을 ⑥~⑪에 기록된 자들과 같이 적대해도 마땅한 부류로 분류하고 있을 가능성이 크다.

왜 그렇게 분류하는가? 첫째, '문제적' 이주민의 상당수가 동남아와 서아시아, 북아프리카 출신의 무슬림이라는 사실(혹은 오해)에 근거한다. 냉전 이데올로기의 갈등이 기독교-이슬람교의 대립으로 전이되는 과정에서 서방 언론은 아랍 지도자들에게 극도로 과장되게 표현된 '괴기스럽고 악인다운' 얼굴 이미지를 덧씌우며 이슬람 전체를 세계평화를 위협하는 테러 집단이자 '악의 축'으로 지목하는 데 성공했다. 서방 언론을 통해 국제정세를 바라보는 데 익숙한 한국인도 — 중동특수 시절의 '형제애'를 망각하고 — 서방 언론의 '얼굴 생산(production of the face)' 정치[36]에 고스란히 영향을 받았다. 특히 개신교인은 유대교와 친밀성이 높은 미국 보수개신교의 영향을 직접적으로 받으며, 현대 이스라엘 국가와 팔레스타인·아랍국가들 사이의 무력충돌 상황에서 무슬림에 대한 적대감에 너무 쉽게 동화됐다. 이러한 상황에서 장기 취업비자를 신청하는 자나 비자 종료에도 체류하고 있는 자, 난민인정을 요청하는 자가 무슬림일 경우, 적지 않은 개신교인이 가난이나 생명 위협에 직면한 그들의 실존적 상황을 살펴보기보다 '이슬람교'라는 적대적 집단으로 전체화한다.

둘째로, 자본주의와 자유주의로의 친밀성이 매우 높은 한국 개신

---

[36] Judith Butler, *Precarious Life*, 양효실 역, 『불확실한 삶』(부산: 경성대학교 출판부, 2008), 196.

교인은 이주민이 한국 사회에 이바지하는 공로(앞으로 기대되는 기여 포함)를 인정하기보다 노동의 질에 비해 과한 임금과 복지 특수를 노리는 탈취자들로 여기는 세속적 정서를 비판 없이 공유한다. 여성 차별과 (성)폭력을 일삼는 범죄자 집단으로 일반화하는 경향도 강하다. 개신교인은 자본주의 사회의 노동자 덕목인 '근면·성실'이라는 도덕으로 이주 노동자의 기여도를 비교 평가하고, '자본가'나 '경영자'의 관점에서 이주 노동자 상당수가 담당하는 비숙련 노동의 가치를 평가절하는 데 익숙하다. 가부장적 풍토가 강하게 남아 있는 이슬람 이주 가정 내 여성의 낮은 지위를 문화 다양성의 관점에서 신중히 접근하기보다 서방 자유민주주의의 여성 인권 관점에서 성급하게 '성차별'이라 비난한다.

이러한 두 가지 이유에서 이주민을 적대적으로 인식하는 개신교인은 아무리 이방인 환대를 가르치는 말씀을 읽어도 "그를 죽이지 말고 환대하라"는 명령을 듣지 못한다. 주디스 버틀러의 통찰처럼 "타자의 고통스러운 얼굴 앞에서 '죽이지 말라'는 명령을 받기도 하지만, 동시에 그 얼굴에 담겨 있는 불확실함이 주는 원초적인 공포로 인해 자기본위의 이기성이 작동되어 '그를 죽게 내버려두라'는 '강력한 살인에 대한 욕망'에 휩싸"이게[37] 되기 때문이다. 그래도 신앙의 양심에 문제 될 것이 없다. ⑥~⑪에서 보듯 이방인을 배척해도 되는 근거를 성서에서 어렵지 않게 찾을 수 있다.

그러나 정말 그런가? 질문에 신중히 답하기 위해서는 개역 성서에 '이방인'과 그 유사어들로 번역된 총 5개의 원어 '게르', '토샤브', '자르', '네카르', '노크리'를 살펴보아야 한다. 모든 언어의 유사어가

---

[37] 김혜령,「레비나스 얼굴 윤리학의 진보적 수용: 주디스 버틀러의 '적의 얼굴을 향한 정치 윤리학'」, 강영안 외,『레비나스 철학의 쟁점들』(파주: 그린비, 2017), 259.

그렇듯이 이 단어들도 문맥에 따라 구별하여 사용되었다. 먼저, ①~⑤의 구절에서 볼 수 있듯이 이스라엘 민족이 이방인을 환대할 것을 명령하거나, 이미 이방인이 이스라엘 민족 안에 동거하는 존재로 표현할 때 '게르'와 '토샤브'라는 단어가 주로 쓰였다. '게르'는 히브리 성서에 가장 자주 등장하는 '이주민'을 뜻하는 말로, 주로 자신이 태어나고 자란 공동체를 떠나 다른 부족 사이를 여행하거나 그곳에서 체류하는 외국인을 뜻한다.[38] 이들은 가난한 외국인 이주민으로 이스라엘 민족 가운데 더불어 살면서, 사회적으로나 경제적으로 하위계층(사회적 약자)을 이루었던 존재들을 언급되는 경우가 많다.[39] 주로 일용직 노동력을 제공하며 생계를 유지했다.[40] "나그네 이방인을 억압하지 말라"(출 22:21)라는 구절이 이스라엘의 나그네 보호법의 핵심에 있는데,[41] 이때 사용되는 용어도 '게르'이다.

'토샤브'는 '게르'와 성서에서 거의 같은 개념으로 사용되었다. 그러나 '게르'가 종종 민족을 가리지 않고 이스라엘 공동체 안의 '사회적 약자'를 통칭하기도 했던 것에 비해, '토샤브'는 민족적으로 구별된 '외국인'이라는 뜻이 더 강하게 나타난다. 또한 "게르가 장기 체류하는 외국인에게 주로 사용되었던 단어인 데 비해, 토샤브는 임시로 체류하는 외국인을 지칭하는 말로 사용되었다."[42] '토샤브'는 종교와 사회면

---

[38] 김해성·한진상, 「구약성서에 나타난 '이주민' 개념에 관한 연구」, 『신학과 실천』 23(2010), 375.
[39] 라이너 케슬러, 「히브리 성서에 나타난 이스라엘과 이방인」, 『구약논단』 20(1), 2014, 14.
[40] 유윤종·석말숙, 「구약성서의 입장에서 본 이주 노동자 복지에 대한 교회의 개입방안들」, 『구약논단』 15(1), 2009, 188.
[41] 김해성·한진상, 「구약성서에 나타난 '이주민' 개념에 관한 연구」, 379.
[42] 위의 논문, 383.

에서 이스라엘 민족에 덜 동질화된 자들로, 이스라엘 신앙으로 개종하지는 않았으나 종교에 호의를 가지고 있는 자들을 가리키기도 한다.[43] 성서는 게르에 비해 동질화가 덜 된 '토샤브' 이방인도 이스라엘 민족의 도피성을 사용할 수 있다거나(민 35:15), 안식년의 소출도 함께 나눠 먹을 수 있도록 명령함으로써(레 25:6-7) 히브리 성서에 나타나는 이방인 환대 중 가장 넓은 포용성을 담고 있는 말이라 할 수 있다.

그러나 ⑥~⑧구절에 등장하는 '자르' 이방인은 완전히 다른 이방인을 지칭하는데, "이스라엘 민족과 대조되는 이방 민족, 즉 앗수르, 바벨론, 그리고 애굽 등과 같은 이스라엘 적국들의 민족들을 의미한다."[44] 즉, '자르'는 이스라엘 국가와 민족을 짓밟을 만큼 강한 '열강' 국민이라는 사실을 전제하는 용어이다. '네카르'와 '노크리'는 일반적으로 '국적이 다른' 외국인을 지칭하는 중립적 용어로 사용되지만, ⑨~⑪처럼 이스라엘 민족의 적대적인 외국인이나 원수를 뜻할 때, 또 그들을 배제할 때도 사용되는 용어로서 전반적으로 '게르'나 '토샤브' 보다 부정적인 의미를 포함하는 외국인 지칭에 쓰인다.[45]

그렇다면 히브리 성서가 후한 환대의 대상과 적대의 대상을 나누는 결정적 기준은 "도래한 이방인이 이스라엘 민족과 같은 종교를 믿는가?"나 "정결한 공동체 구성원으로서 자격이 있는가?"가 아닐 것이다. 히브리 성서 전반에 흐르는 이스라엘 공동체가 특별히 배려해야 할 대표적 약자들, 즉 고아와 과부의 연장선에서 이방인을 향한 환대와 적대의 구분은 "도래한 이방인을 돌봐줄 자국이나 자민족 공동체가

---

[43] 위의 논문, 384.
[44] 위의 논문, 386.
[45] 위의 논문, 385.

존재하는가?"와 깊은 관련이 있다고 할 수 있다. 그러한 면에서 대한민국 정부를 향해 체류권을 요청하는 이주 노동자나 난민은 '자르'나 '네카르', '노크리' 등과는 존재론적으로 다른 상황에 부닥쳐 있다. 그들의 국가는 빈곤과 기아, 전염병과 전쟁, 정치적 위협과 인종학살, 종교탄압, 성차별, 그리고 기후위기 등으로 국민의 생명과 삶을 지켜줄 수 있는 시스템이 미비하거나 심각한 위기에 빠졌다. 본국을 도망쳐 도피성을 찾는 '토샤브'처럼, 불안정한 일자리로 생계를 지켜나가는 외국인 노동자 '게르'처럼 그들도 '국적 자체가 위협이 되는 자'이거나 '국적은 있으나 소용이 없는 자'이다.

물론, 두 가지 측면에서 반론이 가능하다. 먼저, 히브리 성서가 이방인의 '종교'보다 '가난'이나 '생명의 위협', '노동의 불안정' 같은 위급성과 취약성을 환대의 본질적 기준으로 삼았다고 해도 '게르' 외국인은 이미 이스라엘 종교로 개종한 자들이며, '토샤브' 외국인도 최소한 이스라엘 종교에 호의적인 태도를 보였다. 즉, 정결 공동체로서의 이스라엘을 위협하지 않은 선량한 외국인임이 확인된 존재들이다. 그러나 극단적 이슬람주의의 테러가 전 세계를 위협하는 현대사회에서 대한민국에 체류하기를 원하는 무슬림 노동자나 난민이 선량한 자인지 확정적으로 판단하는 것이 불가능하다고 주장할 수 있다. 그들은 우리의 적진에서 — 사실은 우리 우방의 적진에서 — 온 자들이기 때문이다. 그러니 안전을 보증할 수 없는 이주민의 체류 요청을 히브리 성서를 근거로 받아들이자고 하는 것은 기독교의 '환대 복음'을 너무 과잉적으로 확대한 것이라는 비판적 주장이 가능하다.

둘째로, 히브리 성서가 이주자에게 베풀라고 가르친 환대가 아무리 "차별하지 말라"는 것이더라도 그 대우 수준이 이스라엘 민족 내부의 취약 계층인 가난한 사람이나 종이 누리는 정도에 머물기 때문에 평균 이상의 선주민이 누리는 권리와 완전히 같은 수준을 허락할 수는 없다는 주장이다. 즉 히브리 성서가 가르치는 이방인 환대 명령은 레비나스가 주장한 '무한 명령'이나 데리다가 가르친 '이방인을 향한 무조건 환대의 정언명령'과는 질적으로 다른 '조건적 환대'에 해당할 뿐이기에 현대 기독교인의 책임을 너무 과도하게 생각하면 안 된다고 주장할 수 있다.

그러나 기독교인은 히브리 전통을 이으면서도 예수를 따르는 제자가 되겠다고 결심한 자이다. 데리다가 *사변적으로* 예견한 '무조건적 환대'의 치명적인 위험이 예수가 몸소 보여준 '원수 사랑'에는 *실제로* 일어났다. 따라서 기독교인이라면 '자신이 위험하지 않은 수준에서 할 수 있는 것만큼만 감당하는, 타자에 대한 조건적 책임'에 당당해할 수 없다. 기독교인에게 위험은 환대를 축소하거나 철회해야 할 정당한 근거가 아니다. 물론 기독교인에게도 '원수 사랑 명령'은 늘 현실에서 전부 따르는 것이 불가능하다. 하지만 이 어려움을 근거로 '원수 사랑 명령'이 과도하다고 비판할 수는 없다.

하지만 반론에 대해 가장 높은 심급의 '원수 사랑 명령'으로 답하는 것은 논리적으로 과잉 재반론이다. 따라서 조금 더 합리적으로 세밀하게 따져 답할 수 있다. 현재 대한민국에서 이주민 노동자 다수의 체류를 결정하는 '외국인 노동자 고용허가제'는 기본권으로서의 노동권에 속하는 노동자의 직장 변경 및 선택의 완전한 자유를 이주 노동자에게서 박탈해왔을 뿐만 아니라, 2023년에는 그나마 "사업장 변경 횟수를 3년간 3회로 제한"했던 규정에서 더 후퇴하여 이주 노동자가 "권역별 단위 안에서만 사업장을 변경"하도록 하는 개악을 실행했다.[46] 이주 노동자의 직장 선택의 자유를 현격히 침해하는 이러한 조치들은 노동 현장에서 임금 체불이나 폭행, 폭언, 감시, 감금 등의 원인이 되면서 심각한 외국인 노동자 차별의 토대가 된다. 난민에 대해서도 대한민국은 2022년 기준 「난민법」 시행 10년에도 불구하고 난민 인정률 2%를 보이며 OECD 가입국(OECD 국가 평균 23%) 중 최하위를 벗어나지 못하고 있다.[47] 대한민국은 취약한 이주민을 '야박한 조건들'로 통제하면서, 세계의 조건적 환대 중에서도 가장 낮은 수준을 유지하는 대표적 '이주 악당 국가'이다. 이러한 현실을 직시한다면, 대한민국의 외국인 노동자 환대 수준은 여전히 히브리 성서가 가르치는 후한 환대의 기준에 현격히 미달한다. 이만한 환대면 과하다는 반론이 과하다.

반론의 저변에는 이주민과의 공존에 대한 과장된 위험 의식과 자신의 권리를 조금도 양보하고 싶지 않은 선주민의 심보가 숨겨져 있다. 그러나 한국 기독교인만 그런 것은 아니다. 프랑스 내 무슬림 이주자가 폭발적으로 증가한 상황에서 폴 리쾨르는 기독교 배경을 가진 선주민 프랑스인의 과장된 위기의식을 다음과 같이 에둘러 비판했다.

> 우리는 지나치게 그들을 오직 극단주의적 위협의 시각하에서만 보는 경향이 있습니다. 반면 우리가 그들에게 역으로 가하는 위협, 곧 해체의 위협 — 적어도 이것은 저와 친한 이슬람 친구들이 제게 하는 말입니다 — 은 잊고 있습니다. 그들은 우리를 옛 식민

---

[46] 유하라, "강제노동비판 고용허가제 이젠 '지역 제한'까지 더해", 『인터넷신문 레디앙』, 2023년 12월 6일. https://www.redian.org/news/articleView.html?idxno=176188, 접속일 2024.07.10.

[47] 박예슬, "허울뿐인 난민법, 인정률 2% OECD 꼴찌", 『가톨릭평화신문 인터넷판』, 2023년 11월 08일. https://news.cpbc.co.kr/article/1112833, 접속일 2024.07.10.

지 지배자들, 다시 말해 정복과 복종의 관계에 있는 자들로 여기지는 않지만, 해체의 위협으로 여깁니다. 그들은 우리 사회가 해체의 도상이 되고 있다고 진단하고 있으며, 자신들이 이 해체의 피해자가 되는 것을 거부하고 있습니다.[48]

조건적 환대의 나쁜 법들을 해체해야 할 의무가 있는 기독교인이 안타깝게도 '위험'을 핑계로 취약한 이주민의 삶을 해체하는 현실을 조장하거나 아예 무관심으로 대응한다. 그러나 위험이 확증적인 것은 취약한 이주민이 아니라, 그들의 생명이며 그들의 삶이다.

4. 한국 보수개신교의 국가관과 이주민

기독교인이 이방인에 대한 개방성을 회복하기 위해서는 일차적으로 성서에 담겨 있는 이방인을 향한 상반된 두 시선의 배경과 차이를 잘 이해해야 한다. 하지만 올바른 이해에 다다른다고 해도 많은 이들이 여전히 실천적으로 이방인 환대의 어려움에서 벗어나지 못한다. 개신교인의 '(세속) 국가'에 대한 왜곡되거나 빈약한 이해가 이방인을 환대하는 '정치화' 작업을 방해하거나 무관심하게 만드는 원인이 되기 때문이다. 이 장에서는 기독교 정치윤리의 관점에서 한국 개신교인에게 나타나는 국가관과 정치참여의 관계를 살펴보며 한국교회의 이방인 환대의 어려운 가능성을 반성적으로 성찰하고자 한다.

---

[48] Paul Ricoeur, *La Critique et la Conviction*, 변광배·전종윤 역, 『비판과 확신』 (파주:그린비, 2013), 249.

한국교회와 개신교인은 이주 노동자나 난민이 관련된 정치화 작업에서 적극적인 책임의 주체라는 자의식을 갖지 못하고 있다. 1993년 외국인 산업연수제가 시행되고 2004년 외국인 노동자 고용허가제로 전환되는 과정에서 소수 개신교인이 외국인 노동자 선교센터나 인권센터 형태의 전문적인 NGO 단체를 설립하여 외국인 노동자 인권 침해를 보호하고 폭력이나 빈곤, 산업재해 같은 문제들의 피난처 역할을 해왔다. 하지만 노동운동 자체에 대한 이데올로기적 반감이 강한 한국교회 풍토에서 이주자의 인권을 위해 일하는 이들은 한국교회 내의 매우 이질적인 존재로 취급되거나, '특수선교' 사역으로 구별되어 왔다. 그나마 일부 대형 교회에 조직된 '외국인 근로자 선교회'가 경제적 도움과 봉사에 나섰지만, 방향 자체가 목회 중심 차원의 돌봄에만 머물렀다.[49] 그것도 국내 이주민 체류 인구가 폭발적으로 증가한 2024년 현재 오히려 축소되거나 중단된 경우가 많아 개신교인의 이주민에 관한 관심을 증대하고 실천적 연대를 맺을 기회 자체가 아예 사라졌다.

　　왜 대다수의 한국 개신교인은 취약한 외국인 이주자를 맞이하기 위한 '환대의 정치화' 작업에 참여하기를 꺼리는 것일까? 심지어 왜 일부 개신교인은 이주자 '적대의 정치화'에 핵심 세력으로 자리 잡고 있는가? 본 연구는 개신교인이 '(세속) 국가'를 어떻게 이해하느냐(어떻게 이해하는 집단에 속해 있느냐)에 따라 이주민 환대 문제에 대한 태도와 연결된다는 점을 밝히고자 한다. 이에 한국 보수개신교를 양분하는 두 관점, 즉 '극우주의'와 '복음주의'의 국가관을 각각 살펴보고자 한다.

---

[49]　유윤종 · 석말숙, 「구약성서의 입장에서 본 이주 노동자 복지에 대한 교회의 개입방안들」, 183.

1) 극우주의 개신교의 기독교 입국론과 이주민 적대

'극우(extreme right)'란 우파적 성향이 극단적인 집단을 의미한다. '우파(보수)'란 전통적 가치를 '보수주의적'으로 고수하는 집단을 지시하지만, 서양의 근현대사 과정에서 '좌파(진보)'의 대립하는 집단으로서 정치세력화했다. 부르주아와 프롤레타리아 사이에 경제적 격차(불평등)를 '불의한 차별'로 규정하면서 성장한 서양의 좌파 세력은 이후 인종이나 민족, 국적, 성별, 성적 지향성, 종교 등과 같은 차이에서 발생하는 격차를 사회정의의 관점에서 문제 삼으며 정치세력으로서의 큰 줄기를 만들어왔다. 이와 달리, 우파는 경제적 계급 사이에 발생한 부의 불평등은 자연스러운 현상이며, 개인의 사적 재산은 국가권력이나 정치 영역에 의해 강제로 조정되어서는 안 되는 신성한 영역으로 고수한다. 하지만 경제적 차별 이외의 차별들을 정당화하는 데는 정치적 상황에 따라 입장을 달리하는 전략을 취한다. 이에 반해, 극우는 경제적 계급뿐만 아니라 인종과 민족, 국적, 성별, 성적 지향성, 종교 등과 같은 다양한 면에서도 사람과 사람 사이의 불평등이 마땅히 자연스러운 현상이라고 일관적으로 주장하며, "불평등의 이념적 확장"을 극단적으로 시도한다.[50] 특히, 유럽의 극우 정당들은 인종과 민족, 국적, 종교와 빈곤 문제가 종합적으로 교차하는 '이주민'을 자국의 경제적 손실의 원인으로 공격하는 포퓰리즘을 통해 자국과 유럽 의회 진출에 성공했다.

이에 비해, 한국 극우 세력은 여전히 국회에 입성하지 못하고 있

---

50 황인정, 「누가 한국의 극우인가? 한국 극우의 특징과 정치적 함의」, 『정보연구』 26(2), 2024, 131.

다. 황은정에 의하면, 냉전 체제 아래 진보와 보수 정당이 양분하여 국회 의석을 과점해온 상황에서 틈새를 비집고 들어가지 못했을 뿐만 아니라, 서구와 다른 한국의 인종과 민족 동질성도 인종 및 민족주의에 기반한 극우주의가 자리 잡는 데 방해물이 되었다.[51] 그러나 박근혜 대통령의 탄핵으로 인해 우파 세력이 정치적으로 매우 큰 타격을 입게 된 사이, 원외 극우 정당들이 길거리 정치에 엄청난 세를 집결시켰고 우파 보수 정당의 정치인들을 길거리 집회 연단에 불러낼 수 있는 세력을 키워냈다.

극우 정당인 우리공화당과 자유통일당은 우파 정당인 국민의힘과 같이 자유민주주의와 시장경제를 강령이나 당헌 조항으로 공유하고 있다. 그러나 대한민국 임시정부의 정통성 승계를 당헌에 명시한 국민의힘과 달리, 두 정당은 이승만과 박정희의 이념과 정책 수호, 굳건한 한미동맹, 북한 세습 정권 반대 등을 표방한다. 두 극우 정당 간의 차이도 적지 않다. 종교적 배경을 띠지 않는 우리공화당과 달리, 전광훈 목사가 주축이 된 자유통일당은 이승만의 건국이념을 '기독교 입국론'으로 명시했으며 한미동맹을 이스라엘과 미국동맹을 뛰어넘는 가치동맹과 신앙동맹으로 승격시킬 것을 목표로 한다. 자유통일당은 국민의힘이나 우리공화당과 비교하여 가장 강하게 자본주의를 수호할 것도 명시하고 있는데 상속세와 부유세를 폐지하고, 전교조와 민노총을 해산시킬 것, 나아가 '좌파' 문재인 정권을 탄핵할 것을 정강 정책에 표방했다.[52]

---

51 위의 논문, 135.
52 [참고] 국민의힘 강령 및 당헌. https://www.peoplepowerparty.kr/about/preamble(접속일: 2024.07.01)

본 연구와 관련하여 중요한 점은 우리공화당의 강령에는 이주자나 이슬람에 대한 언급 자체가 없는 반면, 유독 자유통일당만이 3대 척결 과제로서 동성애와 차별금지법과 함께 '이슬람'을 지목한다는 사실이다. "전광훈에게 이슬람교 배격은 정파를 떠나 동일하게 적용되어야 할 정치적 황금률과 같은 것"으로,[53] "박근혜의 탄핵 직후 이슬람에 나라 팔아먹어 하나님께 탄핵"당했다고 설교하거나, 좌파 정권이 동성애와 함께 이슬람을 옹호하는 차별금지법을 통과시키려 한다고 강하게 선동했다.[54] 물론 그의 이러한 정치 선동에도 자유통일당은 22대 총선에서 3% 지지율을 넘지 못해 국회 진입에 실패했다. 그러나 전광훈과 자유통일당은 태극기 집회를 통해 보수 대형 교회 목사들의 지지나 참여 연설, 자금 지원 등을 얻어내면서, 박근혜 대통령 탄핵 이후 구심점을 잃은 기독교 우파 세력을 단결시켰다. 이에 따라 김장생은 전광훈 세력의 적극 지지자들의 배경을 분석하면서 근본주의 신학으로의 관련성보다는 정치적 우파성이 통계적으로 유의미하게 작용했음을 주장한다.[55]

요약하자면, 인종 다양성과 이주민 유입이 실질적으로 사회적 문제가 되는 유럽과 달리, 한국은 여전히 인종적 단일성이 짙고 이민자

우리공화당 강령. http://www.orp.kr/main/sub_menu/sub_01_doctrine.php(접속일: 2024.07.01)

자유통일당 정강정책. https://jayuparty.kr/party?board=platform-policy(접속일: 2024.07.01)

[53] 김장생, 「전광훈의 개신교 지지자들」, 『문학과 사회』 28(3), 2020, 150.

[54] 최승현, "전광훈 '이슬람에 나라 팔아먹어 하나님께 탄핵당해'", 『뉴스앤조이』, 2017년 3월 12일자. https://www.newsnjoy.or.kr/news/articleView.html?idxno=209511(접속일: 2024.07.01)

[55] 김장생, 「전광훈의 개신교 지지자들」, 174.

유입도 상대적으로 적기 때문에 '이주민' 문제가 한국 극우 정치세력의 핵심 의제일 수 없었다.[56] 종교 밖의 한국 극우 정치세력의 목표는 대한민국의 정통성을 이승만과 박정희 대통령에게서 찾고, 굳건하고 유일한 한미동맹과 북한의 공산주의 정권에 강력히 대항하는 데 치우쳤다. 그러나 전광훈과 자유통일당은 이승만 정부 이후 오랫동안 군사·보수정권과 밀월관계에 있던 기독교 세력을 박근혜 탄핵을 계기로 광장에 가시화함으로써 우리 사회에 기독교 보수 세력과 "보수 정당과의 관계를 전면적이고 명증하게 드러"냈다.[57] 이 과정에서 '동성애-이슬람-차별금지법' 반대는 보수적 개신교인이 성소수자와 무슬림, 그리고 차별금지법을 지지하는 진보 세력과 치르는 '성전'으로서의 집단적 사명감과 효능감을 주었고, 보수정치 이념의 신학적 정당성을 학습시켰다. 즉, 이슬람 척결(할랄 식품부터 이슬람 사원 건축, 그리고 무슬림 이주민 정착까지 철저하게 불관용)이 개신교 극우주의 정치세력화를 위한 효과적 선동 전략 중 하나가 된 것이다.

개신교 극우 세력 지도자들은 한국 사회의 이주민 중 다수를 차지하는 무슬림을 차별하고 배척하라고 선동하는 데 어떠한 두려움도 갖지 않는다. 이는 그들의 국가관, 즉 기독교 입국론에 대한 확신 때문이다. 자유통일당의 당헌 제1장 총칙 제2조(목적)에 따르면, 자유통일당은 "국가와 민족을 위한 기독교의 사회적, 정치적 책임을 다하"고자 한다고만 명시하고 '기독교 정권'이나 '기독교 국가'(국교로서의 기독교)라는 언급은 하고 있지 않다. 이는 헌법상의 정교분리원칙에 위배되지 않기

56　황인정, 「누가 한국의 극우인가? 한국 극우의 특징과 정치적 함의」, 149.
57　김장생, 「전광훈의 개신교 지지자들」, 145.

위함이라고 볼 수 있다. 그러나 정강 정책의 여러 곳에서 정교분리원칙에 저촉되는 조항들(한미동맹을 신앙동맹으로 승격, 세계 기독교청 설립)이 나타난다. 특히, 결사 이념으로 전면에 내세운 이승만의 '기독교 입국론'이 문제다.

    이승만은 1989년 한성감옥에서 기독교에 입문한 뒤 구한말의 암울한 정치 상황을 타개하기 위해서는 영국과 미국, 즉 기독교 문명국과 같이 되는 길밖에 없다고 생각하며 '기독교 국가 건국론'을 공개적으로 피력해나갔다. 1919년 4월 23일 수립된 한성임시정부에서 집정관 총재로 선출되기 2주 전 있었던 연합통신과의 인터뷰에서 "한국을 동양 최초의 예수교 국가로 만들겠다"라고 밝혔다.[58] 이후 미국에서 대한민국 임시정부 대통령으로 활동할 때는 대한공화국 임시정부가 자유민주주의 국가이자 기독교 국가로서 미국의 정치 체제와 유사하다고 강조하면서 독립운동을 위한 미국 정부와 국민의 지지를 호소했다. 심지어 "한국이 미국 선교사들의 영향 아래 동양에서 가장 훌륭한 기독교 국가가 되었기 때문에 기독교 국가인 미국과 미국 국민은 당연히 한국을 도와야 할 도의적 의무가 있다고 주장"했다.[59] 이러한 배경에서 보자면, 극우 개신교 집단으로서 자유통일당이 '이슬람'을 척결 대상 중 하나로 삼은 것은 그들이 주장하듯이 단순히 좌파 정권이 이슬람교와 무슬림에 대한 수용적 태도를 보였기 때문이 아니다. 대한민국을 '기독교 국가'로 만들겠다는 암묵적 목표 아래, 세계 문명사에서 기독교와 대척점에 있는 '이슬람'을 전면 배척한다고 보는 것이 타당하다.

---

[58] 김명배, 「이승만의 민족운동에 나타난 기독교 국가건설론과 사회윤리」, 『기독교사회윤리』 no.32(2015), 230.
[59] 위의 논문, 234.

그러나 이승만의 '기독교 국가 건국론'에는 심각한 오류가 있다. 그가 부러워한 미연방 공화국에는 국교가 없다. 1791년 개정된 미연방의 수정헌법 제1조의 종교 조항에는 '국교 금지 조항'과 '종교 행사의 자유 조항'이라는 두 개의 명령이 공표되어 있다.[60] 즉, 미국은 '기독교 국가'인 적이 없을 뿐만 아니라, 오히려 '기독교 국가'라는 이름을 떼는 것이 미연방 구성 과정의 주요 안건 중 하나였다.[61] 그러나 미국의 정교분리원칙은 반기독교적 세속주의에서 기원한 것이 아니다. 데릭 H. 데이비스에 의하면, 미국 연방의 "건국자들은 모든 사람이 정부의 강제 또는 간섭 없이 자신의 종교를 믿고 그에 따른 종교 생활을 영위할 권리가 있다는 자유주의를 신봉했다. 그러한 권리는 오직 교회와 국가의 분리를 강력히 수행함으로써 보호받을 수 있다"라고 강하게 믿었다.[62] 유럽에서 가톨릭과 개신교의 갈등, 나아가 개신교 분파 간의 갈등으로 종교의 자유를 찾아 떠나온 건국자들은 국가가 하나의 종교나 하나의 분파를 국교로 갖게 될 경우, 결과적으로 국민에게 하나의 종교나 종파를 강제함으로써 종교의 자유가 침해될 것을 우려했다. 이러한 문제의식에서 기독교인이었던 건국자들은 오히려 어떠한 종교도 국교가 되지 않도록 헌법에 정교분리원칙을 새기는 방식으로 자신들의 종교나 종파를 지켰다. 국가의 종교 간섭 금지와 종교의 국가 정치

---

[60] P.C. Kemeny(ed.), *Church, State and Public Justice*, 김희준 역. 『교회, 국가, 공적 정의논쟁』 (서울: 새물결플러스, 2017), 133.

[61] 영국의 식민지 시절 미국 대부분의 주들은 '영국 성공회 교회'를 국교로 받아들이고 있었는데, 독립선언과 미국 연방공화국의 탄생(1776), 독립전쟁 승리(1781), 제헌 위회(1787) 등을 거치며 주별로 국교를 폐지해 나갔으며, 최종적으로 1884년 메사추세스 주가 국교를 폐지했다. P.C. Kemeny(ed.), 『교회, 국가, 공적 정의논쟁』, 145.

[62] 위의 책, 131.

참여 금지를 맞바꾸며 미국은 개인의 종교 자유를 확보하면서도 종교와 분리된 근대적 세속국가의 법적 기틀을 놓은 것이다.[63]

현재 한국 개신교의 극우 세력은 '자유주의 체제'와 '기독교 입국론'을 양손에 쥐고 우파 전체로 진영을 확대하고 있다. 그러나 자유주의 체제는 종교 다양성의 절대적 인정 없이는 성립 불가능하다. 기독교가 국교가 된 국가에서는 개인의 종교적 자유가 침해되는 것을 막을 수 없다. 이렇게 양립 불가의 상태에도 최근 개신교 극우 세력의 이데올로그들이 기독교 입국론을 교계와 우파 정치계에 재생산하는 데 총력을 기울이고 있다. 이는 '기독교의 자유'만을 인정하는 기독교 전체주의 국가관의 등장을 예고하는 듯하다. 극우 개신교 세력은 기독교 국가를 통해 하나님의 나라를 이 땅 위에 세울 수 있다고 확신하지만, 남성현은 『신국론(하나님 나라)』의 신학자 아우구스티누스에게 행복한 기독교 국가는 불가능하였음을 강조한다. "신국은 역사 속에 정부 조직과 인정법을 갖춘 국가의 모습으로 존재할 수 없기 때문이다."[64]

무슬림으로 대표되는 타 종교 이주민을 적대시하고 결과적으로 인권 유린을 방치하거나 추방하는 법들을 강화하는 '적대의 정치화'는 단순히 무슬림만이 아니라, 한국의 오래된 종교인 불교나 유교, 민간

---

[63] 물론 수정헌법의 정교분리원칙이 늘 견고하게 지켜지는 것은 아니다. 최근 극우 개신교인들의 정치적 영향력이 강한 바이블 벨트를 중심으로 "공립학교 교실에 십계명 게시를 의무화하는 법안이 통과되거나, 성경 교육을 의무화하는 행정명령이 발표"되었다. 또한 "공립학교에서 진화론 대신 창조론을 가르치도록 허용하는 법안이 통과"되기도 했는데, 미국 극우 개신교 세력은 이를 '세계관 전쟁'으로 명명하며 낙태, 동성애, 진화론, 이주민 유입에 대한 전면적 반대를 통해 보수기독교의 가치를 정치화하는 작업으로 수정헌법을 위협하고 있다. 김수연, "미국의 바이블벨트가 뿔났다 … 왜?", 『국민일보』 인터넷판, 2024년 7월 7일. https://www.kmib.co.kr/article/view.asp?arcid=0020282120&code=61221111&cp=nv, 접속일 2024.08.08.

[64] 남성현, 「국가는 강도 떼인가 필요악인가: 아우구스티누스의 『신국론』에 나타난 국가론」, 『신학사상』 181(2018), 278.

신앙에 대한 차별로 번질 수 있다. 또한, 에큐메니컬 관점에서 볼 때, 서로 다른 신앙의 전통과 내용을 지닌 종파들 사이의 배척이나 이단 정죄의 위험도 빈번해질 가능성이 크다.

2) 복음주의 개신교의 유사정교분리(pseudo-separation of state and church)와 이주민 환대의 비정치화

'이슬람' 배척을 주창하는 한국 개신교 극우 세력으로 인해 한국 개신교 전체가 인종차별의 종교로 각인되며 '이웃사랑'의 종교라는 본질이 훼손되고 있다. 하지만 한국 개신교 다수를 차지하는 이들은 자신을 극우 개신교가 아니라 복음주의자로 정체화한다. 복음주의는 근대 모더니즘과 자유주의 신학, 세속화에 반대하며 20세기 미국에서 탄생한 기독교 보수주의 계열의 신앙 관점으로서 근본주의와 친밀한 관계에 있다. 일반적으로 복음주의와 근본주의를 혼용하여 쓰는 경우도 많지만, 정태식은 모더니즘에 저항한 복음주의가 먼저 있었고 복음주의자 중 일부가 제1차 세계대전 참전을 지지하며 전투적인 근본주의자로 변모하여 애국심에 기반해 정치 우익과 동맹한 극우 정치세력으로 발전했다고 주장한다.[65] 그러나 김승호는 자유주의와 모더니즘에 대항하여 1920년대에 미국 내 처음으로 나타난 저항 세력을 근본주의라 지목하며, 복음주의는 1940년대 반사회적이고 반문화적인 극단으로 치달은 근본주의에 대한 반성으로 탄생했다고 주장한다.[66] 한국 개

---

[65] 정태식, 「세속화 이론의 관점에서 본 종교의 정치참여 문제: 미국 개신교 근본주의를 중심으로」, 『신학사상』 146(2009), 8.
[66] 김승호, 「21세기 복음주의 선교가 나아가야 할 방향」, 『복음과 선교』 48(2019), 18.

신교의 경우, 앞서 살펴보았던 극우 개신교 세력을 근본주의라고 부를 수 있겠으나, 김장생의 경우 한국 근본주의를 극우 개신교 세력이 아니라 복음주의와 같은 것으로 보기도 한다.

이렇듯 이 둘의 구분은 쉽지 않지만, 공통으로 성서무오설에 대한 믿음을 공유하고 진화론과 모더니즘, 자유주의 신학을 반대한다. 차이점은 복음주의에 비해 근본주의는 성서무오설을 필요에 따라 선택적 문자주의로 변질시키고 극우적 정치 성향으로 쉽게 기운다. 이에 비해 복음주의는 개인의 영혼 구원을 가장 중요한 선교 목표로 보기에 정치적 열정주의가 덜하다. 본 연구에서는 김승호와 김장생의 의견을 적절히 통합하여 극우 보수성향이 짙은 개신교인과는 분리되면서 정치보다는 신앙에 보수적 성향을 더 크게 나타내는 개신교인을 복음주의로 통칭하고자 한다.

한국의 복음주의는 미군정과 이승만 정권의 보호 아래 당시 소수 종교였음에도 "국가의 공인 종교에 가까울 정도로 우대"받으며 뿌리를 내리기 시작했고, 한국전쟁 이후 "반공 종교로서 종교적 헤게모니를 장악"하며 정부와 우호적 협력관계를 맺었다.[67] 박정희 군부 세력의 등장 초기에 어려움을 겪었지만, 1972년 10월 유신 이후 정권에 항거하는 민주화 운동을 계기로 다시 정권과 밀월관계에 들어갔다. 민주화 운동에 기독교 진보 진영이 활발하게 참여하면서 정권이 위기에 처하자, 진보 기독교를 억압하는 대신 보수 복음주의를 제 편에 끌어들이는 종교 정치를 펼치기 시작한 것이다. 이러한 흐름은 이후의 군사정권과 보수정권에서 지속된다. 즉, 한국은 헌법상 종교와 정치를 엄격

67　윤승용, 「한국의 정교분리와 종교정책」, 『종교문화비평』 25(2014), 211.

하게 구분하는 정교분리 국가이지만, 실제로는 정부와 종교가 상호의 이익을 위해 음성적으로 상호 지원하는 상태를 지속해왔고, 그 핵심에 개신교 복음주의가 있음을 부인할 수 없다. 이에 윤승용은 한국의 정교분리 유형을 유럽과 미국의 정교분리와 구분하여 '유사분리형'으로 구분한다.[68]

문제는 형식상의 정교분리 상황에서 한국 복음주의 개신교는 국경을 넘어오는 취약한 이주민의 이주를 엄격하게 통제하는 국가 정책에 반대하거나 안정적인 체류권과 사회권을 요구하기 위해 정치적으로 투쟁하는 '환대의 정치화'에 참여할 수 없었다. 개인의 영혼 구원과 이웃사랑의 구제 측면에서 개종을 위한 복음 전파와 경제적 지원, 문화적 교류나 자녀교육, 언어교육, 의료봉사를 통해 한국 사회에 빨리 적응하도록 돕는 이주민 선교 사역을 펼칠 수는 있었지만, 이들이 일터에서 부당한 일을 당해 송사할 때나 비자에 문제가 생겼을 때, 추방의 명령을 받았을 때, 이들의 권리를 위해 앞장서서 다투기는 어려웠다. 복음주의 개신교를 은밀하게 지원하는 정권에 맞서, 혹은 복음주의 개신교가 창출에 이바지한 정권에 맞서 국가가 '미자격자'나 '불법을 저지른 자'로 규정한 이를 위해 환대의 조건적 법들에 저항하는 '정치화' 과정에 참여하는 것은 자가당착이기 때문이다. 복음주의 개신교는 종교라는 사적 영역에서 이웃사랑의 돌봄을 베풀 수 있지만, 국가라는 정치 영역에서 — 데리다가 말한 최상의 심급으로서의 '법 밖의 정의(正義)'가 아니라, '하나님 나라의 정의'에 근거하여 — 현행 이주·난민법과 외국인 취업 법령들의 부당함을 지적하고 더 나은 이주 조건

---

[68] 위의 논문, 218.

들을 현실적으로 만들어내는 '정치화'에는 무능하거나 무관심할 수밖에 없었다.

그러나 복음주의를 옹호하는 관점에서는 이러한 비판이 너무 과하거나 오해라고 반론을 펼칠 수 있다. 20세기 복음주의의 세계적 중심에 있는 '로잔 운동(Lausanne Movement)'의 선언과 고백, 행동 강령을 볼 때, 복음주의의 정체성은 복음의 전파(선교)를 '영혼 구령'에 한정하지 않고 '사회적 책임'을 지는 것으로 확대하는 데서 형성되었기 때문이다.[69] 로잔 운동을 통해 복음주의 개신교는 우로는 민족·애국주의와 결탁한 근본주의와 구분하고, 좌로는 선교의 영역을 사회적 구원으로서의 인간화에 치중한 에큐메니컬 운동과 구별함으로써 세속화와 모더니즘의 전방위적 압박에 위축된 보수개신교인에게 신앙의 소망을 다시 제시했다. 실제로, 로잔 운동의 문서들에는 복음주의 개신교인의 '사회적 책임'뿐만 아니라 '정치적 참여'까지 명시한다. 더 나아가 로잔 운동이 지향하는 '사회적 책임' 중에는 외국인 이주 노동자나 난민 같은 취약한 이방인이 연관될 수 있는 가난한 자를 위한 돌봄, 인종과 종교 차별에 대한 반성, 압제당하는 사람들을 위한 정의로운 투쟁 참여 등의 내용이 다음과 같이 포함되어 있기도 하다.[70]

---

[69] 안희열, 「로잔 운동의 역사적 평가와 제4차 로잔 대회의 과제」, 『복음과 선교』 60(2022), 353.

[70] 실제로 한국 복음주의 개신교계에도 1980년대 중반부터 에큐메니컬 진영과는 다른 맥락에서 사회적 문제들에 접근하는 기독교 시민운동에 관심을 두기 시작했고, 1989년 '경제정의실천시민연합(경실련)'의 탄생으로 한국 복음주의 사회 선교의 큰 전환기를 맞는다. 김민아, 「한국 시민운동에 대한 개신교 복음주의 운동의 영향: 경제정의실천시민연합의 사례를 중심으로」, 『신학과 실천』 80(2022), 865.

2차 로잔대회 〈마닐라 선언〉
- 항의 고백 8번 "의식주 문제로 어려움을 당하고 있는 사람을 돌아봄으로써 사랑을 실천적으로 입증해야"
- 항의 고백 13번 "우리는 인종과 성(性)과 계층을 초월하여 성도의 교제를 나눠야 함을 단언한다."
- 4. 복음의 사회적 책임 중에서 "(제3세계에 사는 그 많은 사람들을 위한) 참된 선교를 위해서는 겸허하게 그 사람들의 세계에 들어가서 그들의 사회적 현실, 비애와 고통 그리고 압제 세력에 항거하며 정의를 위해 투쟁하는 그들의 노력에 동참할 필요가 있다."
- 3차 케이프타운 선언 IIC-B. "우리는 사랑의 하나님 이름으로 무슬림, 힌두인, 불교인, 그리고 다른 타 종교인들과 우정을 나누지 못한 것을 회개한다."
- 3차 케이프타운 선언 10. 현대 세계 중에서 "세계 각처에서 사람들이 도시로 이주하고 있으며 이것은 '인류 역사상 가장 큰 이주'라고 불려왔다. (중략) 그 안에서 우리는 복음으로 민족의 장벽을 허무는 우주적 교회들을 발전시킬 수 있지 않겠는가? 다른 한편, 많은 도시 주민은 가난한 이주민이기 때문에 복음을 잘 받아들인다. 하나님의 백성이 그와 같은 도시 빈민 공동체 속으로 다시 들어가 그들을 섬기며 도시를 변화시키는 역할을 해야 하지 않겠는가?"[71]

---

71 로잔 운동 공식문서 인용은 모두 다음 링크를 볼 것. https://lausanne.org/core-documents (접속일: 2024.07.04)

특히 마지막에 인용된 〈케이프타운 선언〉 일부에는 본 논문이 연구하는 취약한 이주민에 대한 언급이 등장한다. 이는 복음주의 개신교가 현대 세계의 주요 문제 중 하나로 민족과 국가를 뛰어넘는 대규모 이주의 문제를 주시하고 있으며, 이주자가 처한 곤란한 상황(가난)에 대해 인지하고 있음을 보여준다. 그러나 국경을 넘는 취약한 이주자의 체류권 문제를 탐구하는 관점에서 볼 때 여전히 아쉬운 점이 크다. "복음으로 민족의 장벽을 허무는 우주적 교회들을 발전시킬 수 있지 않을까?"라거나 "가난한 이주민이기에 복음을 잘 받아들인다"라는 구절들은 복음주의의 궁극적 관심이 개신교 선교에 있음을 여실하게 보여준다. 또한 현대 세계의 문제 현상으로서의 이주를 "도시로 이주"라고 일컬음으로써 국경을 넘는 이주자(transnational migrants)가 직면한 근원적 문제, 즉 '이주 국가' 안에서의 체류 거부와 추방의 위협 문제를 놓치고 있다. 이주 현상을 21세기 신자유주의(국경을 넘는 취약자들)가 아니라, 19~20세기 산업자본주의(농촌에서 도시로 이동하는 사람들)의 낡은 틀로 보는 것이다. 이러한 관점의 진부성은 이주를 선교의 기회로 접근하는 관점과 뗄 수 없으며, 그 결과 로잔 운동은 이주자가 직면하는 체류의 불가능성이나 어려움의 상황을 바꿔내야 할 자국 내 '정치적 책임'을 복음주의 개신교 내부에서 끌어내지 못하고 있다.

그러나 자국 내 '정치적 책임'의 부재를 두고, '사회적 책임' 아래 언급되어야 할 많은 하위 문제들과의 형평성을 고려한 탓이라거나, 단순한 누락 문제라고 변명할 수는 없다. 여러 차례 밝힌 대로, 국경을 넘는 취약한 이주민에 대한 선주민의 태도는 그가 '주권 국가'와 '국내 정치'를 어떻게 이해하고 있는가에 따라 달라지기 때문이다. 그렇다면 이 연구의 마지막 임무로 로잔 운동의 문서들에 드러난 복음주의 개신교의 국가관을 살펴보아야 할 것이다. 로잔 운동의 세 문서 모두 복음주의 개신교가 지향하는 '국가'와 '기독교인 시민'과의 관계를 구체적으로 기록하고 있다.

1차 〈로잔 언약〉 13. 자유와 핍박 중에서
교회가 간섭받지 않으면서 하나님께 순종하고, 주 그리스도를 섬기며, 복음을 전파할 수 있도록 평화와 정의와 자유를 보장해야 할 의무는 하나님이 모든 정부에게 지정하신 의무다. 그러므로 우리는 국가 지도자들을 위해 기도하며 (후략)

2차 〈마닐라 선언〉 12. 어려운 상황 중에서
첫째로, 그리스도인은 국가의 안녕을 추구하는 충성스러운 시민이다. 그들은 지도자를 위해 기도하며 세금을 납부한다. 물론 예수님을 주로 고백해온 사람들이 다른 권력자들을 주라고 부를 수는 없다. 만일 그리스도인에게 그렇게 하라고 명하거나 또는 하나님이 금하시는 것을 행하도록 강요한다면 그 명령에는 불복할 수밖에 없다.

3차 〈케이프타운 고백과 행동〉 6. 사랑은 모든 사람의 종교적 자유를 위해 힘쓴다 중에서
하나님이 금한 것을 명령하지 않고 하나님이 명령한 것을 금하지 않는다는 조건 아래 그리스도인은 국가에 복종하도록 부름을 받았다.

세 문서의 내용을 종합 분석해보면, 로잔 운동을 통해 드러난 복음주의 국가관은 다음과 같은 특징을 지닌다. 먼저, 〈로잔 언약〉은 국가와 교회와의 관계를 설정하며 교회는 신앙의 자유(하나님 신앙과 선교의 자유)를 갖고, 국가는 그것을 보호해야 할 의무를 (시민의 주권 양도에 의해서가 아니라) 하나님으로부터 부여받는다고 선언한다.

그런데 신성불가침으로서의 '신앙의 자유'를 매개로 '교회'와 '국가'의 분리뿐만 아니라 상호 의무도 함께 규정한 〈로잔 언약〉은 그 형식 면에서 근대 세속국가들의 다양한 분리 유형 중 미연방공화국의 '친화적 정교분리' 모델에 가장 가까운 것처럼 보인다.[72] 미연방의 정교분리원칙은 개인의 신앙 자유를 보장하기 위해 '기독교의 국교화'를 금지하는 역설적 선택의 결과이기 때문에 국가를 교회와 양립 불가능한 적대적 관계로 놓지 않았다. 오히려 국가는 헌법상 국가권력을 포함한 어떠한 힘에도 개인과 교회의 '신앙의 자유'를 간섭하거나 침해하지 못하도록 하는 적극적 의무를 지닌다. 미연방의 수정헌법이 국가의 의무로서 '종교의 자유' 보장을 강하게 명시할 수 있었던 것은 연방 설립과 수정헌법의 제정을 주도한 건국자들이 '공화국'으로서의 미연방이 아무리 교회와 분리된다고 하더라도 하나님의 우주 통치의 범위 안에 여전히 속해 있다는 신념을 강하게 가지고 있었던 18세기 계몽주의 세례를 받은 개신교인이었기 때문이다.[73] 쉽게 말해, 교회의 간섭이나 지배를 받지 않아도 세속국가(연방공화국)는 인간의 보편적 이성에 의해 통치될 것이며, 그러한 나라는 하나님을 머리로 둔 조직체로

---

72 윤승용, 「한국의 정교분리와 종교정책」, 216.
73 P. C. Kemeny (ed.), 『교회, 국가, 공적 정의논쟁』, 150.

서 선한 통치를 할 수 있을 것이라는 이상적 신념을 갖고 있었다. 이러한 이유에서 데이비스는 미연방의 건국자들이 헌법에 개신교를 '국교'로 새겨넣지 않았음에도 그들이 "구성한 입헌주의는 신적 승인으로 가득 차 있었다"라고 평가했다.[74]

로잔 운동의 문서들이 설명하는 '국가'와 '교회'의 관계 역시 기본적으로 교회와 개신교인은 국가의 침범을 받을 수 없는 신성한 '신앙의 자유'를 갖고 있다고 보는 분리주의를 전제한다. 그러나 이러한 분리주의가 미국 건국자들이 만들어낸 '친화형 정교분리'와 완전히 같다고 하기 어려운 부분이 있다. 미국 건국자들은 내면의 신앙으로 '국가'를 하나님의 또 다른 통치 영역으로 강하게 인정하면서도 그것을 헌법에 기재하지 않는 방식으로 근대 세속국가로서의 미국 시민의 보편적 합리성을 법제화했다. 이와 달리, 로잔 운동은 공식문서를 통해 — 개별 국가의 국교 유무나 종류와 무관하게 — 국가가 개신교인의 '신앙의 자유'를 보장할 신성한 의무를 하나님으로부터 받았다고 선언한다. 그리고 이러한 국가권력에 대한 신적 승인은 — 국가가 하나님이 주신 의무를 다한다는 조건 아래 — 복음주의자들이 국가의 좋은 시민으로 충성을 다하고 국가 지도자들을 위해 기도할 것이라는 약속으로 나아가게 한다. '국가'와 '교회'의 관계가 단순히 '친화적 분리'로 남는 것이 아니라, '단서를 단 복종적 분리'로 강화되었다고 할 수 있다. 이러한 차이는 복음주의자들의 의도와 달리 개별 국가의 현실 정치에서 복음주의자들이 권위적 정부와 은밀하게 상호 협력하는 '유사분리형 정교분리'의 삶을 살게 만들 위험이 있다.

---

[74] 위의 책, 150.

이주민을 향한 '환대의 정치화'를 기독교인의 삶에서 모색하려는 관점에서 볼 때, '단서를 단 복종적 정교분리'에 기초한 복음주의의 국가관은 선주민 복음주의자가 이주민의 위급하고 긴박한 상황에 대해 자국의 현행법들이 실제로 얼마나 야박하게 실행되고 있는지, 오히려 위험을 얼마나 더 가중하는지 발견하지 못하게 방해하거나 묵인하게 만들 위험이 크다. 국가의 통치 권력 자체를 신앙의 자유를 보장할 목적으로 하나님으로부터 승인받은 신성한 권력으로 인지하기 때문에 '신앙의 자유'를 침해하는 것 외에 국가가 저지르는 여타의 불의에 대해 용인하거나 묵인하는 것이다. 이는 로잔 운동이 국가로 인해 파생된 문제를 '사회적 책임'으로 인지하고는 있지만 '정치적 문제'로 인지하지 못하고 있음과 깊은 연관성이 있다.

그런데 '사회적(social)'과 '정치적(political)'이라는 말은 거의 동의어가 아니던가? 한나 아렌트는 『인간의 조건』에서 이 둘이 같을 수 없음에 대한 중요한 통찰을 준다. 아리스토텔레스가 인간을 정의할 때 사용한 그리스어 'zoon politikon(정치적 동물)'은 로마의 스토아 철학자 세네카와 신학자 토마스 아퀴나스의 손을 거치며 라틴어 'animal socialis(사회적 동물)'로 번역되었다. 그러나 아렌트는 '정치적'이 '사회적'으로 번역되는 과정에서 너무 중요한 것을 놓쳤다고 지적한다.[75] 그는 고대 그리스의 폴리스 아테네를 분석하며, 아테네 시민의 조건으로서 '가족의 영역'과 '정치의 영역'의 견제와 조화를 주시했다. 기본적으로 가부장 가족 단위의 자급자족 경제 모델을 가지고 있었던 그리스 도시국가에서 가족의 영역은 인간이 생존을 유지하는 데 필요한 거

---

[75] Hannh Arendt, *The Human Condition*, 이진우·태정호 역, 『인간의 조건』(파주: 한길사, 2007), 79.

의 모든 필요를 충족시키는 '사적 영역'이었다. 이와 달리, 정치의 영역은 인간이 함께 모여 시민으로 거주하며 발생하는 공공의 문제들에 대해 더불어 논의하고 때로는 갈등하며 타협해내는 '공적 영역'이었다. 가족의 영역이 '사랑'(친밀성)의 원리가 지배하는 곳이라면, 정치의 영역은 시민 상호 평등에 기반한 '정의'(다양성)의 원리가 지배하는 곳이었다.

고대 아테네는 도시 내의 다양한 공적인 문제들이 전제주의적 국가권력이나 공화국 국가권력의 독단적 결정에 넘어가지 않도록 직접민주주의 정치를 이루었다. 그래서 이곳에서는 폴리스를 위해 싸우다가 전사한 시민 가족의 빈곤 문제나 낯선 외국인의 체류 문제가 특정 개인(국가권력자나 성인)이 베푸는 — 즉, 예외적으로 베푸는 — '사랑'에 기대어 있지 않았다. 그것은 어디까지나 '정의'의 관점에서 보편적으로 다루어야 할 공적 영역의 문제였다. 때에 따라 '사랑'은 제한 없이 무조건적으로 베풀어질 수도 있기에 정말 엄청난 '은혜'로 값없이 선사할 수 있지만, 결국 베푸는 사람의 선의에 기대야 하고, 결과적으로 베푸는 사람과 받는 사람 간의 위계를 현실적으로 초래한다. 이에 비해, '정의'의 원칙에 따라 얻는 '권리'는 사랑만큼 엄청날 수는 없지만, 보편적이고 예상 가능하다는 장점이 있다. 특히 사랑이 현실적으로 만드는 위계를 초래하지 않는다는 장점이 있다. 아렌트는 아테네의 정치 영역에서 일어나는 직접민주주의야말로 '정치적 동물'의 동의어인 'zoom logonekhon(이성과 언어를 가진 동물)'으로서의 인간이 동료 시민과 함께 공적인 문제들에 관한 서로 다른 의견을 합리적 설득을 통해 말로 풀어내는 정치 모델이라는 면에서 정치적 동물로서의 인간 다양성이 가장 다채롭게 꽃필 수 있었다고 평가한다.

그러나 '인간 나라'의 정치를 '하나님 나라'가 장악했다는 중세 기독교 세계를 거쳐 '근대 세속국가 시대'에 이르자 아렌트가 높이 평가했던 인간의 정치적 영역과 그 활동(action)이 모든 면에서 축소되었다. 대신 이제 근대인은 산업화로 인한 대량생산과 대량소비를 절대화하며, 가족의 자급자족에 아래 충족되었던 '경제'를 민족경제나 국가경제로 끌어낸 '사회'에 살게 되었다. 즉, 아렌트는 사적 영역과 공적 영역, 즉 가족이 하던 생계를 지키는 일과 아테네 민주의회가 하던 공공 문제를 함께 논의하는 일이 모두 '사회'라는 새로운 근대 체제 아래 빨려들어가게 되었다고 비판한다. 이러한 '사회'에서는 인간의 욕망이 확대되고, 확대된 만큼 충족될 가능성도 커졌다. 하지만 그만큼 자급자족 경제를 통해 세계로부터의 독립을 쟁취했던 시민은 모두 사라지고 집단농장이나 공장에 종속된 노동자만이 남게 되었다. 또한 대부분 근대 국가가 인민의 주권을 인정하는 '공화국' 체제를 아무리 표방하고 있다고 해도 근대의 정치 영역에서는 시민이 공적인 문제들에 대해 함께 논의하고 갈등하며 타협하는 과정이 거의 사라지게 되었다. 대의제를 기초로 한 공화국의 최고권력은 결국 주권자 인민의 이기심과 탐욕에 기생하는 포퓰리즘 정치를 펼치거나, 끊임없이 인민을 억압하며 공적인 모든 것을 국가권력으로 사유화하는 독과점 정치를 펼친다.

문제는 권리를 따지는 '정의'보다 아낌없이 주는 사랑의 원리에 익숙한 기독교인은 '정의의 원칙'에 따라 옳고 그른 것을 따지며 공공의 문제를 함께 논의하고 갈등하며 싸우다가 결국 타협하고, 다시 해체하기를 반복하는 '인간 나라'의 지지부진한 정치에 너무 미숙하다는 것이다. 골치 아픈 인간 나라의 복잡한 문제들을 해결하기 위해 서로 다른 의견과 권리가 교차하는 공론의 장에 참여하기보다 양보와 희생, 용서와 구원으로 모든 것을 단번에 해결하는 방식에 익숙하기 때문이다.

본 연구는 복음주의가 근본주의의 극우적 정치성을 반성하며 그 방법론으로 '사회적 책임'을 전면에 드러낸 것을 높이 평가한다. 그 책임은 근본적으로 하나님 나라의 '이웃사랑 명령'에서 나온 것임을 부인할 수 없다. 그러나 국경을 넘어오는 취약한 이주민 문제만큼은 로잔 운동이 강조하는 '사회적 책임'만으로는 풀 수 없다. 선주민 개신교인의 사랑은 심지어 교회의 사랑이 아무리 크다고 해도 국가가 야박하게 허락한 짧은 기한에만 그 사랑을 할 수 있다. 데리다가 말한 국가의 법들, 즉 환대의 조건적 법들이 허락하는 선에서만 가능하다. 그러니 그를 계속해서 사랑하기 위해서라도 국가가 허락한 '종교의 자유'에 감사하지만 말고, "국가의 안녕을 추구하는 선량한 시민"(마닐라 선언 12번)으로 남을 수 없는 현실을 직시해야 한다. 나아가 국가의 법들을 끊임없이 해체하고 재구성하면서 치외법권을 선언하는 정치화의 과정에 비기독교 동료 시민과 함께 나서는 용기를 내야 한다.

해체와 재구성의 명령은 데리다만의 것이 아니다. "나그네를 차별하지 말고 환대하라"는 하나님이 자기 백성에게 준 실효적 명령이며, 십자가 위에서 죽음의 사실성으로 세상을 환대한 예수 그리스도의 모범이다. 부르스마는 복음의 환대를 데리다의 무조건적 환대와 구별하며 "신적인 덕으로서의 환대"라고 불렀다.[76] 그러니 "하나님이 명령한 것을 금하지 않는다는 조건 아래 그리스도인은 국가에 복종하도록 부름을 받았다"(케이프타운 고백과 행동 6번)라고 고백한다면, 취약한 이방인이 도래한 지금이 바로 국가에 복종하기를 거부할 때다.

---

[76] Hans Boersma, 『십자가, 폭력인가 환대인가』, 58.

5. 결론

한 사람이 취약한 이주민 한 사람을 맞이하는 환대는 시작도 끝도 모두 사랑이 동기다. 모든 사랑이 어렵지만, 이주민 환대의 사랑은 가장 어려운 환대 중의 하나다. 낯선 이방인을 의심하고 혐오하는 광기의 세상에서 어떤 곳에서 무엇을 하며 살다온 사람인지 알 수 없고, 말도 통하지 않는 사람을 나의 삶에 처음 환대하기 위해서는 근원적 두려움으로서의 악을 이겨내야 하기 때문이다. 체류의 권리를 어렵게 취득한 이주민을 우리 삶에 다시 환대하기도 쉬운 일이 아니다. 이제 그가 나보다 더 부유해지고 더 행복해질 수도 있다는 데서 오는 시기와 질투를 넘어서 함께 기뻐하며 더 큰 축복을 빌어주어야 하기 때문이다. 그래서 이주민 한 사람을 맞이하는 환대에는 하나님의 사랑을 알지 못하고는 참 어려운 일이다. 그러나 나만 두려운 것이 아니다. 내게는 이주민만 오지만, 그에게는 낯선 세계 전체가 온다. 그러니 선주민으로서 이주민을 환대하는 것보다 이주민으로서 선주민을 환대하는 것이 훨씬 어려운 일이다. 그래서 서로를 맞이하며 오래 교제하는 '삶의 환대'는 하나님의 사랑을 알지 못하고는 참 어려운 일이다. 하나님 나라에 속한 기독교인은 적어도 그렇게 믿는 사람이다.

그러나 서로가 서로에게 베푸는 '삶의 환대'로 나아가기 위해서는 '이주민'이 지금 당장 인간의 나라에 머물 수 있는 권리를 얻어야 한다. 사무엘서가 증언하는 인간의 나라는 본질적으로 매정하고 포악하다. 타인을 지배하려는 오만한 욕망과 타인의 지배에 종속되어 살려는 비굴한 욕망이 교차하는 곳이 인간의 나라이기 때문이다. 당연히 인간의 나라는 이방인에게 매우 야박해서 굴욕스럽게라도 체류의 권리를 받는 것이 쉽지 않다. 억울해도 억울하다고 표현할 수도 없다. 인간의 나라는 오랜 관습과 법들로 야박한 관용을 '정의'로 둔갑시켜놨기 때문이다. 윌리엄 카바노에 의하면, "근대의 '국민 주권 국가(nation states)'는 중립적인 독립체가 아니라, 명확하게 구분된 배제와 포함의 선에 의존하여 구성된 역사적 공동체"이다.[77] 인간의 나라에 충직한 사람들은 배제와 포함의 곡예를 펼치는 것이 자신들의 권리를 지켜주고, 인간의 나라를 영원히 존속시킬 것이라 믿는다. 이러한 믿음이 빼곡히 들어찬 '국민 주권 국가'의 국경과 공항, 아무도 가고 싶어 하지 않는 공장에는 늘 가난한 외국인 노동자와 난민이 넘쳐난다. 인간의 나라가 한창 왕성할 때는 그들의 존재가 곧 인간 나라가 번영했다는 증거였다. 그러나 카바노는 다른 눈으로 그들을 봤다. "난민 이주민은 국민 주권 국가가 실패했다는 살아있는 상징이다."[78]

데리다는 '인간의 나라'의 야박한 환대를 담은 현행법들을 모두 없앨 수는 없다고 봤다. 실제로 그 부족한 법들이 그나마 이주민을 이곳에 발을 내디딜 수 있는 틈을 내주었다. 아우구스티누스가 국가를 '필요악'이라고 보았던 것과 같은 이유라 할 수 있다. 하지만 이대로 그들을 국경에, 공항에, 아무도 가고 싶어 하지 않는 열악한 공장에 세워둘 수는 없다. 인간의 나라가 정의라고 우기는 정의는 무조건적 환대를 꿈꿀 수 있는 사람들의 마음에 새겨진 진짜 정의로 계속해서 꾸짖어지고 변화되는 과정을 거쳐야 한다. 그러나 기독교인은 사람의 마음에 진짜 정의를 세우신 분이 따로 있다고 믿는다. 그는 실재이며 마

---

[77] Joshua Ralston, "Toward A political Theology of Refugee Resettlement," *Theological Studies* 73(2012), 372.
[78] 위의 논문, 372.

지막까지 인간의 나라에서 진짜 정의를 위해 싸우는 사람들을 보증하신다.

참고문헌

강영안 외.『레비나스 철학의 쟁점들』. 파주: 그린비, 2017.

김명배.「이승만의 민족운동에 나타난 기독교 국가건설론과 사회윤리」.『기독교사회윤리』 32(2015), 217-246.

김민아.「한국 시민운동에 대한 개신교 복음주의 운동의 영향: 경제정의실천시민연합의 사례를 중심으로」.『신학과 실천』 80(2022), 863-888.

김승호.「21세기 복음주의선교가 나아가야 할 방향」.『복음과 선교』 48(2019), 9-41.

김애령.『듣기의 윤리: 주체와 타자, 그리고 정의』. 서울: 봄날의박씨, 2020.

김장생.「전광훈의 개신교 지지자들」,『문학과 사회』 28(3). 2020, 139-188.

김해성·한진상.「구약성서에 나타난 '이주민' 개념에 관한 연구」.『신학과 실천』 23(2010), 371-396.

남성현.「국가는 강도 떼인가 필요악인가: 아우구스티누스의『신국론』에 나타난 국가론」.『신학사상』 181(2018), 257-287.

라이너 케슬러.「히브리 성서에 나타난 이스라엘과 이방인」.『구약논단』 20(1). 2014, 12-30.

안희열.「로잔 운동의 역사적 평가와 제4차 로잔대회의 과제」.『복음과 선교』 60(2022), 349-383.

유윤종·석말숙.「구약성서의 입장에서 본 이주 노동자 복지에 대한 교회의 개입방안들」.『구약논단』 15(1). 2009, 174-222.

윤승용.「한국의 정교분리와 종교정책」.『종교문화비평』 25(2014), 195-214.

이상철·김남석.「난민 시대 환대의 기독교 윤리」.『신학사상』 198(2020), 279-306.

정태식.「세속화 이론의 관점에서 본 종교의 정치참여 문제: 미국 개신교 근본주의를 중심으로」.『신학사상』 146(2009), 305-338.

한국적 혐오현상의 도덕적 계보학 연구단.「한국사회의 사회적 차별과 혐오에 대한 시민의식 조사 발표자료: 한국의 개신교의 혐오를 분석하다」, 2019.

홍태영.「타자의 윤리와 환대 그리고 권리의 정치」.『국제·지역연구』 27(1). 2018, 87-112.

황인정.「누가 한국의 극우인가? 한국 극우의 특징과 정치적 함의」.『정보연구』

26(2). 2024, 127-161.

Arendt, Hannh. *The Human Condition*. 이진우·태정호 역.『인간의 조건』. 파주: 한길사, 2007.

Badiou, Alain. *Saint Paul*. 현성환 역.『사도 바울: 제국에 맞서는 보편주의 윤리를 찾아서』. 서울: 새물결, 2008.

Bauman, Zygmunt. *Liquid Modernity*. 이일수 역.『액체현대』. 서울: 필로소픽, 2022.

Benhabib, Seyla. *The Right of Others: Alien, Residents and Citizens*. 이상훈 역.『타자의 권리: 외국인, 거류민, 그리고 시민』. 서울: 철학과현실사, 2008.

Boersma, Hans. *Violence, Hospitality, and the Cross*. 윤성연 역.『십자가, 폭력인가 환대인가』. 서울: CLC, 2014.

Borradori, Giovanna. *Philosophy in a Time of Terror*. 김은주·손철성 역.『테러 시대의 철학』. 서울: 문학과지성사, 2004.

Butler, Judith. *Precarious Life*. 양효실 역.『불확실한 삶』. 부산: 경성대학교 출판부, 2008.

Derrida, Jacque. *De l'hospitalité*. 남수인 역.『환대에 대하여』. 서울: 동문선, 2004.

_____. *Force de Loi*. 진태원 역.『법의 힘』. 서울: 문학과지성사, 2004.

_____. *Hospitalité volume I*. Paris: Edition du Seuil, 2021.

_____. trans. by Mark Dooly and Micheal Hughes. *On Cosmopolitanism and Forgiveness*. London & New York: Routledge, 2001.

Jennings, Theodore W. *Outlaw Justice*. 박성훈 역.『무법적 정의』. 서울: 길, 2018.

Kant, Immanuel. *Kritische Schriften II*. 배정호 외 역.『비판기 저작 II』. 파주, 한길사, 2022.

Kemeny, P. C. (ed.). *Church, State and Public Justice*. 김희준 역.『교회, 국가, 공적 정의논쟁』. 서울: 새물결플러스, 2017.

Le Blanc, Guillaume. Brugère, Fabienne. *La Fin de l'Hospitalité*. Lonari: Flammarion, 2017.

Ralston, Joshua. "Toward A political Theology of Refugee Resettlement." *Theological Studies*. 73(2012), 363-390.

Ricoeur, Paul. *La Critique et la Conviction*. 변광배·전종윤 역.『비판과 확신』. 파주: 그린비, 2013.

Smith, Adam. *The Theory of Moral Sentiments*. 김광수 역.『도덕감정론』. 파주: 한길사, 2017.

"난민법 일부개정 법률안 입법예고". https://moleg.go.kr/lawinfo/makingInfo.mo?mid=a10104010000&lawSeq=62041&lawCd=0&lawType=TYPE5&currentPage=1&keyField=lmNm&keyWord=%EB%82%9C%EB%AF%BC%EB%B2%95%20%EC%9D%BC%EB%B6%80%EA%B0%9C%EC%A0%95%EB%B2%95%EB%A5%A0%EC%95%88%20%EC%9E%85%EB%B2%95%EC%98%88%EA%B3%A0&stYdFmt=&edYdFmt=&lsClsCd=&cptOfiOrgCd=(접속일: 2004.07.01)

국가발전지표. https://www.index.go.kr(접속일: 2004.07.01)

국민의힘 강령 및 당헌. https://www.peoplepowerparty.kr/about/preamble(접속일: 2024.07.01)

김수연. "미국의 바이블벨트가 뿔났다 … 왜?",『국민일보 인터넷판』. 2024년 7월 7일자. https://www.kmib.co.kr/article/view.asp?arcid=0020282120&code=61221111&cp=nv(접속일: 2024.08.08)

로잔대회 공식문서. https://lausanne.org/core-documents(접속일: 2024.07.04..)

박예슬. "허울뿐인 난민법, 인정률 2% OECD 꼴찌".『가톨릭평화신문』. 2023년 11월 8일자.https://news.cpbc.co.kr/article/1112833(접속일: 2024.07.10)

우리공화당 강령. http://www.orp.kr/main/sub_menu/sub_01_doctrine.php(접속일: 2024.07.01)

유하라. "강제노동비판 고용허가제 이젠 '지역 제한'까지 더해".『인터넷신문 레디앙』. 2023년 12월 6일자. https://www.redian.org/news/articleView.html?idxno=176188(접속일: 2024.07.10)

자유통일당 정강정책. https://jayuparty.kr/party?board=platform-policy(접속일: 2024.07.01)

최승현. "전광훈 '이슬람에 나라 팔아먹어 하나님께 탄핵당해'".『뉴스앤조이』. 2017년 3월 12일자. https://www.newsnjoy.or.kr/news/articleView.html?idxno=209511(접속일: 2004.07.01)

하종민. "화성 공장 화재로 '이민청' 논의 급부상".『인터넷신문 뉴시스』. 2024년 6월 29일자. https://www.newsis.com/view/NISX20240628_0002791824(접속일: 2024.07.10)

06

비대면 시대 교회의 공공성 제고에 관한 연구[1]

이상훈(한남대학교 연구교수)

1. 들어가는 말

지난 코로나19 팬데믹이 불러온 '사회적 거리두기' 의무화 조치는 우리 삶의 질과 방식에서 큰 변화의 전조를 보여주었다. 상호접촉이 동반되는 인간 활동이 심각하게 제약되고, 기본적인 의사소통인 면대면 대화가 자제되었다. 불가피한 코로나19의 상황으로 우리는 오프라인 물리적 공간에서 비접촉·비대면의 온라인 공간으로 적어도 일시적으로 이주를 강요당했는지 모른다. 그러나 코로나19 이전부터 팬데믹과 무관하게 디지털 문화의 급습으로 비대면의 점차적인 일상화와 선호도의 상승은 물리적 공간의 제약에서 벗어나 점진적으로 온라인

---

[1] 이 장은 『기독교사회윤리』 58집에 수록된 논문을 편집한 글이다.

으로 이행하도록 해왔다. 한국교회는 코로나19 이후 회복도가 주요 사역은 60~70%, 현장 예배는 85%에 그친 것으로 나타나 적지 않은 교인이 온라인 비대면 형태의 신앙생활에 머물러 있거나 옮겨가는 현실이다. 이러한 현상은 교회와 기독교인의 공적 공간에 대한 인식을 온라인과 오프라인 이분법적으로 구분해야 하는지에 대한 고민이 필요한 시점임을 보여준다.

    교회는 공적 존재로서 속한 지역에서 책임을 감당하고, 사회적 자본(social capital) 형성을 위해 이웃과의 나눔이라는 본질적 성숙성을 표현해야 하기에 공동의 이익과 번영 및 공적 신앙을 포함하는 공공성[2] 담론에 참여하여 공공성 제고를 위한 노력을 지속해야 한다. 그런데 공공성 제고의 중요성 측면에서 볼 때 포스트 코로나 시대의 비대면 문화의 확산은 온라인의 탈(물리)공간에 대한 고려도 필요하게 만들었다. 비대면 온라인 활동과 비중이 증가하는 시대에 공적 존재로서 교회의 역할과 정체성을 위한 조건과 전제는 오프라인 현실 공간의 관점과 영성의 틀에 얽매이지 않고, 탈(물리)공간 개념을 수용하고 온라인 공간에 공적 책임을 갖고 참여하는 데 있을 것이다. 교회와 복음이 거부되는 공간과 수용되지 않는 때가 있을 수는 있어도 그것들이 직간접적으로 전해지고 공유되지 않은 때와 공간이 정당화될 수는 없기 때문이다. 비대면 온라인은 엄연히 존재하는 공간화된 현상이기에 공공영역으로 실현될 가능성에 대한 무관심과 거리두기는 공적 신앙 실천과 교회의

---

[2] 여기서 필자는 공공성을 공익성, 공유성, 공개성, 책임성 등의 의미에 집중하여 논의를 전개하고자 한다. 공공성에 관한 상세한 논의를 위해서는 다음을 참고하라. 조한상, 『공공성이란 무엇인가』(서울: 책세상, 2009), 21-34; 신진욱, 「공공성과 한국사회」, 『시민과 세계』 11(2007), 18-39; 박통희·신효원, 「공공성 개념의 근대적 구성요소와 동태적 모형: 복합적 가치의 개방체계적 관점」, 『행정논총』 58(3), 2020, 93-124.

공공성 제고에 배치되는 결과를 낳을 수 있다.

반면, 비대면 온라인상에서의 신앙 활동과 영적 성장을 위한 다양한 지원은 오프라인(현장) 교회나 특정 현실 공간에 참여하지 않는 이들에게 동참할 기회를 줄 뿐 아니라, 참여하는 교인들에게 공적 신앙을 위한 콘텐츠와 프로그램 제공을 시간과 공간의 제약을 받지 않고 다양화할 수 있다. 이처럼 비대면 온라인 공간으로의 교회 사역 확장은 제공된 콘텐츠와 프로그램에 접속하는 교인들의 공적 신앙의 실천과 비교인들의 지역공동체 활동 및 참여를 효율적으로 유도할 수 있을 것이다. 자발적 혹은 비자발적 비대면 온라인 활동과 온라인 공간에 참여하는 시간이 기하급수적으로 증가하기에 다층적 공적 의미를 지닌 비대면 온라인 교육 콘텐츠와 프로그램(참여)은 물리적 공간에서 거리감과 소외감을 느끼는 기독교인과 비기독교인뿐만 아니라 오프라인 교회와 영적 프로그램에 만족하는 이들까지도 더욱 통합적인 교류와 공동체, 상호 간 연결성, 콘텐츠와 프로그램의 공유를 경험하도록 도울 수 있을 것이다.

"탈기독교 시대"[3]에도 불구하고 교회와 신학은 "공적 삶의 체제와 정책에 대한 안내자"가 되어야 하므로[4] 교회의 공적 역할과 교인의 공적 신앙은 제약되어서도 간과되어서도 안 된다. 이러한 공적 역할과 신앙은 기독교가 공동의 삶의 질을 향상하고 개인들의 사고와 "생활방식"만이 아닌 "사회구조의 변화"를 일으키기 위해 "지속가능한 대안"

---

[3] Jim Davis, Michael Graham, Ryan P. Burge, *The Great Dechurching*, 정성묵 역, 『탈기독교 시대 교회』(서울: 두란노, 2023), 26-61.

[4] Max L. Stackhouse, *Public Theology and Political Economy* (Lanham, Maryland: University Press of America, 1991), xi.

을 마련해야 한다는[5] 원칙과 일관된다. 이 역할은 시간과 공간적으로 확장성을 지니고 대상과 상황에 따라 다원화해가며 내용과 경계를 새롭게 개척하는 속성을 지니기에 비대면 온라인 공간에서도 동일한 원칙이 적용되고 메커니즘이 작동해야 한다. 그렇다면 포스트 코로나 시대에 점증하고 확산하는 비대면 상황에서 교회의 공공성을 제고하며, 그 결과 공동체의 번영과 신뢰사회 회복과 개인의 행복을 구현하는 전제와 조건에 관한 고찰은 시의적절하게 지속되어야 할 것이다.

    이러한 사회윤리적 목적을 염두에 두고 필자는 소유하고 점유되어 특정되고 제한되는 공간의 틀에서 벗어나 모두에게 열려있고 호혜적인 공유와 교류의 공간 개념으로 이행이 필요하다는 관점에 기반하여 비대면 온라인 공간이 공동의 삶에 유익하고 지역공동체 누구나 참여할 수 있는 공공영역이 되도록 돕는 온라인 교육 콘텐츠와 프로그램을 제안할 것이다. 모두에게 접근이 가능한 온라인 콘텐츠와 프로그램(범위)의 제작과 공급 그리고 지속적인 확장과 다양화는 공공영역으로서 디지털 공간에 대한 교회의 참여와 공공성의 가능성을 높이게 될 것이다. 이러한 논의를 위해 우선, 비대면 시대 온라인 사회자본과 공공성을 살피고, 비대면 시대 탈공간성과 교회의 공공성을 위한 신학윤리적 근거로서 '선교적 교회'를 분석한 뒤, 교회의 공공성 제고를 위한 온라인 공동체 프로그램과 그 예로 초고령사회를 위한 온라인 프로그램의 공공성에 관한 제안으로 진행될 것이다.

---

5   이상훈, 「공공신학적 관점에서 본 교회개혁과 고령화사회」, 『기독교사회윤리』 25(2013), 47; 김창환, 『공공신학과 교회』(서울: 대한기독교서회, 2021), 42-58; 윤철호, 『공적신학』 (서울: 새물결플러스, 2019), 329-358.

2. 비대면 시대 온라인 사회적 자본과 공공성

1) 비대면 시대 온라인 공간

코로나19 기간 동안 대인 간 모임 금지가 사회와 개인의 삶에 스며든 새로운 관계 방식과 생활 트렌드로 자리 잡아가는 중에 비대면화가 급증했고, 이후에도 이러한 흐름은 계속되거나 증가할 수 있다. 이미 우리는 네트워크 사회의 도래로 접속성이 갖는 순기능을 경험하고 있지만, 점차 증가하는 연결성에도 불구하고 관계성이 그것에 비례하지 않는 것도 경험하고 있다. 만일 이어져 있지만 공유하지 않고 공감하지 못한다면 어떤 전제나 조건 없이 신뢰와 공동체성의 확보로 결과를 맺기는 어려울 것이다.[6] 이처럼 코로나19 기간 중 사회적 거리두기를 포함한 비대면 상황은 물리적 장소 혹은 현실 공간 중심의 많은 활동을 심각히 제한했다. 동시에 이는 비대면의 연결성을 위한 중요한 도전이며, 공간에 대한 새로운 개념과 패러다임의 도래를 가속화할 수 있는 계기가 되었다.

비대면 접속은 타인과의 물리적 접촉과 오프라인 공동체에서의 교류를 제한하거나 차단하며, 디지털 정보에만 "탐닉"함으로써 "밀실"에 유폐되는 상황을 일으킬 수 있다.[7] 사이버 공간은 가령 계속되는 "타인의 삶 구경"과 "비교" 및 세상과의 "절연"과 그로 인한 "자괴

---

[6] 김경필, 「카스텔의 네트워크사회론 비판」, 『사회와 이론』(2012), 383; Manuel Castells, *The Rise of the Network Society*, 김묵한 외 역, 『네트워크 사회의 도래』(경기 파주: 한울, 2003), 612-614.

[7] 김찬호, 『대면 비대면 외면: 뉴노멀 시대, 우리는 어떻게 연결되는가』(서울: 문학과지성사, 2022), 89.

감과 우울증"으로 미디어에 "매몰"되어 "대면 소통의 사회적 기술"의 결여를 초래할 수 있다.[8] 이를 반영하듯 비대면 상황이 본격적으로 전개된 코로나19 기간과 이후 사회적 지지와 사회적 자본은 감소 추세를 보였고, 다른 사람과의 "직접적 상호작용"에서 대인 신뢰도 또한 하락한 것으로 나타났다.[9] 이처럼 온라인에서 "낯선" 이들 간의 "접촉"은 계속해서 늘어나고 비중도 커졌지만, 디지털 공간의 특성상 "즉흥성"이 요구되고 "호감과 비호감의 이분법"이 활용되며 "선호하는 콘텐츠"를 선별적으로 이어주는 "추천 알고리즘"은 유사한 관점을 지닌 사람과만 교류함으로써 "확증 편향"을 유발한다.[10] 그 결과 온라인 공간이 갈등과 반목을 "증폭시키는 확성기"가 될 수 있다는 견해가 제기되고 있다.[11] 이는 공공성 제고와 궤를 달리하는 사회문화 현상이며, 네트워크에 연결되고 온라인에 접속하는 것이 반드시 상호관계와 공동체의 강화를 가져오지 않는다는 것을 말해준다.

이와 달리, 비대면 온라인의 역기능이 지나치게 강조되거나 부정적으로만 인식되는 것은 새로운 흐름에 대한 정확한 이해와 현실적인 접근이 아닐뿐더러 공적 목적에 부합하거나 공공성을 제고하기 위한 계기와 가능성도 차단하는 것이다. 코로나19가 언택트 사회를 가속화했고,[12] 팬데믹 이후 사람들은 비대면 온라인에 대한 불편함에서 적응의 단계를 지나 점차 선호하게 되었으며, 의료, 교육, 유통(산업), 직장

---

[8] 위의 책, 90.

[9] 여유진, 「코로나19 발생 전후 삶의 만족도와 사회통합 인식의 변화」, 『보건복지 ISSUE & FOCUS』 418(2022), 5-6.

[10] 김찬호, 『대면 비대면 외면』, 98.

[11] 위의 책, 98.

[12] 배영임·신혜리, 「코로나19, 언택트 사회를 가속화하다」, 『이슈&진단』 416(2020), 1-22.

등 많은 영역에서 대면 활동을 두고 선택하는 경향까지 나타나고 있다.[13] 예를 들어 물리적 대면 접촉이 없는 방식의 "구매" 행위가 점차 확대되고 '비대면'이 "완벽하게 구현"되고 있으며 우리 일상 속 깊숙이 자리를 잡아가고 있다.[14] 비대면 온라인에 대한 사람들의 긍정적 반응은 시간과 공간의 제약에서 벗어나 "자유롭게" "접속" 가능한 "유비쿼터스 환경"이 오늘날 우리 삶을 효율적으로 유지하고 구조적으로 특징 지우는 기반이 되어간다는[15] 사실만 말하지 않는다. 그것은 물리적 장소 혹은 현실 공간 중심의 시각에서 벗어나 온라인 영역을 포함하는 장소 개념의 확장과 온라인 활동과 콘텐츠가 사적 영역에 머물지 않고 공적 의미와 영역으로 확장될 필요성을 말해준다. 나아가 비대면 온라인 문화와 관련해 선교와 공적 신앙뿐 아니라 공익과 공동체 지향적으로 적용과 논의를 넓힘으로써 교회의 공공성을 높이는 계기로 삼을 필요도 있음을 가리킨다.

물론 많은 선호와 다수의 선택이 반드시 더욱 실효성 있고 바람직하다고 볼 수는 없다. '현실'과 '가상'의 차이는 분명히 존재하고, 양자 간 구별의 중요성과 각각의 특징이 간과되어서는 안 될 것이다. 하지만 그것이 비대면 온라인을 소홀히 여기거나 그 가능성과 필요성에 등한한 것과는 별개의 문제다. 물리적 접촉과 오프라인 장소의 가치와

---

[13] 노영희(2023.03.03), "'학술대회는 역시 오프라인' … 의사 80%, 온라인 선호", 『Medifonews』, https://www.medifonews.com/news/article.html?no=176119(접속일: 2024.02.27); 박신원(2022.05.08), "'거리두기 끝나도 비대면이 좋다' … 진료·스터디까지 변화된 생활상", 『서울경제』, https://www.sedaily.com/NewsView/265W20FFXM(접속일: 2024.02.27)

[14] 김찬호, 『대면 비대면 외면』, 82.

[15] 위의 책, 81.

의미를 침해하지 않는다면 다양한 온라인 대체재의 기능과 역할이 평가절하될 필요가 없고, 오히려 양자가 상호 보완적일 수 있을 것이다. 더구나 오프라인에서 대면하고 연결되는 '현실'을 구현할 수 없는 환경이거나 구현이 비효율적인 경우, '가상'의 대체 역할과 효과는 분명히 있을 뿐 아니라 상황에 따라서는 가상이 더 효율적이거나 비대면이 요구될 수 있다. 인간의 공간 점유와 시간 활용은 기술과 기기의 발달에 따라 범위와 개념이 확장될 수 있고, 그에 따라 확장된 공간에 대한 우리의 인식과 그에 대한 요구가 증가할 수 있으며, 이러한 새로운 기회와 가능성은 익숙한 기존 개념을 수정하거나 넓히는 촉매로서의 역할을 할 수 있다.

디지털 문화의 확산으로 온라인상에서 "접속"을 통한 비대면의 방식과 형태로 이전보다 더 많은 "관계적 네트워크와 지식 및 정보의 장"이 주어지게 되었다.[16] 그러므로 상시 접속이 일상 속 어디서나 일어나는 지금 시대는 비대면 온라인 세계와 공간이 목회와 선교 및 공동체 번영의 필수 부분으로 채택되고 정착되도록 해야 할 것이다. 이를 위한 온라인 콘텐츠와 프로그램은 모두 시공의 제약에서 벗어나 언제 어디서나 접근할 수 있는 것처럼, 우리의 생활과 신앙이 공적 지향성에 부합하여 시간과 장소의 구애 없이 지역사회에 주도적으로 참여하고 공동체의 번영에 기여하도록 돕기 위한 공공재로 유익한 자료화가 가능하다. 그런데 이러한 공적 신앙과 공동의 이익 지향적인 비대면 온라인이 접속과 연결을 기반으로 이뤄지며, 온라인 콘텐츠와 프로그램이 제작되고 공급되어 (신자들과 비신자들을 포함한 모든) 참여자 사이

---

16 박승찬, 「코로나19 이후 비대면 상황과 공동체성에 대한 교회론적 고찰」, 『한국조직신학논총』 69(2022), 163.

에서 공감대와 공동체가 형성되는 것을 도울 때 사회적 자본의 확충과 공공성 제고를 가져올 것이다.

2) 온라인 사회적 자본과 공공성

타인과의 물리적 접촉의 제한과 편향된 정보와 콘텐츠에 대한 노출을 하나의 특징으로 보이는 온라인 비대면은 이미 신뢰도가 낮은 우리 사회의 갈등과 파편화 및 소외현상을 더욱 심화시킬 수 있다.[17] 신뢰와 호혜성 및 네트워크로 구성되는 사회적 자본은 상호작용을 통해 형성되고 유지되기에 본질적으로 직접적 대면과 접촉은 필요조건이 된다. 그렇다면 비대면 온라인의 탈공간성은 (특정) 물리적 장소를 중심으로 모임과 네트워크를 추구하는 사회적 자본 형성에 무관하거나 부정적인 영향을 미칠 수 있다. 그런데 앞에서 시사한 바와 같이 상호작용과 신뢰관계가 반드시 물리적 장소와 현실 공간만을 요건으로 하는 것이 아니라면 그렇지 않을 것이다. 물리적 접촉이 동반되지 않는 온라인에서도 신뢰와 호혜성을 낳는 상호작용과 접촉이 가능할 뿐 아니라 경우에 따라 요구되기도 한다. 이에 따라 탈공간성의 의미를 담은 사회적 자본에 대한 새로운 이해가 필요하며, 그것은 비대면 온라인에 기반한 탈장소적 네트워크를 형성하고 발달시킬 수 있다는 사실을 말해준다.

연구에 의하면 사회적 거리두기와 집합금지 명령 등 물리적 접촉의 제한에 따른 비대면 온라인 활동은 가족, 친구, 가까운 지인 등과의

---

[17] 윤신영(2020.09.09), "'코로나19 사태 8개월 … 적신호 켜진 '신뢰사회', 쌓인 '피로'", 『동아사이언스』, https://m.dongascience.com/news.php?idx=39630(접속일: 2024.02.15)

'결속형' 사회적 자본의 증가를 가져왔을 뿐 아니라 사회적·경제적으로 "다양한 배경"과 "상이한 견해"를 특징으로 하는 "약한 연결 관계"의 '연계형' 사회적 자본 형성에도 긍정적인 것으로 밝혀졌다.[18] 우선, 코로나19 장기화 이후 점차 더해가는 것으로 관찰되는 대면 접촉의 감소와 미디어 사용의 증가가 사회적 결속의 저하를 가져올 것으로 예측할 수 있으나 분석 결과는 온라인 활동을 통한 비대면 소통이 '결속형' 사회적 자본의 형성을 촉진하는 것으로 밝혀졌다. 이러한 결과를 밝힌 코로나19 기간 중 온라인 소통과 '결속형' 사회적 자본과의 상관성에 관한 연구는 온라인 사용과 소통의 증감이 결속형 사회적 자본에 정적인 영향을 미친 것으로 드러나 동영상과 인터넷 등 미디어 이용과 비대면 소통이 늘어날 때 상호 간 "효율적" "정보 공유"와 "사회적 지지와 정서적 지지"의 공유를 통해 강한 유대관계가 더 강하게 결속하고, 반대의 경우 결속적 사회자본도 그에 따라 감소한 것으로 나타났다.[19]

그런데 이러한 비대면 접촉과 온라인 연결성은 '결속형' 사회적 자본만이 아니라, 범위를 넓혀 '연계형' 사회적 자본의 확충에도 긍정적으로 작용했다. 연계형 사회적 자본은 "외부 지향적"인 속성을 지녀서 "다양한 사회적 계층"의 사람들 사이에서 "정체성과 호혜성의 네트워크"를 형성한다.[20] 디지털 네트워크와 많은 온라인 활동 및 높은 사

---

[18] 권미옥·이경탁, 「온라인 네트워크 이용이 사회자본과 심리적 웰빙에 미치는 효과」, 『대한경영학회지』 28(5), 2015, 1490.

[19] 박문령·김용찬, 「비대면 소통, 미디어 이용, 결속적 사회자본: 코로나19 발생 전과 후의 패널 데이터 분석」, 『언론정보연구』 59(1), 2022, 34-36.

[20] Robert D. Putnam, *Bowling Alone*, 정승현 역, 『나홀로 볼링』(서울: 페이퍼로드, 2009), 24-26, 702.

용 빈도는 여기에 참여하는 다양한 배경과 관점의 구성원 간 상호작용을 늘림으로써 가상공간에서의 연결망 강화와 확장으로 이어져 "약한 연결관계의 증대"와 "광범위한 사회적 연결"을 유발하는 것으로 나타났다.[21] 연계형 사회적 자본이 우리로 하여금 "새로운 정보나 자원에 노출"하도록 만들고 우리의 "시야를 확장"해준다면,[22] 이러한 특성과 목적을 담지하고 반영하는 여러 교육 자료와 콘텐츠를 공적으로 공급함으로써 교회는 비대면 상황에서 그 공공성을 제고하는 방안을 찾을 수 있을 것이다.

위의 연구 결과는 온라인 비대면 활동과 참여가 "새로운 관계 구축과 이전 관계의 강화"를 보여줌으로써 물리적 장소와 마찬가지로 "온라인 네트워크"를 통한 디지털 공간에서도 다양한 배경과 관점의 개인들 간에 "사회적 상호작용"이 발생하고 활성화될 수 있다는 사실을 명시한다.[23] 이러한 사실은 비대면 온라인의 새로운 환경에서 사회적 상호작용이 디지털 사회적 자본의 확충을 가져와 사회적 자본의 개념과 범위가 넓어짐으로써 공동체 전체 사회적 자본의 증가와 그 주체인 교회의 공공성을 높이는 데 기여할 수 있음을 말해준다. 그런데 여기서 사회적 자본의 확충이 공공성의 제고와 긴밀히 연결된다는 점을 언급할 필요가 있다.[24] 사회적 자본은 공공성 제고와 서로에 말미암고 상호작용한다. 가령 사회적 자본의 하위 요소인 신뢰 회복을 가져오는

---

21 권미옥·이경탁, 「온라인 네트워크 이용이 사회자본과 심리적 웰빙에 미치는 효과」, 1492-1496.
22 위의 논문, 1490.
23 위의 논문, 1497-1498.
24 남춘호, 「지역사회 통합돌봄 서비스 도입에 따른 의료사협의 역할 분석: 사회적 자본의 측면에서」, 2020년도 (사)한국지방정부학회 하계학술대회 발표논문집, 534-535.

공공성 제고는 공적 실체로서 교회가 지역사회 모든 구성원이 공동체의 번영에 적극적으로 참여하고 기여하기 위한 역량을 갖추도록 동기를 북돋우는 다양한 온라인 콘텐츠와 프로그램을 제작하고 공급함으로써[25] 사회적 상호작용을 늘리고 온라인 연결망을 강화할 때 가능할 것이다. 이러한 목적에 일치하여 "생애주기 전반에 걸친 다양한 교육 프로그램"이 사회적 자본을 구축하고 증대할 뿐만 아니라 공공성을 높이는 데도 중요하다는 점에서 교회는 해당하는 여러 시도가 요구되는[26] 상황에 직면해 있다. 그렇다면 대면적이고 특정 물리적 장소 중심으로 존재하고 규정되는 교회와 사역이 비대면 시대 탈장소적 상황에서 공공성 제고를 도모하기 위한 관점으로서의 공간 이해와 신학윤리적 근거는 무엇인가?

3. 비대면 시대 탈공간성과 교회의 공공성을 위한 '선교적 교회'

1) 비대면 시대 교회와 탈공간성

사회의 발전과 공동체의 생산성 및 삶의 만족도를 높이기 위한 사회적 자본은 지역의 공공성이 제고될 때 연동하여 확충된다. 그런데 지역의 공공성과 사회적 자본의 보완적 상호작용을 고려하여 모두가

---

25 곽윤경, 「사회적 자본 실태 진단과 사회통합」, 『보건복지포럼』(2020), 31.
26 위의 논문, 31.

행복하고 함께 번영하는 사회가 되기 위해 "지역사회의 공동체성" 회복과 공공성 제고를 통해 사회자본의 "총량"을 증대할 수 있다[27]는 주장은 더 이상 충분하지 않다. 전자적 네트워크 사회의 도래가 "시간과 공간의 확장"을 가져왔고, 공공성이 시공의 "물리적인 제약"에서 더욱 "자유"로워졌기 때문이다.[28] 같은 맥락에서 디지털 네트워크를 통해 온라인 공간에서도 다양한 배경과 관점을 지닌 사람들 사이에 "사회적 상호작용"이 "형성"·"발전"할 수 있다면,[29] 코이노니아와 교제의 공동체인 교회는 비대면 온라인 환경에서 사회적 자본의 확충에 대한 긍정의 정도만큼 공공성 제고에 대한 생산적인 기여와 적극적인 참여에 대한 책임과 더불어 가능성도 크다고 할 수 있다.

비대면 온라인 문화가 점차 확산함에 따라 신뢰에 기초한 지역공동체와 사회적 자본 형성에 참여할 수 있는 '성도의 교제(communio sanctorum)'로서 교회는 폭과 의미를 넓혀 온라인 공간까지 고려하고 포용해야 하는 과제에 직면해 있다. 교회가 비대면 온라인 환경에서 공공성 제고와 신뢰 사회 회복의 역할을 감당할 수 있는 조건은 물리적 '장소' 중심에서 벗어나 탈공간적 관점으로 옮겨갈 때일 것이다. 비대면 시대에 교회의 공공성을 높이고 신뢰 사회를 구축하기 위한 조건으로서 탈공간적 관점은 특정 장소(가령 건물로서의 교회)의 의미와 중요성에도 불구하고 삶과 신앙의 다양한 계기나 표현이 자유로이 되는 면이 부각된다. 그러므로 비대면 시대 디지털 공간에서도 교회는 여전히 공적 존

---

[27] 김정진, 「사회자본 구축과 공공성 회복」, 『월간 공공정책』 146(2017), 9.
[28] 이명진, 「네트워크사회의 도래와 공공성의 특성 변화: 영역, 경계, 행위자, 배제를 중심으로」, 『국사회학회 사회학대회 논문집』(2012), 840.
[29] 권미옥·이경탁, 「온라인 네트워크 이용이 사회자본과 심리적 웰빙에 미치는 효과」, 1498.

재로서 역할과 정체성을 요구받고 있는 것은 온라인 사회적 자본이 창출되고 공공성이 구축되는 소통과 상호작용이 정해진 물리적 장소에 얽매이지 않고 일어나는 점과 일관된다. 그뿐만 아니라 탈공간적 관점에서 물리적 장소의 틀을 벗어나는 신앙과 실천에 기초할 때 교회의 공적 역할과 공공성 제고는 비대면 온라인 환경에서 실효성 있고 더욱 포괄적으로 이뤄지는 길을 다양하게 마련할 수 있다. 이에 따라 교제와 섬김의 삶에 바탕을 두고 사이버 세계를 포함한 모든 공간을 (잠재적) 신앙 실천의 장(場)으로 인식함으로써 온라인 환경에서의 신뢰에 기반한 지역의 공동체성 강화를 유발하는 생활 속의 종교와 공적 신앙이 적용되고 제고될 수 있다.

다양한 이유로 물리적 장소에 자유로운 접근이 제한적인 이들에게는 진입장벽이 존재하게 되고, 이때 공적이어야 할 현실 공간은 제약 없이 접근이 가능한 이들에게만 열려있는 '소유'의 틀에 머물러 모두가 참여하는 '공유'의 영역으로 나아가는 데 한계를 갖는다. 만약 비대면 온라인 시대에 '공유'와 '공공성'의 가능성을 물리적 현실 공간으로 한정한다면 모순과 갈등 혹은 위기를 초래할 것이다. 반면 이에 대한 탈공간적 접근은 특정 물리적 장소에 참여할 수 없는 이들까지 포함해 모두에게 열린 '공유'의 개념으로 확장된다. 탈공간적으로 우리는 특정 물리적 장소 위주로 '모이는 교회'의 제도와 체제 중심의(지나칠 때 '타율적'일 수 있는) 신앙에 적응하고 익숙해지는 대신, "흩어져 삶의 현장에서 복음의 담지자"[30]로 살아가는 공적이고 사회적 책임의 '자율적' 신앙 실천의 방향으로 나아가야 한다. 오프라인 대면 모임의 의미

---

30   최동규, 『미셔널 처치』, 99.

와 중요성과 더불어 현장 친화적인 우리의 '장소감(sense of place)'은 계속해서 요구되고 정당화될 수 있지만, 그 속에 (특정) 물리적 장소 중심의 제한적이고 공간(개념)의 다양성을 막는 진입장벽이 허용될 여지를 부인할 수 없다. 그 결과 타율적으로 기울 수 있는 경직화된 신앙은 의도하지 않게 교회의 공공성 저하와 신앙의 사사화(私事化)로 이어질 수 있다. 신앙의 귀의와 실천의 자율성이 제한되는 구조와 공동체는 공적 신앙의 부진과 사회적 자본의 쇠퇴를 낳게 되고, 교회와 기독교인에게서 공공성 인식의 감소를 초래하며, 그들의 삶과 역할에도 부정적으로 반영될 것이다.

그렇다면 구체적으로 교회는 비대면 온라인 시대 물리공간 중심의 제한적이고 경직될 수 있는 신앙에서 벗어나 공동체 침투적이고 사회적 책임의 의미에서 더욱 공적 신앙의 실천으로 이어지는 탈장소적 공공성을 어떤 신학윤리적 바탕 위에서 전개할 수 있는가?

2) 비대면 시대 교회의 공공성과 '선교적 교회'

공공성의 의미는 공익적이고 누구나 접근할 수 있어서 모두에게 공유되는 것이라는 측면을 포함한다.[31] 교회는 지역공동체와 이웃을 위한 존재로 기능해야 하기에 공공선 증진의 과제와 목표를 위해 적극적이고 선제적으로 행동해야 한다.[32] 지역사회의 공공복리를 위한 기

---

[31] 김세훈·정기은, 「예술정책에서 공공성의 함의에 대한 연구」, 『공공사회연구』 7(1), 2017, 286.

[32] Elaine Graham and Stephen Lowe, *What Makes A Good City?: Public Theology and the Urban Church* (London: Darton, Longman and Todd Ltd, 2009), 113. 성석환, 「지역공동체의 문화복지를 위한 공공신학의 실천적 연구」, 『선교와 신학』 33(2014), 256에서 재인용.

여가 교회의 공공성을 높인다면, 이를 통해 교회는 공적 역할에 충실하여 지역사회에서 긍정적 존재의 폭을 넓히고 공동체를 품는 구성원으로 자리매김할 수 있을 뿐 아니라 지역사회의 공통된 과제(가령 초고령사회)에 대한 대처에 기꺼이 참여할 수 있다. 공적 신앙과 선교적 교회의 관점에서 사실 지역사회가 직면한 도전과 과제는 교회가 직접적이고 적극적으로 대처를 위한 노력에 참여해야 할 자신의 도전이며 과제이기도 하다. 이를 위한 실천적인 교회론에 대한 논의가 다각적으로 시도될 수 있다.

사도신경은 교회가 "성도의 교제(*communio sanctorum*)"임을 명시하고 있다. 그런데 여기서 라틴어 상크토룸(*sanctorum*)이라는 단어는 "거룩한 자들의 교제"뿐만 아니라 "거룩한 것들에서의 교제"를 뜻하기도 하기에 이 두 가지 모두의 의미는 성도의 교제로서 교회에 포함되어 있다.[33] 다시 말해 교회는 그리스도인이 "참여하는 거룩한 은사들", "부름을 받아 수행해야 할 거룩한 과제들", "부름을 받아 수행해야 할 거룩한 기능 등에서의 교제"를 이르기도 한다.[34] 따라서 그리스도를 믿는 이들의 구별된 회합으로서 '모이는 교회'뿐 아니라, "사람들 가운데서 일어나는 사건"으로서[35] "인간의 삶이 미치는 모든 차원과 지평에서 교회의 존재성"[36]을 드러내는 '흩어지는 교회'의 역할이 새롭게 인

---

[33] Daniel L. Migliore, *Faith Seeking Understanding*, 신옥수·백충현 역, 『기독교조직신학 개론』(서울: 새물결플러스, 2012), 434.

[34] Karl Barth, *Church Dogmatics* 4/2, trans. G. W. Bromiley (Edinburgh: T. & T. Clark, 1958), 642-643. 위의 책, 434에서 재인용.

[35] David J. Bosch, *Transforming Mission: Paradigm Shifts in Theology of Mission* (Maryknoll, NY: Orbis, 1991), 380. 최규형, 『미셔널 처치』(서울: 대한기독교서회, 2017), 99에서 재인용.

[36] 최동규, 『미셔널 처치』, 98.

식되고 실천되어야 한다.

특히 교회가 그리스도인이 "참여하는 거룩한 은사들, 그들이 부름을 받아 수행해야 할 거룩한 기능 등에서의 교제"[37]라는 의미는 이러한 교제가 본질적이고 파생적으로 가리키는 것으로 "폐쇄적이지 않고 선교와 섬김"으로 "세상에 대해 개방되어" 있다는 사실을 역설하는 것이다.[38] 이러한 사실은 화해와 교제의 "새로운 삶으로의 부르심"에 응답하여 겸손히 자기를 비우는 사랑의 관계 속에서 이웃의 짐을 지며, 이웃과 "화해"와 "평화"를 추구하는 것을 가리킨다.[39] 위의 관점에서 인간의 존재와 활동은 "하나님의 삼위일체적 사랑에 참여하고 그것을 반영함으로써 완성"이[40] 예외 없이 모든 공간에서 이루어질 수 있는 것이다. 온라인 세계도 예외 없이 모든 공간에서 우리의 교제는 성 삼위 하나님의 "영원한" 사귐, 곧 서로 사랑하고 사랑받는 "역동적 운동"을 특징으로 '상호 내주(perichoresis)'하는 삶을 전시할 때 가장 적절하다.[41] 하나님의 구원은 "하나님과 이웃과 교제하는 새로운 인간 삶"을 모든 이웃에게도 "열어주는" "자유로운 선물"이며, 교회의 본질 또한 하나님과 인간 상호 간의 "교제 안에 있는 새로운 삶의 시작"으로 간주될 수 있다.[42] 교회의 본질이 모든 이들과의 "교제의 삶"을 사는 데 있는 것은 삼위 하나님의 삶이 "서로 함께하며, 서로를 위하며, 서로

---

[37] Karl Barth, *Church Dogmatics* 4/2, trans. G. W. Bromiley (Edinburgh: T. & T. Clark, 1958), 642-643.
[38] Migliore, 『기독교조직신학 개론』, 435.
[39] 위의 책, 435-436.
[40] 위의 책, 434.
[41] 위의 책, 434.
[42] 위의 책, 434.

안에 있는 삶"이고 그렇게 살도록 부름을 받았기 때문이다.[43] 삼위일체적 삶을 반영하고 아직은 "부분적으로 참여하는" 교제의 삶을 실천할 때 우리는 이웃과 일체감을 느끼고 상호 "돕는 관계 속에서 발전하고 번영"할 수 있다.[44]

　위의 의미에서 사귐 속에서 이뤄지는 "새로운 삶의 시작"으로서 교회의 역할은 모든 사람, 특히 비기독교인과의 화해와 사귐과 교류이고, 이러한 "새로운 삶"으로 그들을 초청하는 것이며, 그들의 필요와 관심을 공유하고 대안을 마련함으로써 그들의 짐을 대신 져주고 그들을 섬기는 것이다. 교제가 하나님과의 관계 속에서 장소와 시간에 구애받지 않고 새로운 공간과 기회를 창출할수록 더욱 확장될 수 있듯이, 이웃과의 교제 역시 비대면 온라인 환경에서는 장소와 시간의 한계를 벗어나는 만큼 관계가 한층 넓어지고 돈독해질 수 있을 것이다. 이렇게 우리 존재와 활동의 "모든 차원과 지평에서 교회의 존재성"을 드러내는 '흩어지는 교회'의 역할과 의미가 비대면 시대 온라인 환경에서 이전보다 더 요구되고 확장될 수 있다. 그렇다면 공간적·시간적 확장성을 지닌 비대면 온라인 공간에서의 화해와 사귐과 교류 역시 교회가 참여해야 할 "새로운 삶"의 또 다른 형태를 위한 조건이 될 수 있을 것이다. 또한 '흩어지는 교회'의 개념은 폭과 의미가 온라인 공간으로 확장되어 비대면 시대에 정해진 물리적 장소에 얽매이지 않는 삶의 현장과 신앙의 실천에서 점차 비중과 중요성이 더해질 것이다. 따라서 우리가 "흩어져 삶의 현장에서 복음의 담지자"[45]로 살아가는 자율적

43　위의 책, 436-437.
44　위의 책, 437.
45　최동규, 『미셔널 처치』, 99.

신앙을 함양하고 실천해야 하는 이유는 온라인 비대면 시대에 교회의 공공성을 높이는 목적에 본질적으로 부합한다.

삼위일체 하나님의 구속은 파편화된 시대에 이웃에 대한 사랑 안에서 용서와 화해와 교제를 통해 세상과 지역공동체에서 인간의 삶을 새롭게 하고 번성하게 하기 위함이다.[46] 서로 간 교제로 부르심을 받은 교회는 또한 비대면 온라인 공간에 대한 선교로 부르심을 받는 이유가 여기에 있다. 현실 (공간의) 교회가 갖는 공동체성의 의미와 가치를 훼손하지 않으면서 그것에 얽매이지도 않고 탈장소적 영성에 기반해 자율적으로 '흩어지는 교회 됨'의 시도로 비대면 온라인 공간에서 교회의 공공성을 제고하는 노력은 특히 선교적 관점에서 의미가 크다. 이렇게 교회의 공공성을 제고하는 이론적 바탕은 본질과 특성에서 무엇보다 지역사회와 함께하고 하나 되며, 이웃을 섬기고 신뢰를 회복하는 '선교적 교회'의 개념에서 예시되며 비롯된다. '선교적 교회' 개념이 성육신 교리에 근거해 전시하는 것은 우리가 보내심을 받아 "타인의 삶에 희생적으로" 들어가고 "지역사회의 삶과 투쟁에 깊이 참여하여 이웃의 짐을 대신 짊어"[47]지는 것이다. 이웃과 "함께 고통을 겪으며" 같이 아파하는 "연민 어린 사랑"을 베푸는 교회의 행위[48]는 "단지 지역사회와 관계를 맺기 위한" 자선을 행하거나 어려움을 겪는 이들과 "상관없이" 도움을 베푸는 것이 아니라, "긍휼한 마음"을 가지고 그들

---

46 Migliore, 『기독교조직신학 개론』, 437.

47 Craig Van Gelder & Dwight J. Zscheile, *The Missional Church in Perspective*. 최동규 역. 『선교적 교회론의 동향과 발전』(서울: CLC, 2015), 218-219.

48 위의 책, 220.

의 삶 한가운데로 직접 들어가는 것을 말한다.[49] 우리가 "세상에 대한 하나님의 열정"에 동참하는 것은 이웃을 향해 "간접적인 방식"으로 다가가기보다 그들의 "현실에 전적으로" 참여하여 그들과 "의미 있는 관계"를 형성하는 것이어야 한다.[50] 그래서 교회는 "함께 고통을 겪는 사랑"으로 "이웃에 대해 깊이 공감"함으로써 그들과 일체감을 느끼고 그들의 이야기를 "경청"하며 그들을 위해 "행동"하는 것이다.[51] 이처럼 지역공동체와 공유하는 부분을 넓혀가려는 교회의 노력은 상호 "의미 있는" 관계 속에서 자기정체성을 유지하면서 그들이 직면한 과제와 도전에 우리도 직면해 있다는 현실에 대한 인식 아래 함께 대처하기 위한 다양한 콘텐츠와 프로그램을 제작해 그들과 나누는 방식으로 시도될 수 있을 것이다.[52]

이러한 관점에서 비대면 시대에 교회의 공공성 제고를 위한 전제와 조건으로서 탈장소적 영성과 공간에 대한 일부의 소유가 아닌 전체의 공유는 온라인 공간을 포함한 모든 공간(과 또한 시간)을 잠재적인 공적 신앙과 책임적 삶의 현장과 계기로 이해한다. 따라서 비대면 온라인 시대 교회는 교인들과 비기독교인이 온라인과 오프라인 모든 공적 영역에 공적 시민으로 참여하고 공적 신앙을 실천하기 위해 요구되는 주제의 콘텐츠와 프로그램을 제작하여 온라인에 공공재로 공급하여 누구나 접속하여 공유하도록 할 수 있다.

---

[49] 위의 책, 220.
[50] 위의 책, 220-221.
[51] 위의 책, 220.
[52] 이상훈, 「사회적 자본의 형성에 관한 신학윤리적 이해」, 『기독교사회윤리』 40(2018), 164.

4. 교회의 공공성 제고를 위한 온라인 공동체 프로그램

1) 공공성을 위한 온라인 프로그램

제한되고 한정된 물리적 장소의 틀과 인식에 얽매이지 않는 비대면 온라인 공간은 교회의 공공성을 시공의 제약 없이 높일 수 있는 환경과 계기가 될 수 있는 반면에, 가속적으로 점증하며 비중이 커짐에 따라 갈등과 편견뿐 아니라 소외와 분절로 사회의 신뢰와 교회의 공공성 저하의 터로 기능할 가능성 역시 존재한다. 그렇다면 비대면 온라인 환경에서 교회가 후자의 결과를 방지하는 대안 제시로 공동의 번영을 가져오며 공공성 제고의 길을 열기 위해서는 어떤 온라인 콘텐츠와 프로그램을 제공할 수 있을까? 먼저 콘텐츠와 프로그램의 주제는 교인들의 공적 신앙 실천을 촉진하고 유도하는 것으로 그들의 탈장소적 영성이 삶의 지평을 온·오프라인 모든 공간으로 더욱 넓힐 수 있게 돕는 것이어야 한다. 같은 방식으로, 비교인들에게도 공익과 개인 행복 또는 공동체 번영과 자아실현의 조화롭고 상호 보완적인 추구에 실효성 있는 콘텐츠와 프로그램이어야 할 것이다. 즉, 콘텐츠와 프로그램의 주제가 모두에게 공유될 수 있을 만큼 공공성의 의미에 부합해 기독교인뿐 아니라 비기독교인에게도 개인적이고 공동체적으로 유익하고 설득력이 있어 지역공동체의 사회적 자본을 높이고 교회의 공공성을 제고하는 데 기여할 수 있어야 한다.

이와 관련해 비대면 신앙 활동에 대한 교인들의 관심과 트렌드는 최근 목회데이터연구소에서 실시한 개신교인의 온라인 사역 인식에 관한 설문에서도 드러나고 있다.[53] 위의 설문에서 물리적 공간에 구애받지 않는 비대면 시대에 대한 인식의 변화가 감지될 정도로 '온라인 훈련 프로그램' 또는 온라인 사역에 대한 필요성이 제기되고 있다. 온라인에서도 "신앙이 성장할 수 있고", "하나님을 경험할 수 있다"고 생각하는 비율이 각각 70%, 74%에 달하며, "온라인 모임을 통해 신앙 공동체가 만들어질 수 있다"는 항목에 10명 중 6명이 동의(59%)한다고 응답했다. 설교 듣기와 성경공부 같은 학습 프로그램의 경우 비대면 온라인 수용도가 가장 높게 나타난 것으로 보아 온라인 교육 프로그램 활용 가능성이 크다고 볼 수 있다. 또한 교회의 온라인 신앙훈련이 필요하다는 의견은 71%에 이르러 교회의 비대면 온라인 사역에 대한 수요가 크며, 제공될 경우 높은 참여도가 예상된다. 다만 실제로 온라인 신앙훈련 프로그램을 제공하고 있는 교회가 그렇지 않은 교회보다 약간 많으나 양쪽이 모두 절반가량 머물러 공급과 수요에 있어 차이를 보였다.[54] 이러한 온라인 신앙 교육과 신앙훈련 프로그램, 두 분야에서 비교적 높게 나타난 응답의 의미는 높은 수용도와 필요성 제기를 고려할 때 다양한 관련 콘텐츠와 프로그램의 제작 및 온라인 공유가 요구되며 타당하다고 하겠다. 나아가 이러한 노력은 교인들의 탈장소적 신앙과 영성이 그들 삶의 지평을 지역사회로 더욱 넓힐 수 있게 도움으로써 교회의 공공성 제고로 이어질 수 있을 것이다.

그런데 교회가 성도들의 요구에 따라 그들의 영적 필요를 채워주

---

[53] 송경호(2023.07.03), "'비대면으로도 충분' 1위는 '성경공부', 2위는 '설교' … 프로그램 '수요'에 비해 '공급' 부족", 『크리스천투데이』, https://www.christiantoday.co.kr/news/355412(접속일: 2024.01.15).

[54] 목회데이터연구소(2023.06.27), "개신교인의 온라인 사역 인식", http://www.mhdata.or.kr/bbs/board.php?bo_table=gugnae&wr_id=90#(접속일: 2024.01.15)

는 콘텐츠나 프로그램을 개발하여 제공하는[55] 시도는 단지 비대면 온라인 환경에 부합하여 사역의 지평을 넓히는 일만이 아니다. 시간과 공간의 제약을 벗어난 온라인 콘텐츠와 프로그램 제공은 이미 존재하는 주제와 메시지를 디지털로 재현하는 것이 아니라 '흩어지는 교회'로서 교인들의 공적 신앙을 진작하고 교회의 공공성을 높이는 주제와 방향으로 이뤄져야 한다. 위와 같은 맥락에서 선결적 논의의 대상이 되는 과제로 자주 제시되는 것은 "마을 단위의 상호협력과 참여를 위한 다양한 프로그램 개발과 정례화", "학교와 시민 교육을 통한 신뢰, 협력, 연대 제고", "사회공헌 및 봉사활동 활성화", "맞춤형 문화·예술 프로그램 및 교육지원", 공동체의 번영, 행복과 자아실현, 신뢰와 호혜성을 위한 교육 콘텐츠 제작 및 공급 등이다.[56] 이에 호응하여 동일한 과제에 대한 설득력 있는 대안 제시가 교회의 공공성 제고와 낮아진 사회적 신뢰에 대한 실효성 있는 대책으로 제안될 수 있다. 교회가 지역사회에 깊이 들어가 이웃과 의미 있는 관계를 맺는 '선교적 교회'에 충실하여 지역공동체가 직면한 과제와 도전에 우리도 직면해 있다는 현실에 대한 인식 아래 이들을 교회 사역의 주요 목표로 삼는 것이다. 그렇다면 다양한 내용의 자료가 공공재로 제작·공급되는 온라인 공간이 교회의 공공성을 제고하는 공적 영역이자 광장으로서의 조건을 구

---

[55] 그들이 속한 지역사회를 넘어 다른 지역에서도 온라인으로 접속하여 공유하도록 할 수 있을 것이다(박승찬, 「코로나19 이후 비대면 상황과 공동체성에 대한 교회론적 고찰」, 171).

[56] 여유진 외 4인, 「사회통합 실태 진단 및 대응 방안 연구(Ⅷ): 사회·경제적 위기와 사회통합」, 한국보건사회연구원 연구보고서(2021), 289; 곽윤경, 「사회적 자본 실태 진단과 사회통합」, 31; 김원재·유동민, 「초고령사회의 사회운용 패러다임의 전환에 대한 연구」, 『공공정책연구』 28(1), 2022, 21-22; 관계부처합동, 「제4차 저출산·고령사회 기본계획」 (2020), 157-166; 이소영·오신휘, 「저출산 고령사회 정책 모니터링 및 과제」, 한국보건사회연구원(2022), 95-99.

비하게 하는[57] 교육 콘텐츠와 프로그램의 주제와 방향은 무엇일까?

2) 초고령사회를 위한 온라인 프로그램의 공공성

이러한 주제와 방향은 지역사회에 대한 섬김과 봉사, 공동체의 번영, 개인의 행복, 사회적 신뢰 및 호혜성 등 공익과 자아실현이 조화를 이루는 공공성에 상응하는 것을 중심으로 형성될 수 있다. 여기서 필자는 우리 사회의 가장 심각한 이슈이자 교회와 지역이 함께 맞닥뜨린 공통 과제인 '초고령사회'에 실효성 있게 대처하는 온라인 프로그램을 교회가 개발하여 공유할 수 있는 점에 주목하고자 한다. 그래서 지속가능한 '초고령사회'를 위한 온라인 콘텐츠의 한 예로 중고령자들을 위한 '제2의 인생' 프로그램이 어떻게 비대면 온라인 환경에서 교회의 공공성 제고의 목적에 부합하는지를 신학윤리적 주제들을 선택적으로 열거함으로써 살피고자 한다. 사실 유사한 온라인 콘텐츠들이 교회와 신학 외에서 다양한 관점과 방식으로 제작되어 공급될 수 있기에 교회와 신학이 특징적으로 전달할 수 있는 메시지와 설득력으로 이웃과 지역에 더욱 가까이 다가가는 차별성과 정체성이 프로그램에 담겨야 한다.

(1) 지역사회 섬김과 봉사

하나님 나라는 온갖 굴레로부터 놓임으로써 기여하고 생산적인 자유를 누리고 실천하는 것이기에 가령 주도적으로 섬김과 봉사를 통

57　전명수, 「공공성 강화를 위한 종교의 사회적 역할: 종교공공사회학적 접근」, 『종교와 문화』32(2017), 64-65.

해 지역사회에서 창조적 의미를 실현한다.[58] 초고령사회 중고령자들의 자유 실현은 개인과 신앙과 지역공동체 모두를 연령에 따른 차별에서 벗어나는 것을 가리킬 뿐만 아니라, 섬김과 봉사로의 적극적인 참여와 활동을 통해 '제2 인생'의 역동성과 창의성을 동반한다. 중고령자들의 섬김과 봉사는 그리스도인이 교회의 울타리를 벗어나 공적 신앙을 가지고 공공영역과 지역사회로 나아갈 수 있는 효과적인 매개가 될 수 있다. 섬김과 봉사는 지역에 위치할 뿐 아니라 지역의 한 부분인 교회를 지역공동체 안으로 들어가게 하고, 지역공동체가 교회 안으로 들어오게 해 하나가 되게 한다. 섬김과 봉사를 통해 교회는 지역사회에 속한 구성원으로서 어떻게 자신의 정체성을 유지하면서 이웃과 공존하고 모두 함께 번영할 수 있는지를 보여줄 수 있다. 교회가 제공하는 섬김과 봉사를 독려하는 온라인 콘텐츠와 프로그램을 통해 기독교인과 비기독교인은 재능 나눔과 개발에 참여함으로써 자신의 신앙과 시민성을 공적으로 진작할 수 있으며, 자기 삶과 역량을 사적이고 개체화된 자아의 틀에서 벗어나게 할 수 있다. 우리는 유전적 소질과 "사회적 상호작용(social interaction)"으로 형성되기에 다양하고 새로운 상황에서 활동과 경험을 통해 역량과 재능이 길러지며, 봉사와 섬김은 공적 시민으로서 참여나 공적 신앙의 실천을 통해 개인의 재능과 역량을 더욱 향상할 뿐 아니라 공공성 또한 제고시킨다.[59]

---

58 Erich Fromm, *The Heart to Man*, 황문수 역, 『인간의 마음』(서울: 문예출판사, 1977), 84; 김옥순, 「종교개혁 핵심진술에 나타난 자유의미와 디아코니아실천에 관한 연구」, 『신학과 실천』(2017), 202-209.

59 Miroslav Volf, *Work in the Spirit* (Eugene, Ore.: Wipf and Stock Publishers, 1991), 112; 구혜란, 「공공성은 위험수준을 낮추는가?: OECD국가를 중심으로」, 『한국사회정책』 22(1), 2015, 42.

(2) 공동체의 번영

그리스도의 통치와 성령의 임재는 "풍성한 삶", 곧 "인간과 온 창조 세계의 번영"을 가져오기 위한 것이다.[60] 교회가 제공할 온라인 콘텐츠와 프로그램은 "자신을 향한 관심과 만족을 경험하고자 하는 욕망"[61]이라는 새롭게 등장한 인간의 번영에 대한 사적이고 왜곡된 이해에서 벗어나게 돕는다. 초고령사회의 공공성은 중고령 이웃의 삶이 하나님이 "인간을 창조하시며 부여하신 삶의 방식"[62]과 조화를 이루어 전개되고, 그들과 더불어 살아가는 공동체의 번영을 위한 노력에서 증진될 수 있다. 이에 따라 그들의 "번영이 우리의 번영과 깊이 연결되어" 있는 점에 주목하고, 충실한 공적 신앙을 고취하는 콘텐츠와 프로그램은 교회의 공공성을 높이는 데 기여할 것이다.[63] 모두의 번영을 위한 목표는 '이웃과의 공존과 더불어 행복한 조건'을 벗어날 때 한계에 직면할 수밖에 없다. 번영은 "바르게 사는 것"으로서 하나님이 우리가 살도록 창조하신 대로 "인간답게 사는 것"이며, "현실과 세상의 참된 모습에 거슬리지 않게 사는 것"을 뜻한다.[64] 올바로 잘 사는 삶을 위한 진정한 사랑(고전 13:13)과 형통한 삶으로서의 참평안(샬롬)[사 11:1-11, "건강, 행복감, 복, 공동체의 화합, 친척들과의 관계와 그들의 상황, 그리고 삶의 모든 영역에서의 질서에 필요한 모든 것"]과 행복한 삶을 위한 진정한 기쁨(마 25:21-23)은 번영의 세 측면으로서 각각 별개이면서 상호 밀접히 관련돼 선

---

60 Volf, *Public Faith in Action*, 김명희 역, 『행동하는 기독교: 어떻게 공적 신앙을 실천할 것인가』(서울: IVP, 2017), 35.
61 Volf, *A Public Faith*, 김명윤 역, 『광장에선 기독교』(서울: IVP, 2014), 94.
62 위의 책, 151.
63 위의 책, 109.
64 위의 책, 147.

순환으로 서로에게 영향을 미친다.[65] 나아가 공공선을 추구하고 "공적인 삶에서 신앙에 충실한 제자"가 되기 위해 계발해야 할 덕목들이 있다.[66] 이러한 일련의 성품들은 사랑이 목표이고 사랑에서 말미암는 용기, "정직을 장려하고 화해의 문을 여는" 겸손,[67] 타인들과 "공동으로 누리는 이익"에 주목하고 "사랑의 모든 요구를 성취하는 것"이며, 이웃이 "받아 마땅한 것 이상"을 베푸는 것으로서의 정의,[68] 타인의 "업적이나 덕목"이 아니라 "존재 자체가 가지는 가치"에 따른 조건 없는 존중과 공경심(respectfulness),[69] 그리고 타인의 아픔이 나를 아프게 하는 것과 "자신의 결함과 악행의 결과로" 받는 고난까지도 "해결하기 위해 할 수 있는 일을 하는 것"으로서 긍휼(compassion)[70] 등으로 공동체의 번영을 위해 요구되며 "책임감 있는 공적 참여"에 본질적이다.[71] 사회적 신뢰를 회복하는 교회는 삼위 하나님과의 사귐과 "상호 간 교제로 부름을 받으며" 우리가 이웃을 서로 "돕는 관계 속에서 발전하고 번영"한다는 신학윤리적이고 공공성을 배태한 명제는 공동체 번영의 조건에 부합한다.[72]

---

[65] Volf, 『행동하는 기독교』, 36-39.
[66] 위의 책, 53.
[67] 위의 책, 271.
[68] 위의 책, 277-279.
[69] 위의 책, 288-293.
[70] 위의 책, 301-305.
[71] 위의 책, 41.
[72] Migliore, 『기독교조직신학 개론』, 436-437.

(3) 개인의 행복: 4, 5단계 삶 준비

수명연장 시대에는 실효성이 낮을 수 있는 '교육-일-은퇴'의 3단계 삶이 여전히 편견과 관습으로 우리 사회에 깊이 뿌리 박혀있다. 이에 다양한 형태의 자기계발과 행복한 '또 다른' 삶을 준비해 살도록 4, 5단계로의 진입을 돕는 온라인 학습 프로그램과 관련된 커리큘럼이 취지나 목표에 따라 예컨대 일·취업, 자원봉사, 자기이해[73]의 세 트랙으로 나뉘어 진행될 수 있다.[74] 교회와 신학은 단지 '직업능력개발'이나 '인적자원개발'에 만족하는 대신 "무엇을, 어떻게 할 것인가?"라는 소명의 관점에서 '삶의 목적'이 '경제적 삶'보다 우선시되게[75] 하는 것을 프로그램의 주제와 방향으로 삼아야 한다. 또한 제2의 인생이 '부가된 노동'으로 여겨질 수 있는 4, 5단계의 삶에 대한 경제외적 측면과 의미를 강조하는 신학윤리적 관점을 콘텐츠와 프로그램에 포함해야 한다. 가령, 소명의 다중성 또는 "공시적(synchronic)"이고 "통시적인 복수 직업(diachronic plurality of employment or jobs)"에 대한 설명이 제시될 수 있을 것이다.[76] 이러한 학습과정은 중고령자들이 "고정된 상태"로 머물기보다 "목적을 가진 운동"으로 계속해서 성장하고 변화하며 "미래에 대한 개방성(openness to the future)"의 존재라는 '하나님의 형상' 개념에 일치하여 살아가게 도울 것이다.[77] 교회와 지역사회에 모두 임하는 하나님의 부르심에 공적으로 응답하는 책임적 존재로서 중고령자들

---

[73] 자기이해에 대한 설명은 다음을 보라. 이상훈, 「신뢰사회 형성을 위한 '공유가치창출'(CSV)의 기여가능성」, 『기독교사회윤리』 44(2019), 329.

[74] 위의 논문, 329-330.

[75] 위의 논문, 329-330.

[76] Volf, *Work in Spirit*, 116-117, 190.

[77] Migliore, 『기독교조직신학 개론』, 255.

은 "광범위한" 온·오프라인 하나님의 사역에 주도적으로 참여함으로써 교회를 "통해서"뿐만 아니라 교회를 "넘어" 전체 공동체에도 의미 있고 생산적인 기여자가 될 수 있다.[78] 그러므로 "타인의 삶에 희생적으로" 들어가기 위해 "지역사회의 삶과 투쟁에 깊이 참여"하여 그들의 "짐을 대신 짊어지는"[79] '선교적 교회'의 주제와 실천 방법이 커리큘럼에 포함되어야 할 것이다.

(4) 사회적 자본으로서 신뢰와 호혜성

사회적 자본으로서 상호신뢰에 바탕을 둔 다른 연령 간의 네트워크는 세대 간 관계 회복을 위한 실효성 있는 틀을 제공하여 중고령자들이 공적 영역에서 배제돼 사적 영역과 신앙에 머무는 3단계 삶에서 벗어나 4, 5단계 삶으로의 이행을 통해 모든 공공영역에서 공적 신앙과 시민으로 살아가게 한다. 이는 상이한 나이대에 걸친 소통과 교류로 중고령자들이 연령차별과 고정관념의 벽을 넘어 온·오프라인 공간에서 생산적이고 활동적인 제2의 인생을 추구함으로써 교회와 지역사회의 공공성 제고에 기여할 수 있기 때문이다.[80] 본 온라인 프로그램은 중고령자들을 포함해 공동체 모든 구성원을 "신뢰관계 형성으로 이끌게 하는 '포괄적 호혜성'"이 형성·유지되도록 "과업 지향적"이고 "제한된 헌신"이 특징인 계약(contract) 대신 언약(covenant)에 근거해 "서로가 '자아 안에 타자를 위한 공간을 만들고' 타자의 존재에 비추어 자아

---

[78] Van Gelder & Zscheile, 『선교적 교회론의 동향과 발전』, 270.
[79] 위의 책, 218-219.
[80] Lynda Gratton and Andrew Scott, *The 100 Year Life*, 안세민 역, 『100세 인생』(서울: 클, 2017), 324-326.

를 재조정"하게 한다.[81] 신뢰와 호혜성을 바탕으로 다른 연령 간의 친구 관계나 세대 간 상호작용과 지원과 공유의 네트워크는 청년들과 중고령층의 정신적·육체적 건강과 역량 향상에 긍정적으로 작용할 뿐 아니라,[82] 이상적인 인간 삶의 양태, 곧 누구에게나 개방적이고 서로의 짐을 지는 "성도의 교제"로서 하나님과 이웃과의 사귐이 본질과 특성인 "새로운 삶"을 반영한다.[83] 신뢰와 호혜에 기반한 젊은이들과 중고령자들 간의 상호 지원과 교류는 이런 의미에서 공동체 번영에 기여하고, 개인의 행복을 구현할 수 있으며,[84] "모두가 참여하고 모든 세대의 번성이 약속되기에" 사회적 자본의 형성과 확충으로 이어져 공공성의 제고에 긍정적으로 기능한다.[85]

이상에서 살펴본 대로, 비대면 시대 교회는 우리 사회가 함께 직면한 공통 과제 중 하나인 '초고령사회'에 대처하기 위한 실효성 있는 온라인 콘텐츠와 프로그램을 개발하여 누구나 접속하고 공유하도록 제공할 수 있을 것이다. 이러한 온라인 프로그램의 공유를 통한 교회의 공공성 제고는 공동체 구성원 모두가 공적 시민으로서 지역사회(의

---

[81] Volf, *Exclusion and Embrace*, 박세혁 역, 『배제와 포용』(서울: IVP, 2012), 234, 244; 이상훈, 「신뢰사회 형성을 위한 '공유가치창출'(CSV)의 기여가능성」, 331; Robert D. Putnam, *Making Democracy Work: Civic Traditions in Modern Italy*, 안청시 외 역, 『사회적 자본과 민주주의』(서울: 박영사, 2000), 289.

[82] Lydia Denworth, *Friendship*, 안기순 역, 『우정의 과학』(서울: 흐름출판, 2021), 382; Gratton and Scott, 『100세 인생』, 323-325; 이상훈, 「'바이오필리아(효과)'가 공간의 고령화에 미치는 영향」, 『기독교사회윤리』 56(2023), 372.

[83] Migliore, 『기독교조직신학 개론』, 434-437.

[84] Lydia Denworth, 『우정의 과학』, 400; Stanley Hauerwas et al., *Growing Old in Christ*. 이라이프아카데미 역, 『그리스도 안에서 나이 듦에 관하여』(서울: 두란노, 2021), 280-251; Robert D. Putnam, 『사회적 자본과 민주주의』, 289.

[85] 이상훈, 「'바이오필리아(효과)'가 공간의 고령화에 미치는 영향」, 372.

번영)에 주도적으로 참여하거나 공적 신앙을 실천하기 위해 이웃의 삶에 깊이 들어가 그들을 위한 다양한 봉사와 활동을 통해 이뤄질 수 있다.[86] 위에서 살펴본 네 가지 주제가 담긴 콘텐츠는 이미 교회들이 교인들을 위한 오프라인 프로그램에서 시도되었을 수 있으나 기독교인뿐만 아니라 비기독교인의 삶에 적용되고 생활에 유익한 공적인 콘텐츠로 재구성되거나, 공적 신앙과 시민을 위해 설득력 있게 개발되어 시공의 제약이 없는 온라인 공간에서 모두에게 공유될 때 교회의 공공성 제고에 기여할 수 있을 것이다.

5. 나가는 말

디지털 문화의 보급으로 우리는 온라인상에서 비대면의 방식과 형태로 이전보다 더 넓은 "관계적 네트워크와 지식 및 정보의 장"을 가지게 되었다.[87] 이에 따라 상시 접속이 일상 속 어디서나 가능한 비대면 온라인 공간이 모두의 삶에 중요한 부분으로 요구되고 정착되도록 해야 할 것이다. 디지털 네트워크 사회의 도래는 "시간과 공간의 확장"을 가져왔고, 공공성은 시공의 "물리적 제약"에서 자유로워짐으로써 언제 어디서나 "의미를 갖는 것"으로 바뀌었다.[88] 공공성이 시공간의 물리적 제약에서 벗어남으로써 비대면 온라인 공간은 공공성 제고

---

[86] 최동규, 『미셔널 처치』(서울: 대한기독교서회, 2017), 282; Stuart Murray, *Church Planting: Laying Fountains* (Scottdale, PA: Herald Press, 2001), 35. 최동규, 『미셔널 처치』에서 재인용.

[87] 박승찬, 「코로나19 이후 비대면 상황과 공동체성에 대한 교회론적 고찰」, 163.

[88] 이명진, 「네트워크사회의 도래와 공공성의 특성변화」, 835-836.

와 사회자본 확충의 장(場)으로 인식되고 적극적 참여가 필요하게 되었다. 반면 코로나19 팬데믹 이후 비대면 문화의 확산 속 온라인 참여활동의 결여는 면대면 상호작용의 감소로 대인 신뢰와 사회자본의 저하를 초래함으로써 지역사회 내 상호협력과 참여를 위한 프로그램 개발과 시민교육을 통한 신뢰, 교류, 연대 제고와 비대면 공동체 네트워크의 활성화 방안이 모색되어야 한다는 의견이 제기되었다. 비대면 문화가 일상화됨에 따라 온라인 공간의 신뢰와 공적 삶의 의미를 고려하지 않을 경우, 온라인뿐만 아니라 오프라인에서도 사회적 자본의 감소에 이은 우리 사회의 공공성 저하 가능성이 커지게 될 것이다. 네트워크 사회의 도래에도 불구하고 관계적이지 않은 연결성과 이어져 있지만, 공감하지 못하는 접속성의 증가가 사회자본의 확충과 공공성 제고로 결과를 맺기 위해서는 어떤 전제나 조건이 요구된다. 온라인 공간과 현실 세계를 이분법적으로 나누거나 물리적 접촉과 오프라인 장소의 가치와 의미를 약화하는 온라인 공간의 역기능을 부각하는 대신, 양자가 상호 보완적이 되도록 온라인 공간의 순기능을 활성화할 때 교회의 공공성 제고와 '선교적 교회'의 지평을 넓히는 계기가 될 수 있을 것이다. 온라인 문화와 비대면 활동이 점증하는 디지털 네트워크 시대는 (특정) 물리적 공간에 종속되기보다 온라인 공간도 공적 신앙과 시민성의 현장으로 인식해 적극적 참여와 활동이 있어야 하며, 그럼으로써 신뢰에 기반한 지역의 공동체성 강화를 유발하는 생활 속의 신앙과 공공성이 실천되고 제고될 수 있을 것이다. 이를 위해 교제와 나눔을 본질로 하는 교회는 비대면 시대 디지털 공간이 더욱더 선교지화되어가는 점에 주목하고, 공적 신앙과 시민을 위한 온라인 콘텐츠와 프로그램의 제작 및 공급을 통해 지역사회 모든 구성원이 공공재로 공유할 수 있고 온·오프라인 공공영역에서 자아실현이 동반되는 공동체의 번영에 참여함으로써 사회자본의 확충과 공공성 제고에 기여하도록 도울 수 있을 것이다.

참고문헌

김경필. 「카스텔의 네트워크사회론 비판」. 『사회와 이론』. 2012, 367-399.

김세훈·정기은, 「예술정책에서 공공성의 함의에 대한 연구」. 『공공사회연구』 7(1). 2017, 282-307.

김원재·유동민, 「초고령사회의 사회운용 패러다임의 전환에 대한 연구」. 『공공정책연구』 28(1). 2022, 1-26.

김찬호. 『대면 비대면 외면: 뉴노멀 시대, 우리는 어떻게 연결되는가』. 서울: 문학과지성사, 2022.

김창환. 『공공신학과 교회』. 서울: 대한기독교서회, 2021.

권미옥·이경탁. 「온라인 네트워크 이용이 사회자본과 심리적 웰빙에 미치는 효과」. 『대한경영학회지』 28(5). 2015, 1485-1503.

박문령·김용찬. 「비대면 소통, 미디어 이용, 결속적 사회자본: 코로나19 발생 전과 후의 패널 데이터 분석」. 『언론정보연구』 59(1). 2022, 5-49.

박승찬, 「코로나19 이후 비대면 상황과 공동체성에 대한 교회론적 고찰」. 『한국조직신학논총』 69. 2022, 161-200.

윤철호. 『공적신학』. 서울: 새물결플러스, 2019.

이상훈. 「신뢰사회 형성을 위한 '공유가치창출'(CSV)의 기여가능성」. 『기독교사회윤리』 44. 2019, 305-337.

_____. 「사회적 자본의 형성에 관한 신학윤리적 이해」. 『기독교사회윤리』 40. 2018, 147-178.

_____. 「중고령자들의 시간 이해가 '활동적 노화'(Active Aging)에 미치는 영향」. 『기독교사회윤리』 53. 2022, 381-409.

_____. 「'바이오필리아(효과)'가 공간의 고령화에 미치는 영향」. 『기독교사회윤리』 56. 2023, 349-380.

최동규. 『미셔널 처치』. 서울: 대한기독교서회, 2017.

Applewhite, Ashton. *This Chair Rocks*. 이은진 역. 『나는 에이지즘에 반대한다』. 서울: 시공사, 2016.

Barth, Karl. *Church Dogmatics* 4/2, trans. G. W. Bromiley (Edinburgh: T. & T. Clark, 1958),

Bosch, David J. *Transforming Mission: Paradigm Shifts in Theology of Mission*. Maryknoll, NY: Orbis, 1991.

Campbell, Heidi A. Stephen Garner, *Networked Theology: Negotiating Faith in Digital Culture*(Baker Academy, 2016.

Castells, Manuel. *The Rise of the Network Society*. 김묵한 외 역, 『네트워크 사회의 도래』. 경기 파주: 한울, 2003.

Daniel L. Migliore. *Faith Seeking Understanding*. 신옥수·백충현 역. 『기독교조직신학개론』. 서울: 새물결플러스, 2012.

Davis, Jim, Michael Graham, Ryan P. Burge. *The Great Dechurching*. 정성묵 역, 『탈기독교시대 교회』. 서울: 두란노, 2023.

Denworth, Lydia. *Friendship*. 안기순 역. 『우정의 과학』. 서울: 흐름출판, 2021.

Dunbar, Robin. *Friends*. 안진이 역. 『프렌즈』. 서울: 어크로스, 2022.

Fromm, Erich. *The Heart to Man*, 황문수 역. 『인간의 마음』. 서울: 문예출판사, 1977.

Gratton Lynda, Andrew Scott, *The 100 Year Life*. 안세민 역. 『100세 인생』. 서울: 클, 2017.

_____. *The New Long Life*. 김원일 역. 『뉴 롱 라이프』. 서울: 클, 2021.

Hauerwas, Stanley et al. *Growing Old in Christ*. 이라이프아카데미 역. 『그리스도 안에서 나이 듦에 관하여』. 서울: 두란노, 2021.

Murray, Stuart. *Church Planting: Laying Fountains*. Scottdale, PA: Herald Press, 2001.

Putnam, Robert D. *Making Democracy Work: Civic Traditions in Modern Italy*. 안청시 외 역. 『사회적 자본과 민주주의』. 서울: 박영사, 2000.

Stackhouse, Max L. *Public Theology and Political Economy*. Lanham, Maryland: University Press of America, 1991.

Van Gelder Craig & Dwight J. Zscheile. *The Missional Church in Perspective*. 최동규 역. 『선교적 교회론의 동향과 발전』. 서울: CLC, 2015.

Volf, Miroslav. *A Public Faith*, 김명윤 역. 『광장에 선 기독교』. 서울: IVP, 2014.

_____. *Exclusion and Embrace*. 박세혁 역.『배제와 포용』. 서울: IVP, 2012.

_____. *Public Faith in Action*. 김명희 역.『행동하는 기독교: 어떻게 공적 신앙을 실천할 것인가』. 서울: IVP, 2017.